Die Praxis
der Achtsamkeit

BHANTE HENEPOLA GUNARATANA
MAHATHERA

DIE PRAXIS DER ACHTSAMKEIT

EINE EINFÜHRUNG
IN DIE
VIPASSANA-MEDITATION

VERLAG WERNER KRISTKEITZ

Copyright © by M. Henepola Gunaratana 1991. Titel der Originalausgabe: «Mindfulness in Plain English», erschienen bei Wisdom Publications, Boston, Massachusetts, 1992. Übertragung aus dem Englischen von Sr. Sucinta, Bhavana Society.

Deutsche Rechte © by Verlag Werner Kristkeitz, Heidelberg 1996. Alle Rechte der Verbreitung durch alle Medien, auch auszugsweise, vorbehalten.

ISBN 978-3-921508-77-0

www.kristkeitz.de

Inhalt

Vorwort 7
Einführung: Buddhismus im Westen 9

1 – Wozu meditieren? 15
2 – Was Meditation nicht ist 26
3 – Was Meditation ist 38
4 – Einstellung zur Meditation 49
5 – Die Praxis 54
6 – Was Sie mit Ihrem Körper tun sollten 72
7 – Was Sie mit Ihrem Geist tun sollten 77
8 – Ihre Meditation strukturieren 88
9 – Übungen voranstellen 96
10 – Probleme überwinden 105
11 – Mit Ablenkungen fertigwerden (I) 124
12 – Mit Ablenkungen fertigwerden (II) 130
13 – Achtsamkeit (*sati*) 147
14 – Achtsamkeit und Konzentration 159
15 – Meditation im Alltag 168
16 – Was Sie erreichen können 181

Über den Autor 188

Vorwort

Nach meiner Erfahrung ist der Gebrauch einfachster Sprache am wirkungsvollsten, um etwas so auszudrücken, dass andere es verstehen können. Ich habe auch beim Lehren gelernt, dass die Sprache umso weniger bewirkt, je rigider sie ist. Die Menschen reagieren nicht auf eine sehr strenge und steife Sprache, besonders wenn wir versuchen, etwas zu lehren, womit sich die Leute in ihrem täglichen Leben normalerweise nicht beschäftigen. Meditation erscheint ihnen als etwas, was sie nicht immer tun können. Da sich mehr und mehr Menschen der Meditation zuwenden, brauchen sie einfachere Anweisungen, sodass sie selbst meditieren können, ohne einen Lehrer um sich zu haben. Dieses Buch ist die Antwort auf Bitten vieler Meditierender, die ein sehr klares Buch brauchen, das in gewohnter Umgangssprache geschrieben ist.

Bei der Erstellung dieses Buches wurde ich von vielen meiner Freunde unterstützt. Ich bin ihnen allen sehr dankbar. Meine tiefste Wertschätzung und aufrichtige Dankbarkeit möchte ich vor allem zum Ausdruck bringen gegenüber John M. Peddicord, Daniel J. Olmsted, Matthew Flickstein, Carol Flickstein, Patrick Hamilton, Genny Hamilton, Bill Mayne, Bhikkhu Dang Pham Jotika und Bhikkhu Sona für ihre höchst wertvollen Vorschläge, Kommentare und kritischen Anmerkungen zu zahlreichen Punkten bei der Vorbereitung dieses Buches. Dank richtet sich auch an die Ehrwürdige Schwester Sama sowie an Chris O'Keefe für ihre Unterstützung bei der Fertigstellung.

H. Gunaratana Mahathera

Einführung
Buddhismus im Westen

Gegenstand dieses Buches ist die Praxis der Vipassana-Meditation; ich wiederhole: die Praxis. Dies ist ein Handbuch der Meditation, eine grundlegende Einführung in die Einsichts-Meditation, die Schritt für Schritt vorgeht. Sie soll praktisch sein. Sie ist für den Gebrauch gedacht.

Es gibt bereits viele leicht verständliche Bücher über Buddhismus als Philosophie und über die theoretischen Aspekte der Meditation. Wenn Sie an diesem Material interessiert sind, bitten wir Sie eindringlich, diese Bücher zu lesen. Viele von ihnen sind ausgezeichnet.

Das vorliegende Buch ist eine Beschreibung, *wie* man es macht. Es ist für die Menschen geschrieben, die tatsächlich meditieren wollen, und besonders für jene, die jetzt anfangen wollen. Es gibt nur sehr wenige qualifizierte Lehrer für den buddhistischen Stil der Meditation in der westlichen Welt. Es ist unsere Absicht, Ihnen die grundlegenden Informationen zu geben, die Sie brauchen, um einen erfolgreichen Start zu haben. Nur jene, die den hier gegebenen Anweisungen folgen, können sagen, ob wir unsere Sache gut gemacht haben oder nicht. Nur jene, die tatsächlich regelmäßig und eifrig meditieren, können unser Bemühen beurteilen. Ein Buch kann unmöglich jedes Problem abhandeln, auf das ein Meditierender stoßen kann. Es wird gelegentlich notwendig sein, einen qualifizierten Lehrer aufzusuchen. Einstweilen jedoch sind dies die ersten Grundregeln, und ein volles Verständnis dieser Seiten wird Sie ein gutes Stück weiterbringen.

Es gibt viele Meditations-Stile. Jede bedeutendere religiöse Tradition hat irgendeine Vorgehensweise, die Meditation genannt wird, und das Wort wird oft sehr frei gebraucht. Bitte verstehen Sie, dass dieses Buch sich ausschließlich mit der Vipassana-Meditation befasst, wie sie im süd- und südostasiatischen Buddhismus gelehrt und praktiziert wird. Sie wird oft als «Einsichts-Meditation» übersetzt, da dieses System dem Meditierenden Einsicht vermitteln soll in die Natur der Wirklichkeit und ein genaues Verständnis davon, wie alles zusammenhängt.

Der Buddhismus als Ganzes ist völlig anders als die theologischen Religionen, mit denen die Menschen in westlichen Ländern am besten vertraut sind. Er ist ein direkter Zugang zu einem spirituellen oder göttlichen Bereich ohne Anrufung von Gottheiten oder ihren Stellvertretern. Sein Charakter ist äußerst nüchtern, viel mehr mit dem verwandt, was wir Psychologie zu nennen pflegen, als mit dem, was wir für gewöhnlich als Religion bezeichnen. Es ist eine immer fortwährende Erforschung der Realität, eine mikroskopische Untersuchung des Wahrnehmungsprozesses selbst. Seine Absicht ist es, die Schleier von Lügen und Täuschungen zu lüften, durch die wir normalerweise die Welt sehen, und so das Gesicht der Wirklichkeit zu enthüllen. Vipassana-Meditation ist eine uralte und elegante Technik genau hierfür.

Der Theravada-Buddhismus überliefert uns ein wirkungsvolles System, um die tieferen Schichten des Geistes zu erkunden, bis hinunter zu den Wurzeln des Bewusstseins selbst. Er bietet uns auch ein beachtliches System von Formen der Verehrung und von Ritualen, in dem jene Techniken enthalten sind. Diese schöne Tradition ist das natürliche Ergebnis seiner 2.500-jährigen Entwicklung innerhalb der traditionsreichen Kulturen Süd- und Südostasiens.

In diesem Band wollen wir jede Anstrengung unternehmen, die Ausschmückung vom Grundlegenden zu trennen und nur die unverhüllte einfache Wahrheit selbst zu präsentieren. Jene Leser, die Ritualen zugeneigt sind, können die entsprechende Praxis in anderen Büchern erkunden und werden dort einen ungeheuren Reichtum an Sitten und Feierlichkeiten finden, eine reiche Tradition voller Schönheit und Bedeutsamkeit. Diejenigen, die eher zum Nüchternen neigen, können einfach die Techniken selbst benutzen und sie in jedem beliebigen philosophischen oder emotionalen Kontext anwenden. Die Praxis ist das Entscheidende.

Die Unterscheidung zwischen Vipassana-Meditation und anderen Meditationsarten ist äußerst wichtig, und man muss sie genau verstehen. Der Buddhismus widmet sich zwei bedeutenden Typen von Meditation. Sie entsprechen zwei unterschiedlichen geistigen Fähigkeiten, Funktionsweisen oder Qualitäten des Bewusstseins. In Pali, der Originalsprache der Theravada-Schriften, heißen sie *Vipassana* und *Samatha*.

Vipassana kann als «Einsicht» übersetzt werden, eine klare Bewusstheit davon, was im Augenblick vor sich geht, während es geschieht. *Samatha* kann übersetzt werden als «Konzentration» oder «Ruhe». Es ist ein Zustand, in dem der Geist zum Stillstand gebracht, nur auf einen Gegenstand gerichtet wird und nicht umherwandern darf. Wenn man dies erreicht hat, durchdringt eine tiefe Ruhe Körper und Geist, ein Zustand von Gelassenheit, den man erfahren muss, um ihn verstehen zu können. Die meisten Meditationssysteme betonen die *Samatha* Komponente. Der[1] Meditierende konzentriert seinen Geist auf Objekte, wie ein Gebet, eine bestimmte Art von Kästchen, Gesang, eine Kerzenflamme, ein religiöses Bild oder was auch immer, und schließt alle anderen Gedanken und Wahrnehmungen aus seinem Bewusstsein aus. Das Ergebnis ist ein Zustand der Verzückung, der andauert, bis der Meditierende die Meditationssitzung beendet. Dies ist wunderschön, beglückend, bedeutsam und verlockend, aber nur vorübergehend. Die *Vipassana*-Meditation spricht die andere Komponente an: Einsicht.

In der Vipassana-Praxis benutzt der Meditierende seine Konzentration als Werkzeug, mit dem seine Bewusstheit die Wand der Illusion niederreißen kann, die ihn vom lebendigen Licht der Realität abschneidet. Es ist ein allmählicher Prozess von stetig wachsendem Einblick in die inneren Vorgänge der Wirklichkeit selbst. Es dauert Jahre, aber eines Tages meißelt sich der Meditierende durch diese Mauer hindurch und purzelt in das Dasein von Licht hinein. Die Verwandlung ist vollständig. Sie

---

[1] An die Leserinnen: Bitte lesen Sie hier und im Folgenden für sich die grammatikalisch weiblichen Formen. [Anm. d. Übersetzerin]

wird Befreiung genannt und ist von Dauer. Befreiung ist das Ziel aller buddhistischen Praktiken, aber die Wege, um dies am Ende zu erreichen, sind ganz unterschiedlich.

Es gibt eine enorme Zahl verschiedener Richtungen innerhalb des Buddhismus. Aber sie teilen sich in zwei breite Gedankenströme – Mahayana und Theravada. Der Mahayana-Buddhismus ist vorherrschend in Ostasien, prägt die Kulturen Chinas, Koreas, Japans, Nepals, Tibets und Vietnams. Das am weitesten bekannte Mahayana-System ist Zen, hauptsächlich praktiziert in Japan, Korea, Vietnam, in den USA und in Europa. Das Theravada-System des Praktizierens ist weit verbreitet in den süd- und südostasiatischen Ländern Sri Lanka, Thailand, Burma, Laos und Kambodscha. Dieses Buch befasst sich mit der Theravada-Praxis.

Die traditionelle Theravada-Literatur beschreibt die Techniken sowohl von *Samatha* (Konzentration und Beruhigung des Geistes) als auch von *Vipassana* (Einsicht oder klare Bewusstheit). In den Pali-Schriften werden vierzig verschiedene Meditationsgegenstände beschrieben. Sie werden als Konzentrationsobjekte empfohlen und als Themen zur Erforschung, die zu Einsicht führt. Dies ist jedoch ein grundlegendes Handbuch, und wir wollen unsere Diskussion auf das grundlegendste jener empfohlenen Objekte beschränken – die Atmung. Dieses Buch ist eine Einführung zur Erlangung von Achtsamkeit durch reine Aufmerksamkeit auf den ganzen Atmungsprozess und durch dessen klares Verstehen. Während der Meditierende den Atem als primären Brennpunkt der Aufmerksamkeit benutzt, wird er zum teilnehmenden Beobachter des gesamten Universums seiner eigenen Wahrnehmung. Er lernt, Veränderungen zu beobachten, die sich in allen physischen Erfahrungen ereignen, in Gefühlen und in Wahrnehmungen. Er lernt seine eigenen geistigen Aktivitäten zu erkunden und die Schwankungen im Charakter des Bewusstseins selbst. All diese Veränderungen vollziehen sich ständig und sind in jedem Moment unserer Erfahrungen gegenwärtig.

Meditation ist eine lebendige Aktivität, eine naturgemäß erfahrungsbezogene Aktivität. Man kann sie nicht als rein scholastisches Thema lehren. Die Lebendigkeit des Prozesses muss von der eigenen persönlichen Erfahrung des Lehrers kommen. Dennoch gibt es einen ungeheuren Schatz an niedergeschriebenem Material zu diesem Thema, das Produkt einiger der intelligentesten und erleuchtetsten Menschen, die je über die Erde gegangen sind. Diese Literatur ist der Aufmerksamkeit wert. Die meisten der in diesem Buch dargelegten Punkte sind dem *Tipitaka* entnommen, der dreiteiligen Sammlung, in der die Lehren Buddhas im Original überliefert wurden. Der *Tipitaka* umfasst den *Vinaya*, den Kodex der Disziplin für Mönche, Nonnen und Laien; die *Sutten*, öffentliche Lehrreden, die auf Buddha zurückgehen, und den *Abhidhamma*, eine Sammlung tiefgründiger psychologisch-philosophischer Lehren.

Im ersten Jahrhundert u. Z. schrieb ein hervorragender buddhistischer Gelehrter namens Upatissa den *Vimuttimagga* («*Der Pfad der Freiheit*»), in dem er Buddhas Lehre über die Meditation zusammenfasste. Im fünften Jahrhundert u. Z. behandelte ein anderer bedeutender buddhistischer Gelehrter namens Buddhaghosa das gleiche Gebiet in einem zweiten scholastischen Werk, dem *Visuddhimagga* («*Der Pfad der Reinheit*»), ein Standardtext über Meditation noch heute. Moderne Meditationslehrer stützen sich auf den Tipitaka und auf ihre eigenen persönlichen Erfahrungen. Es ist unsere Absicht, Ihnen die klarsten und genauesten Anleitungen zur Vipassana-Meditation zu geben, die sich in englischer Sprache formulieren lassen[2]. Dieses Buch ermöglicht es, einen Fuß in die Tür zu bekommen. Es liegt an Ihnen, die ersten paar Schritte zu unternehmen auf dem Weg der Entdeckung, wer Sie sind und was alles bedeutet. Es ist eine Reise, die sich lohnt. Wir wünschen Ihnen Erfolg.

---

2   ... und die bestmögliche deutsche Übersetzung. [Anm. d. Übersetzerin]

I
Wozu meditieren?

Meditation ist nicht einfach. Sie braucht Zeit und Energie. Auch braucht man Mut, Entschlossenheit und Disziplin. Eine Menge persönlicher Qualitäten sind erforderlich, die wir normalerweise als unbequem betrachten, und die wir so weit wie möglich vermeiden wollen. Wir können alles mit dem Wort «Mumm» zusammenfassen. Meditation braucht Mumm. Es ist bestimmt sehr viel leichter, sich einfach zurückzulehnen und fernzusehen. Warum sich Gedanken machen? Wozu all diese Zeit und Energie verschwenden, wenn Sie sich draußen vergnügen könnten? Warum? Ganz einfach: weil Sie ein Mensch sind. Und eben wegen der simplen Tatsache, dass Sie ein menschliches Wesen sind, erleben Sie sich als Erbe einer dem Leben eigenen Unzulänglichkeit, die einfach nicht weichen will. Sie können sie eine Zeit lang aus dem Bewusstsein verdrängen. Sie können sich stundenlang ununterbrochen ablenken, aber sie kommt immer wieder zurück – für gewöhnlich dann, wenn Sie es am wenigsten erwarten. Plötzlich, scheinbar aus heiterem Himmel, richten Sie sich auf, machen Bestandsaufnahme und erkennen Ihre tatsächliche Situation im Leben.

Da sind Sie also und erkennen plötzlich, dass Sie Ihr ganzes Leben damit verbringen, einfach gerade noch so durchzukommen. Sie halten eine schöne Fassade aufrecht. Sie schaffen es, irgendwie zurechtzukommen und von außen so auszusehen, als sei alles in Ordnung. Aber jene Perioden der Verzweiflung, jene Zeiten, wo Sie fühlen, dass alles über Ihnen zusammenstürzt, die behalten Sie für sich. Sie sind ein einziges Durcheinander. Und Sie wissen es. Aber Sie verstecken es wunderschön. Unter all dem, so wissen Sie einfach inzwischen, muss es noch eine andere Lebensweise geben, eine bessere Art, die Welt zu sehen, einen Weg, mit dem Leben intensiver in Berührung zu kommen. Durch Zufall spüren Sie hin und wieder einen Funken davon. Sie bekommen einen guten Job. Sie verlieben sich. Sie gewinnen im Spiel. Und für eine Weile ändern sich die Dinge. Das Leben bekommt einen Reichtum und eine Klarheit, die alle schlechten Zeiten und allen Stumpfsinn aus dem Gedächtnis schwinden lässt. Die ganze Struktur Ihrer Erfahrung wandelt sich, und Sie sagen sich selbst: «Okay, jetzt hab ich's geschafft. Jetzt werde ich glücklich sein.» Aber dann verschwindet auch das wie Rauch im Wind. Es bleibt nur eine Erinnerung zurück und außerdem das vage Bewusstsein, dass etwas nicht stimmt.

Aber es gibt wirklich noch ein ganzes Reich von Tiefe und Empfindsamkeit im Leben, irgendwie sehen Sie es bloß nicht. Am Ende fühlen Sie sich abgeschnitten. Sie fühlen sich isoliert von der Süße der Erfahrung durch eine Art sensorischer Watte. Sie berühren das Leben nicht wirklich. Sie schaffen es nicht wieder. Und dann schwindet sogar diese vage Bewusstheit, und Sie sind wieder zurück in der gleichen alten Realität. Die Welt sieht wie der übliche schlechte Ort aus, der bestenfalls langweilig ist. Es ist eine emotionale Achterbahn, und Sie verbringen einen großen Teil Ihrer Zeit unten am Fuß der Rampe und sehnen sich nach den Höhen.

Was also stimmt nicht mit Ihnen? Sind Sie vielleicht nicht normal? Nein, Sie sind einfach ein Mensch. Und Sie leiden an der gleichen Krankheit, die alle menschlichen Wesen ansteckt. Es ist ein Ungeheuer in uns allen, und es hat viele Arme: chronische Verspannung, Mangel an echtem Mitgefühl für andere, einschließlich der nächsten Mitmenschen, abgeblockte Gefühle und emotionale Taubheit: viele, viele Arme. Keiner von uns ist ganz frei davon. Wir können es verleugnen. Wir versuchen es zu unterdrücken. Wir bauen eine ganze Kultur drum herum, um uns davor zu verstecken, vorzutäuschen, es sei nicht da, und uns davon abzulenken mit Zielsetzungen, Projekten und unserem Status. Aber es verschwindet nie. Es ist ein ständiger Unterton in jedem Gedanken und jeder Wahrnehmung, eine kleine wortlose Stimme im Hinterkopf, die fortdauernd sagt: «Noch nicht gut genug. Müsste mehr sein. Muss es besser machen. Müsste besser sein.» Es ist ein Monster, das sich überall in subtilen Formen manifestiert.

Gehen Sie zu einer Party. Hören Sie sich das Gelächter an, diese spröde klingende Stimme, die auf der Oberfläche Spaß ausdrückt und Furcht untendrunter. Fühlen Sie die Spannung, fühlen Sie den Druck. Niemand entspannt sich wirklich. Sie täuschen es vor. Gehen Sie zu einem Fußballspiel. Beobachten Sie die Fans auf der Tribüne. Beobachten Sie den irrationalen Wutanfall. Beobachten Sie die unkontrollierte Frustration, die aus den Leuten hervorblubbert und die sich unter dem Deckmantel der Begeisterung oder des Teamgeistes verbirgt: Buhrufe, Pfiffe und ungezügelter Egoismus im Namen von Team-Loyalität; Trunkenheit, Schlägereien auf den Tribünen. Dies sind Menschen, die verzweifelt versuchen, innere Spannungen loszuwerden. Dies sind keine Leute, die mit sich selbst im Frieden leben. Schauen Sie sich die Nachrichten im Fernsehen an. Hören Sie sich die Texte von Schlagern an. Sie finden das gleiche Thema in Variationen fortwährend wiederholt: Eifersucht, Leiden, Unzufriedenheit und Stress.

Das Leben scheint ein ständiger Kampf zu sein, eine ungeheure Mühe angesichts schwankender Chancen. Und was ist unsere Lösung für all diese Unzufriedenheit? Wir bleiben im «Wenn doch nur ...»-Syndrom stecken. Wenn ich bloß mehr Geld hätte, dann wäre ich glücklich. Wenn ich nur jemanden finden könnte, der mich wirklich liebt, wenn ich doch nur 20 Pfund abnehmen könnte, hätte ich nur einen Farbfernseher, einen Whirlpool, gelocktes Haar und immer so weiter. Wo kommt all dieses Zeug her, und, noch wichtiger, was können wir damit anfangen? Es entstammt den Bedingungen unseres eigenen Geistes. Es ist eine tiefes, subtiles und durchdringendes Geflecht von geistigen Gewohnheiten, ein gordischer Knoten, den wir nach und nach geknüpft haben, und wir können ihn genau in der gleichen Weise entwirren, ein Stück nach dem andern. Wir können unser Bewusstsein entsprechend einstellen, jedes einzelne Teil ausgraben und es ans Tageslicht bringen. Langsam, Stück für Stück, können wir das Unbewusste bewusst machen.

Das Wesen unserer Erfahrung ist Veränderung. Veränderung hört nicht auf. Augenblick um Augenblick zieht das Leben vorüber, und es ist nie das Gleiche. Fortwährender Wandel ist die Essenz der Gesamtheit unserer Wahrnehmung. Ein Gedanke taucht in Ihrem Kopf auf, und eine halbe Sekunde später ist er verschwunden. Ein anderer kommt auf, und schon ist auch er vergangen. Ein Geräusch trifft Ihr Ohr, und dann Stille. Öffnen Sie die Augen, und die Welt strömt herein, ein Blinzeln, und sie ist weg. Menschen treten in Ihr Leben, und sie verschwinden wieder. Freunde gehen weg, Verwandte sterben. Ihre Chancen steigen, und sie fallen. Manchmal gewinnen Sie, und genauso oft verlieren Sie. Es nimmt kein Ende: Wandel, Wandel, Wandel. Keine zwei Momente sind je gleich.

Daran ist nichts verkehrt. Es ist die Natur des Universums. Aber die menschliche Kultur hat uns einige absonderliche Reaktionen auf dieses endlose Fließen beigebracht. Wir kategorisieren Erfahrungen. Wir versuchen jede Wahrnehmung, jede geistige Veränderung in diesem endlosen Fluss in eines von drei geistigen Fächern zu stecken. Sie ist gut oder sie ist schlecht, oder sie ist neutral. Der Kategorie entsprechend, in die wir sie stecken, nehmen wir sie mit einer Serie von festgelegten gewohnheitsmäßigen geistigen Reaktionen wahr. Wenn eine bestimmte Wahrnehmung als «gut» bezeichnet worden ist, dann versuchen wir genau dort die Zeit anzuhalten. Wir greifen nach diesem bestimmten Gedanken, spielen damit, halten ihn, versuchen ihn vom Entschwinden abzubringen. Wenn das nicht hilft, setzen wir all unsere Mühe daran, diejenige Erfahrung zu wiederholen, die jenen Gedanken hervorgerufen hatte. Lassen Sie uns diese Gewohnheit unseres Geistes «Festhalten» nennen.

Drüben auf der anderen Seite unseres Geistes liegt das Fach mit der Beschriftung «schlecht». Wenn wir etwas als «schlecht» wahrnehmen, versuchen wir es wegzuschieben. Wir versuchen es zu verleugnen, zurückzuweisen, es auf irgendeine mögliche Weise loszuwerden. Wir kämpfen gegen unsere eigene Erfahrung. Wir laufen vor Teilen von uns selbst davon. Lassen Sie uns diese geistige Gewohnheit «Zurückweisen» nennen. Zwischen diesen beiden Reaktionen liegt die neutrale Kategorie. Hier platzieren wir die Erfahrungen, die weder gut noch schlecht sind. Sie sind lau, neutral, uninteressant und langweilig. Wir stecken die Erfahrung weg in die neutrale Kategorie, sodass wir sie ignorieren und somit unsere Aufmerksamkeit wieder dorthin wenden können, wo etwas los ist, nämlich zu unserer endlosen Runde von Verlangen und Abneigung. Diese Kategorie von Erfahrung wird ihres fairen Anteils unserer Aufmerksamkeit beraubt. Lassen Sie uns diese geistige Gewohnheit «Ignorieren» nennen. Das direkte Ergebnis all dieses Wahnsinns ist ein ständiges Tretmühlen-Wettrennen nach nirgendwo, indem wir endlos auf Vergnügen pochen, unaufhörlich vor Schmerz fliehen, fortwährend 90 % unserer Erfahrung nicht zur Kenntnis nehmen. Dann wundert man sich, warum das Leben so fad schmeckt. Letzten Endes ist es ein System, das nicht funktioniert.

Wie sehr Sie auch nach Vergnügen und Erfolg streben, es gibt Zeiten, wo Sie scheitern. Wie schnell Sie auch fliehen, es gibt Zeiten, in denen der Schmerz Sie einholt. Und zwischen diesen Zeiten ist das Leben so langweilig, dass Sie schreien könnten. Unser Geist ist voll von Meinungen und Kritiken. Wir haben Wände überall um uns herum gebaut und sind gefangen im Gefängnis unserer eigenen Vorlieben und Abneigungen. Wir leiden.

«Leiden» ist ein bedeutendes Wort im buddhistischen Denken. Es ist ein Schlüsselbegriff, und man sollte ihn gründlich verstehen. Das Pali-Wort ist *«dukkha»*, und es bedeutet nicht nur den Schmerz des Körpers. Es bezeichnet dieses tiefe, feine Gefühl von Unbefriedigtsein, das an jedem Moment unseres Bewusstseins Anteil hat und das sich direkt aus der geistigen Tretmühle ergibt. Das Wesen des Lebens ist Leiden, sagte Buddha. Auf den ersten Blick erscheint dies äußerst düster und pessimistisch. Es scheint sogar unwahr zu sein. Immerhin gibt es viele Zeiten, in denen wir glücklich sind. Etwa nicht? Nein, es gibt sie nicht. Es scheint einfach nur so. Nehmen Sie irgendeinen Moment, in dem Sie sich wirklich erfüllt fühlen, und untersuchen Sie ihn genau. Unter der Freude werden Sie diesen feinen, alles durchdringenden Unterton der Spannung finden, dass dieser Augenblick, so großartig er auch ist, enden wird. Wie viel Sie auch gerade erlangt haben, Sie werden entweder einiges davon verlieren oder den Rest Ihrer Tage damit verbringen, zu schützen, was Sie bekommen haben, und zu planen, wie Sie mehr bekommen können. Und am Ende werden Sie sterben. Am Ende verlieren Sie alles. Es ist alles vorübergehend.

Das klingt ganz schön trostlos, nicht wahr? Glücklicherweise ist es nicht so, überhaupt nicht. Es klingt nur dann freudlos, wenn Sie es von der Ebene des gewöhnlichen Bewusstseins aus betrachten, genau der Ebene, auf der der Tretmühlen-Mechanismus funktioniert. Unter dieser Ebene liegt eine andere Perspektive, eine ganz andere Art, das Universum zu betrachten. Es ist eine Funktionsebene, auf der der Geist nicht versucht, die Zeit anzuhalten, wo wir nicht nach unseren Erfahrungen greifen, während sie vorbeiziehen, wo wir nicht versuchen, Dinge zu blockieren und sie zu ignorieren. Es ist eine Erfahrungsebene jenseits von gut und schlecht, jenseits von Vergnügen und Schmerz. Es ist eine wunderschöne Art, die Welt wahrzunehmen, und es ist eine erlernbare Fähigkeit. Sie ist nicht leicht, man kann sie aber lernen.

Glück und Frieden. Dies sind wirklich die wichtigsten Angelegenheiten der menschlichen Existenz. Das ist es, was wir alle suchen. Dies ist oft ein wenig schwer zu erkennen, weil wir diese grundlegenden Ziele mit Schichten von oberflächlichen Zielen überdecken. Wir wollen Nahrung, wir wollen Geld, wir wollen Sex, Besitztümer und Respekt. Wir sagen uns sogar, dass die Idee vom «Glück» zu abstrakt ist: «Sieh, ich bin pragmatisch. Gib mir einfach genug Geld, und ich will all das Glück kaufen, das ich brauche.» Unglücklicherweise ist dies eine Haltung, mit der es nicht klappt. Untersuchen Sie jedes dieser Ziele, und Sie werden finden, dass sie oberflächlich sind. Sie wollen Nahrung. Warum? Weil ich hungrig bin. So, Sie sind hungrig, na und? Nun, wenn ich esse, werde ich nicht mehr hungrig sein, und dann fühle ich mich gut. Aha! Sich gut fühlen! Nun sind wir beim wirklichen Punkt. Was wir wirklich suchen, sind nicht die oberflächlichen Ziele. Sie sind nur Mittel zum Zweck. In Wirklichkeit sind wir dem Gefühl der Erleichterung hinterher, das sich einstellt, wenn der Trieb befriedigt ist: Erleichterung, Entspannung, ein Ende der Anspannung, Friede, Glück, kein Verlangen mehr.

Was ist nun dieses Glück? Für die meisten von uns würde vollkommenes Glück bedeuten, alles zu bekommen, was wir wollen, Kontrolle über alles zu haben, Cäsar zu spielen, die ganze Welt einen Freudentanz machen zu lassen, je nach unserer Lust und Laune. Noch einmal: Es geht nicht auf diese Weise. Werfen Sie einen Blick auf die Menschen in der Geschichte, die tatsächlich diese Art von Macht besaßen. Dies waren keine glücklichen Leute. Mit größter Sicherheit waren es keine Menschen, die mit sich im Frieden waren. Warum? Weil sie getrieben waren, die Welt total unter Kontrolle zu haben, und sie konnten es nicht. Sie wollten alle Menschen kontrollieren, aber es blieben Menschen übrig, die sich weigerten, sich beherrschen zu lassen. Sie hatten keine Kontrolle über die Sterne. Sie wurden noch immer krank. Sie mussten dennoch sterben.

Sie können niemals alles bekommen, was Sie wollen. Es ist unmöglich. Glücklicherweise gibt es eine andere Wahl. Sie können lernen, Ihren Geist zu kontrollieren, aus diesem endlosen Kreislauf von Verlangen und Abneigung herauszutreten. Sie können lernen, nicht zu wollen, was Sie wollen, Wünsche zu erkennen, aber nicht von ihnen beherrscht zu werden. Dies bedeutet nicht, dass Sie sich auf die Straße legen und jeden einladen, über Sie drüberzulaufen. Es bedeutet, dass Sie weiterhin ein sehr normal erscheinendes Leben führen, es aber von einem ganz neuen Gesichtspunkt aus leben. Sie verrichten die Dinge, die man erledigen muss, aber Sie sind frei von dieser zwanghaften Getriebenheit durch Ihre eigenen Wünsche. Sie wollen etwas, aber Sie brauchen dem nicht hinterherzujagen. Sie fürchten etwas, aber Sie brauchen nicht dazustehen und in Ihren Stiefeln zu zittern. Diese Art geistiger Kultur ist sehr schwierig. Man braucht Jahre dazu. Aber alles zu kontrollieren, ist unmöglich, und das Schwierige ist dem Unmöglichen vorzuziehen.

Doch warten Sie eine Minute. Friede und Glück! Ist das nicht der ganze Zweck der Zivilisation? Wir bauen Wolkenkratzer und Autobahnen. Wir haben bezahlten Urlaub, Fernsehgeräte, wir genießen Krankenhausbehandlung und Krankschreibung, soziale Sicherung und Wohlfahrtsunterstützung. Dies alles zielt darauf, für ein bestimmtes Maß an Friede und Glück zu sorgen. Doch die Rate psychischer Erkrankungen steigt ständig, und die Kriminalitätsraten steigen noch schneller. Die Straßen wimmeln von aggressiven und instabilen Individuen. Strecken Sie Ihre Arme heraus aus der Sicherheit Ihrer eigenen Haustür, und sehr wahrscheinlich stiehlt jemand Ihre Uhr! Etwas stimmt nicht. Ein glücklicher Mensch stiehlt nicht. Ein Mensch, der mit sich im Frieden ist, fühlt sich nicht getrieben zu töten. Wir denken gerne, dass sich unsere Gesellschaft jeden Aspekt menschlichen Wissens zunutze macht, um Friede und Glück zu erreichen.

Wir fangen gerade an zu erkennen, dass wir den materiellen Aspekt der Existenz überentwickelt haben auf Kosten des tieferen emotionalen und spirituellen Aspekts, und wir bezahlen gerade den Preis für diesen Fehler. Es ist eine Sache, über den Verfall der moralischen und spirituellen Kraft in der heutigen westlichen Welt zu reden, und eine andere, etwas dagegen zu unternehmen. Der Ort, um anzufangen, liegt in uns selbst. Schauen Sie sorgfältig nach innen, wahrhaftig und objektiv, und jeder von uns wird Momente erkennen, wo «ich der Punk bin» und «ich der Verrückte bin». Wir werden lernen, diese Momente zu sehen, sie klar zu sehen, unverfälscht und ohne Verdammung, und wir werden auf unserem Weg nach oben sein, heraus aus diesem Zustand.

Sie können keine radikalen Veränderungen an Ihrem Lebensmuster vornehmen, bevor Sie nicht anfangen, sich genau so zu sehen, wie Sie jetzt sind. Sobald Sie das tun, kommen die Veränderungen von alleine. Sie brauchen nichts zu erzwingen, zu kämpfen oder Regeln zu gehorchen, die eine Autorität Ihnen vorschreibt. Sie ändern sich einfach. Es geht automatisch. Aber es ist wirklich schon eine Aufgabe, bei dieser anfänglichen Einsicht anzukommen. Sie müssen sehen, wer Sie sind und wie Sie sind, ohne Illusion, Beurteilung oder Widerstand irgendeiner Art. Sie müssen Ihren eigenen Platz in der Gesellschaft sehen und Ihre Funktion als ein soziales Wesen. Sie müssen Ihre Aufgaben und Ihre Verpflichtungen gegenüber Ihren Mitmenschen sehen und vor allem Ihre Verantwortung sich selbst gegenüber als einem Individuum, das mit anderen Individuen lebt. Und Sie müssen all das klar und als eine Einheit sehen, als eine einzelne Gestalt in wechselseitigen Beziehungen. Es klingt komplex, aber oft geschieht es in einem einzigen Moment. Kultivierung des Geistes durch Meditation ist als Hilfe für Sie ohne Konkurrenz, um diese Art von Verständnis und das Glück der Gelassenheit zu erlangen.

Der *Dhammapada* ist ein alter buddhistischer Text, der Sigmund Freud Tausende von Jahren vorausging. Er sagt: «Was du bist, ist das Resultat von dem, was du warst. Was du morgen sein wirst, wird das Ergebnis dessen sein, was du jetzt bist. Die Konsequenzen eines bösen Geistes werden dir folgen, wie der Wagen dem Ochsen folgt, der ihn zieht. Die Konsequenzen eines reinen Geistes werden dir folgen wie dein eigener Schatten. Niemand kann mehr für dich tun als dein eigener geläuterter Geist – weder Vater noch Mutter, kein Verwandter, kein Freund, niemand. Ein disziplinierter Geist bringt Glück.»

Meditation zielt darauf, den Geist zu läutern. Sie reinigt den Gedankenprozess von dem, was man «psychische Irritationen» nennen kann, Dinge wie Gier, Hass und Eifersucht, Dinge, die Sie in emotionale Knechtschaft verwickelt halten. Sie bringt den Geist in ein Stadium von Ruhe und Bewusstheit, ein Stadium von Konzentration und Einsicht.

In unserer Gesellschaft halten wir viel von Erziehung. Wir nehmen an, dass Wissen eine gebildete Person auch zivilisiert. Zivilisation jedoch putzt die Person oberflächlich auf. Setzt man unseren noblen und kultivierten Herrn den Belastungen eines Krieges oder eines ökonomischen Zusammenbruchs aus, sieht man, was geschieht. Es ist eine Sache, dem Gesetz zu folgen, weil Sie die Strafen kennen und die Konsequenzen fürchten. Es ist etwas vollkommen anderes, dem Gesetz zu gehorchen, weil Sie sich von der Gier geläutert haben, die Sie zum Stehlen führen könnte, und vom Hass, der Sie zum Töten veranlassen könnte. Werfen Sie einen Stein in einen Bach. Das strömende Wasser wird die Oberfläche glatt schleifen, aber der innere Teil bleibt unverändert. Nehmen Sie den gleichen Stein und legen Sie ihn in das glühende Feuer einer Schmiede, und der ganze Stein verändert sich innen und außen. Er schmilzt. Zivilisation verändert den Menschen äußerlich. Meditation macht ihn innerlich weich, durch und durch.

Meditation nennt man auch den «Großen Lehrer». Sie ist das reinigende Feuer unter dem Schmelztiegel, das langsam durch Verstehen wirksam wird. Je größer Ihr Verständnis ist, desto flexibler und toleranter können Sie sein. Je größer Ihr Verständnis ist, desto mitfühlender können Sie sein. Sie werden wie ein perfekter Elternteil oder ein idealer Lehrer. Sie sind bereit, zu vergeben und zu vergessen. Sie empfinden Liebe gegenüber anderen, weil Sie sie verstehen. Und Sie verstehen andere, weil Sie sich selbst verstanden haben. Sie haben tief in sich hineingeschaut und die Selbst-Täuschung und Ihre eigenen menschlichen Schwächen gesehen. Sie haben Ihre eigene Menschlichkeit gesehen und gelernt, zu vergeben und zu lieben. Wenn Sie Mitgefühl für sich selbst entwickelt haben, folgt das Mitgefühl für andere automatisch. Ein erfahrener Meditierender hat ein tiefes Verständnis für das Leben gewonnen, und folglich begegnet er der Welt mit tiefer und unvoreingenommener Liebe.

Meditation gleicht in vielem der Kultivierung eines neuen Landes. Um aus dem Wald ein Feld zu machen, müssen Sie zuerst die Bäume fällen und die Baumstümpfe herausziehen. Dann bestellen Sie den Boden und düngen ihn. Schließlich streuen Sie Ihr Saatgut aus und ernten die Erträge. Um Ihren Geist zu kultivieren, müssen Sie zuerst die verschiedenen Störenfriede fortschaffen, die Ihnen im Weg sind; ziehen Sie sie richtig mit der Wurzel aus, sodass sie nicht wieder nachwachsen. Dann düngen Sie. Dann streuen Sie die Saat aus und ernten Ihre Erträge an Glauben, moralisch einwandfreiem Verhalten, Achtsamkeit und Weisheit.

Glauben und moralisches Verhalten haben übrigens eine besondere Bedeutung in diesem Zusammenhang. Der Buddhismus befürwortet nicht Glaube im Sinn von etwas glauben, weil es in einem Buch geschrieben steht oder einem Propheten zugeschrieben wird oder Ihnen von irgendeiner Autoritätsperson beigebracht wurde. Die Bedeutung hier liegt eher bei «Vertrauen». Es ist Wissen, dass etwas wahr ist, weil Sie gesehen haben, was geschieht, weil Sie genau das Entsprechende in sich selbst beobachtet haben. Ebenso ist moralisches Verhalten kein ritueller Gehorsam gegenüber äußerlichen, aufgezwungenen Verhaltensregeln. Es ist vielmehr ein gesundes Verhaltensmuster, das Sie bewusst und freiwillig ausgewählt und sich auferlegt haben, weil Sie seine Überlegenheit über Ihr jetziges Verhalten erkennen.

Der Zweck der Meditation ist persönliche Verwandlung. Die Person, die auf der einen Seite in die Meditationserfahrung eintritt, ist nicht die gleiche, die auf der anderen Seite herauskommt. Die Meditation verändert Ihren Charakter durch einen Prozess der Sensibilisierung, dadurch, dass Sie sich Ihrer eigenen Gedanken, Worte und Taten tief bewusst werden. Ihre Überheblichkeit löst sich in Dunst auf, und Ihre Feindseligkeit trocknet aus. Ihr Geist wird still und ruhig. Und Ihr Leben glättet sich. So bereitet Meditation – richtig ausgeführt – Sie darauf vor, dem Auf und Ab des Lebens zu begegnen. Sie reduziert Ihre Anspannung, Ihre Angst und Ihre Besorgnis. Unruhe verschwindet und Leidenschaft mäßigt sich. Die Dinge fangen an, sich zu ordnen, und Ihr Leben wird ein Gleiten statt eines Kampfes. All dies geschieht durch Verstehen.

Meditation schärft Ihre Konzentration und Ihr Denkvermögen. Dann werden Ihnen Stück für Stück Ihre eigenen unbewussten Motive und Mechanismen klar. Ihre Intuition schärft sich. Die Genauigkeit Ihres Denkens verbessert sich, und allmählich gelangen Sie zu einer direkten Kenntnis der Dinge, wie sie wirklich sind, ohne Vorurteil und ohne Illusion. Ist dies Grund genug, sich damit zu befassen? Kaum. Dies sind einfach Versprechen auf dem Papier. Es gibt nur eine Möglichkeit, je zu erfahren, ob sich Meditation lohnt. Erlernen Sie sie richtig und praktizieren Sie sie. Sehen Sie selbst.

2

Was Meditation nicht ist

Meditation ist ein Wort. Sie haben dieses Wort schon vorher gehört, sonst hätten Sie nie dieses Buch in die Hand genommen. Der Denkprozess arbeitet mit Assoziationen, und alle Arten von Ideen werden mit dem Wort «Meditation» verknüpft. Einige davon sind wahrscheinlich zutreffend und andere sind Unsinn. Einige davon gehören wahrscheinlich mehr zu anderen Meditationssystemen und haben nichts mit der Praxis von Vipassana zu tun. Bevor wir weitergehen, ist es angebracht, einige Reste aus unseren eigenen Nervenschaltkreisen hinauszuschaffen, sodass neue Informationen ungehindert aufgenommen werden können. Lassen Sie uns mit dem Offensichtlichsten anfangen.

Wir werden Ihnen nicht beibringen, Ihren Nabel zu betrachten oder Geheimsilben zu singen. Sie bezwingen keine Dämonen oder machen unsichtbare Energien nutzbar. Es werden keine farbigen Gürtel für Ihre Leistung vergeben, und Sie brauchen nicht Ihren Kopf kahl zu rasieren oder einen Turban zu tragen. Sie müssen noch nicht einmal Ihr ganzes Eigentum abgeben und in ein Kloster ziehen. In der Tat, wenn Ihr Leben nicht unmoralisch und chaotisch ist, können Sie wahrscheinlich gleich anfangen und irgendeine Art Fortschritt machen. Das klingt ziemlich ermutigend, nicht wahr?

Es gibt viele, viele Bücher zum Thema Meditation. Die meisten sind von einem Gesichtspunkt aus geschrieben, der direkt innerhalb einer besonderen religiösen oder philosophischen Tradition liegt, und viele der Autoren haben sich nicht die Mühe gemacht, dies aufzuzeigen. Sie machen Feststellungen über Meditation, die wie allgemeine Gesetze klingen, aber tatsächlich sehr spezifische Methoden sind, ausschließlich für das jeweilige besondere System des Praktizierens. Das Ergebnis ist eine Art Durcheinander. Noch schlimmer ist die Palette der verfügbaren komplexen Theorien und Interpretationen, die alle nicht miteinander zu vereinbaren sind. Das Ergebnis ist ein wirkliches Durcheinander und ein ungeheurer Wirrwarr an widerstreitenden Meinungen, begleitet von einer Menge irrelevanter Daten. Dieses Buch ist spezifisch. Wir befassen uns ausnahmslos mit der Vipassana-Meditation. Wir werden Sie lehren, auf eine ruhige und gelöste Weise die Abläufe in Ihrem eigenen Geist zu beobachten, sodass Sie Einsicht erlangen können in Ihr eigenes Verhalten. Das Ziel ist Bewusstheit, eine Bewusstheit, die so intensiv, konzentriert und fein eingestellt ist, dass Sie fähig sein werden, in die inneren Funktionsweisen der Realität selbst einzudringen.

Es gibt eine Anzahl von verbreiteten Missverständnissen, was Meditation betrifft. Wir sehen sie wieder und wieder aufkommen bei neuen Schülern, immer wieder die gleichen Fragen. Es ist am besten, sich mit diesen Dingen gleich zu befassen, weil sie die Art von vorgefassten Meinungen sind, die Ihren Fortschritt gleich von Anfang an blockieren können. Wir werden uns diese falschen Vorstellungen einzeln vornehmen und sie auflösen.

Missverständnis 1 –
Meditation ist einfach eine Entspannungstechnik.

Der Stolperstein hier ist das Wort *einfach*. Entspannung ist ein Schlüsselfaktor der Meditation, aber Meditation im Vipassana-Stil strebt ein viel erhabeneres Ziel an. Diese Feststellung trifft jedoch im Grunde genommen für viele andere Meditationssysteme auch zu. Alle Meditationsweisen betonen die Konzentration des Geistes, bringen den Geist dazu, bei einem Punkt oder einem Gebiet des Denkens zu bleiben. Praktizieren Sie dies intensiv und gründlich genug, so erreichen Sie eine tiefe und wohltuende Entspannung, die *Jhana* genannt wird. Dies ist ein Zustand von solch äußerster Ruhe, dass es Verzückung gleichkommt. Es ist eine Art von Freude, die über allem und jenseits von allem liegt, was man im normalen Zustand des Bewusstseins erfahren kann. Die meisten Systeme hören hier auf: Das ist das Ziel, und wenn Sie es erreichen, wiederholen Sie einfach die Erfahrung für den Rest Ihres Lebens. Mit der Vipassana-Meditation verhält es sich anders. Vipassana strebt ein anderes Ziel an – Bewusstheit. Konzentration und Entspannung betrachten wir als notwendige Begleiterscheinungen zur Bewusstheit. Sie sind notwendige Vorläufer, praktische Werkzeuge und nützliche Nebenprodukte. Aber sie sind nicht das Ziel. Das Ziel ist Einsicht. Vipassana ist eine tief gehende religiöse Praxis, die auf nichts Geringeres hinzielt als auf die Reinigung und Transformation unseres Alltagslebens. Wir werden uns in Kapitel 14 gründlicher mit den Unterschieden zwischen Konzentration und Einsicht befassen.

MISSVERSTÄNDNIS 2 – MEDITATION BEDEUTET, IN TRANCE ZU VERSINKEN.

Hier könnte die Feststellung wieder für bestimmte Meditationssysteme genau zutreffen, aber nicht für Vipassana. Einsichtsmeditation ist nicht eine Form von Hypnose. Sie versuchen nicht, das Bewusstsein auszublenden, um unbewusst zu werden. Sie versuchen nicht, sich in gefühlloses Gemüse zu verwandeln. Eher ist das Gegenteil wahr. Sie stellen sich immer besser auf Ihre eigenen gefühlsmäßigen Veränderungen ein. Sie werden sich mit immer größerer Klarheit und Genauigkeit kennenlernen. Beim Erlernen dieser Technik treten bestimmte Zustände auf, die dem Beobachter tranceähnlich erscheinen können. Aber sie sind in Wirklichkeit ganz das Gegenteil. Bei der hypnotischen Trance ist die Versuchsperson der Kontrolle durch eine andere Instanz zugänglich, während der Meditierende in tiefer Konzentration sehr stark unter seiner eigenen Kontrolle bleibt. Die Ähnlichkeit ist oberflächlich, und auf jeden Fall ist das Auftreten dieser Erscheinungen nicht das Entscheidende bei Vipassana. Wie bereits gesagt, die tiefe *Jhana*-Konzentration ist ein Werkzeug oder Sprungbrett auf dem Weg zum höheren Bewusstsein. Vipassana ist laut Definition die Kultivierung von Achtsamkeit oder Bewusstheit. Wenn Sie merken, dass die Bewusstheit in der Meditation schwindet, dann meditieren Sie nicht – nach der Definition des Wortes, wie es im Vipassana-System gebraucht wird. So einfach ist das.

Missverständnis 3 –
Meditation ist eine geheimnisvolle Praxis, die man nicht verstehen kann.

Dies ist wiederum beinahe wahr, aber nicht ganz. Meditation berührt Bewusstseinsebenen, die tiefer liegen als symbolisches Denken. Deshalb werden sich einige Angaben über Meditation einfach nicht in Worte fassen lassen. Das bedeutet jedoch nicht, dass man sie nicht verstehen kann. Es gibt tiefere Arten, Dinge zu verstehen, als durch den Gebrauch von Worten. Sie wissen, wie man geht. Wahrscheinlich können Sie nicht die genaue Reihenfolge beschreiben, in der sich Ihre Nervenfasern und Ihre Muskeln während dieses Prozesses zusammenziehen. Aber Sie können es tun. Meditation müssen wir auch auf diese gleiche Weise verstehen – durch das Tun. Sie ist nichts, was man in abstrakten Begriffen lernen kann. Sie ist nicht dazu da, um darüber zu reden. Sie ist etwas, was es zu erfahren gilt. Meditation ist nicht eine geistlose Formel, die automatische und vorhersagbare Resultate ergibt. Sie können nie wirklich genau vorhersagen, was während einer bestimmten Sitzperiode hochkommen wird. Es ist eine Untersuchung und ein Experiment; jedes Mal ein Abenteuer. Dies ist in der Tat so wahr, dass Sie ein Gefühl von Vorhersagbarkeit oder Gleichheit in Ihrer Praxis als einen Hinweis darauf benutzen können, dass Sie irgendwo von der Fährte abgekommen und auf dem Weg zur Stagnation sind. Bei der Vipassana-Meditation ist es höchst wichtig, zu lernen, jede Sekunde so zu betrachten, als ob sie die erste und einzige Sekunde im Universum wäre.

Missverständnis 4 –
Zweck der Meditation ist es, ein Superwesen mit übernatürlichen Kräften zu werden.

Nein, Zweck der Meditation ist, Bewusstheit zu entwickeln. Zu lernen, Gedanken zu lesen, ist nicht der Punkt. Freies Schweben ist nicht das Ziel. Das Ziel ist Befreiung. Es gibt eine Verbindung zwischen psychischen Phänomenen und Meditation, aber die Beziehung ist etwas komplex. Während früher Stadien der Entwicklung eines Meditierenden können solche Erscheinungen auftreten oder auch nicht. Einige Menschen können intuitives Verständnis oder Erinnerungen aus vergangenen Leben erfahren, andere nicht. Auf jeden Fall betrachtet man diese nicht als gut entwickelte oder verlässliche übernatürliche Fähigkeiten. Man sollte ihnen auch keine Bedeutung beimessen, die ihnen nicht gebührt. Solche Phänomene sind in der Tat ziemlich gefährlich für neue Meditierende, da sie sehr verführerisch sind. Sie können eine Falle des Egos sein, die sie schnurstracks vom Pfad fortlocken kann. Ihre beste Haltung dazu ist, diesen Erscheinungen keinerlei Bedeutung beizumessen. Wenn sie aufkommen, ist es in Ordnung; wenn nicht, ist es auch gut. Es gibt einen Punkt in der Laufbahn eines Meditierenden, wo er besondere Übungen praktizieren kann, um übernatürliche Kräfte zu entwickeln. Aber dies geschieht später. Nachdem der Meditierende ein sehr tiefes Stadium der Konzentration erreicht hat, wird er fortgeschritten genug sein, mit solchen Kräften zu arbeiten, ohne die Gefahr, dass sie aus der Kontrolle geraten oder Macht über sein Leben gewinnen. Er wird sie dann nur zum Zweck des Dienstes an anderen entwickeln. Dieser Stand der Dinge tritt in den meisten Fällen erst nach Jahrzehnten der Praxis auf. Machen Sie sich darum keine Sorgen. Konzentrieren Sie sich einfach darauf, mehr und mehr Bewusstsein zu entwickeln. Wenn Stimmen und Visionen auftauchen, nehmen Sie sie einfach wahr und lassen Sie sie los. Lassen Sie sich nicht in sie verwickeln.

Missverständnis 5 –
Meditation ist gefährlich, und ein kluger Mensch sollte sie vermeiden.

Alles ist gefährlich. Gehen Sie über die Straße, und Sie können von einem Bus angefahren werden. Duschen Sie, und Sie könnten sich Ihr Genick brechen. Meditieren Sie, und Sie werden wahrscheinlich verschiedene schlimme Dinge aus Ihrer Vergangenheit ans Licht bringen. Das unterdrückte Material, das dort für recht lange Zeit vergraben war, kann unheimlich sein. Es ist auch äußerst nützlich. Keine Aktivität ist ganz ohne Risiko, aber das bedeutet nicht, dass wir uns in einen schützenden Kokon einwickeln sollten. Das ist nicht Leben. Das ist vorzeitiger Tod. Um mit Gefahr umzugehen, müssen wir ungefähr wissen, wie groß sie ist, wo sie wahrscheinlich zu erwarten ist, und wie man damit umgeht, wenn sie auftaucht. Das ist der Zweck dieses Handbuchs. Vipassana ist die Entwicklung von Bewusstheit. Das ist an sich nicht gefährlich; im Gegenteil, höhere Bewusstheit ist Schutz gegenüber Gefahr. Richtig praktiziert ist Meditation ein sehr sanfter und allmählicher Prozess. Nehmen Sie es leicht und gelassen, und Ihre Praxis wird sich auf sehr natürliche Weise entwickeln. Erzwingen Sie nichts. Später, wenn Sie unter dem prüfenden Blick und der schützenden Weisheit eines kompetenten Lehrers stehen, kann Ihr Wachsen durch eine Periode intensiver Meditation schneller voranschreiten. Am Anfang jedoch geht es auf die leichtere Art. Arbeiten Sie sanft, und alles wird gut sein.

Missverständnis 6 –
Meditation ist etwas für Heilige, nicht für gewöhnliche Menschen.

Man findet diese Haltung sehr weit verbreitet in Asien, wo Mönchen und heiligen Menschen ein enormes Maß an ritualisierter Verehrung erwiesen wird. Dies ist der westlichen Haltung etwas ähnlich, Filmstars und Spitzensportler zu idealisieren. Diese Leute werden klischeehaft dargestellt, hochstilisiert und mit allen Arten von Eigenschaften ausgestattet, denen nur wenige Menschen jemals gerecht werden können. Sogar im Westen teilen wir ein wenig diese Einstellung gegenüber Meditation. Wir erwarten, dass der Meditierende eine außergewöhnlich fromme Gestalt ist, in dessen Mund Butter nie wagen würde zu schmelzen. Ein wenig persönlicher Kontakt mit solchen Menschen wird diese Illusion schnell vertreiben. Gewöhnlich erweisen sie sich als Menschen mit ungeheurer Energie und Begeisterung, Leute, die ihr Leben mit erstaunlicher Kraft leben. Es ist natürlich wahr, dass die meisten heiligen Menschen meditieren, aber sie meditieren nicht, weil sie heilige Menschen sind. Es ist umgekehrt: Sie sind heilige Menschen, weil sie meditieren.

Durch Meditation sind sie dahin gekommen. Und sie fingen an zu meditieren, bevor sie heilig wurden, sonst wären sie nicht heilig. Dies ist ein wichtiger Punkt. Eine beträchtliche Anzahl von Schülern scheint zu meinen, dass das Verhalten einer Person vollkommen moralisch sein sollte, bevor sie zu meditieren beginnt. Das ist aber eine Strategie, die nicht funktioniert. Moralisches Verhalten erfordert ein gewisses Maß an geistiger Kontrolle als Vorbedingung. Man kann nicht einer Reihe von moralischen Grundsätzen folgen, ohne wenigstens ein bisschen Selbstkontrolle zu haben, und wenn Ihr Geist sich ständig dreht wie ein Glücksrad in einem Spielautomaten, ist Selbstkontrolle höchst unwahrscheinlich. So muss die Entwicklung des Geistes am Anfang stehen.

Es gibt drei wesentliche Faktoren in der buddhistischen Meditation – moralisches Verhalten, Konzentration und Weisheit. Diese drei Faktoren wachsen zusammen, wenn Ihre Praxis sich vertieft. Jeder beeinflusst die beiden anderen, und deshalb kultivieren Sie die drei zusammen, nicht einen nach dem andern. Wenn Sie die Weisheit haben, eine Situation wirklich zu verstehen, haben Sie zugleich Mitgefühl für alle Beteiligten, und Mitgefühl bedeutet, dass Sie automatisch alle Gedanken, Worte oder Taten unterlassen, die Ihnen oder anderen schaden könnten. So ist Ihr Verhalten ganz ohne weitere Bemühung moralisch. Nur wenn Sie die Dinge nicht richtig verstehen, schaffen Sie Probleme. Wenn Sie es versäumen, die Konsequenzen Ihrer eigenen Tat zu sehen, machen Sie Fehler. Wer darauf wartet, moralisch völlig einwandfrei zu werden, bevor er zu meditieren beginnt, wartet auf ein «Aber», das niemals kommen wird. Die alten Weisen sagen, er sei wie ein jemand, der darauf wartet, dass der Ozean ruhig wird, damit er ein Bad nehmen kann.

Um diese Beziehung besser zu verstehen, lassen Sie uns davon ausgehen, es gäbe drei Ebenen von Moral. Die unterste Ebene ist die Befolgung einer Reihe von Regeln und Regulierungen, die von jemand anderem formuliert wurden. Es könnte Ihr Lieblingsprophet sein, der Staat, das Oberhaupt Ihres Volkes oder Ihr Vater. Gleichgültig, wer die Regeln aufstellt, sie zu kennen und zu befolgen ist alles, was Sie auf dieser Ebene tun müssen.

Ein Roboter kann das, und sogar ein dressierter Schimpanse könnte es tun, wenn die Regeln einfach genug sind und er jedes Mal mit einem Stock geschlagen würde, wenn er eine gebrochen hat. Diese Ebene erfordert überhaupt keine Meditation. Alles, was Sie brauchen, sind die Regeln und jemanden, der den Stock schwingt.

Die nächste Ebene der Moralität besteht darin, die gleichen Regeln auch in Abwesenheit desjenigen zu befolgen, der Ihnen eine runterhauen würde. Sie gehorchen, weil Sie die Regeln verinnerlicht haben. Sie schlagen sich selbst jedes Mal, wenn Sie eine brechen. Diese Ebene erfordert ein wenig geistige Kontrolle. Wenn Ihr Gedankenmuster chaotisch ist, wird auch Ihr Verhalten chaotisch sein. Geisteskultur reduziert Geisteschaos.

Die dritte Ebene der Moralität könnte man besser als «Ethik» bezeichnen. Diese Ebene ist ein ganzer Quantensprung die Skala hinauf, ein wirklicher Paradigmenwechsel in der Orientierung. Auf der Ebene der Ethik befolgt eine Person nicht automatisch feste Regeln, die von einer Autorität diktiert wurden. Sie entscheidet sich, einen Weg zu gehen, den Achtsamkeit, Weisheit und Mitgefühl vorschreiben. Diese Ebene erfordert wirkliche Intelligenz und die Fähigkeit, alle Faktoren in jeder Situation auszubalancieren, um jedes Mal zu einer einzigartigen, kreativen und angemessenen Reaktion zu gelangen. Außerdem muss die Person, die diese Entscheidungen trifft, sich von ihrem eigenen begrenzten persönlichen Standpunkt befreit haben. Sie muss die ganze Situation von einem objektiven Gesichtspunkt aus sehen und ihren eigenen Bedürfnissen das gleiche Gewicht geben wie denen anderer. Mit anderen Worten, sie muss frei sein von Gier, Hass, Neid und all dem anderen selbstsüchtigen Zeug, das uns normalerweise davon abhält, die Angelegenheit von der Seite des anderen aus zu sehen. Nur dann kann sie genau die Folge von Handlungen auswählen, die wirklich optimal ist für diese Situation. Diese Ebene des moralischen Verhaltens erfordert unbedingt Meditation, wenn Sie nicht als Heilige/r geboren wurden. Es gibt keinen anderen Weg, diese Fähigkeit zu erwerben. Außerdem ist der Ausleseprozess, der auf dieser Ebene erforderlich ist, Kraft raubend. Wenn Sie versuchen würden, alle diese Faktoren in jeder Situation mit Ihrem bewussten Geist zu jonglieren, würden Sie sich kaputt machen. Der Intellekt kann einfach nicht so viele Bälle auf einmal in der Luft halten. Er wäre überlastet. Glücklicherweise kann eine tiefere Bewusstseinsebene diese Art der Verarbeitung mit Leichtigkeit erledigen. Meditation kann diesen Sortierprozess für Sie leisten. Es ist ein wirklich tolles Gefühl.

Eines Tages haben Sie ein Problem – sagen wir, sich um Onkel Hermanns neueste Scheidung zu kümmern. Es sieht absolut unlösbar aus, ein enormes Durcheinander von «Vielleichts», wobei selbst Salomon Zustände bekommen würde. Am nächsten Tag waschen Sie das Geschirr, denken an etwas ganz anderes, und plötzlich ist die Lösung da. Sie kommt einfach aus der Tiefe des Geistes hoch und Sie sagen «Aha!», und die ganze Angelegenheit ist geklärt. Diese Art von Intuition kann nur zum Vorschein kommen, wenn Sie die logischen Schaltkreise vom Problem abkoppeln und dem Unterbewusstsein Gelegenheit geben, sich die Lösung einfallen zu lassen. Der bewusste Geist steht einfach im Weg. Meditation lehrt Sie, wie man sich vom Denkprozess befreit. Sie ist die Kunst des Geistes, sich selber aus dem Weg zu gehen, und das ist eine sehr nützliche Fähigkeit im Alltag. Meditation ist bestimmt keine unwichtige Praxis oder nur etwas für Asketen und Einsiedler. Sie ist eine praktische Fähigkeit, die sich auf Alltagsereignisse richtet und sofortige Auswirkung hat in jedermanns Leben. Meditation ist nicht von einer anderen Welt.

Unglücklicherweise stellt gerade diese Tatsache für bestimmte Schüler einen Nachteil dar. Sie beginnen die Praxis mit Erwartungen sofortiger kosmischer Offenbarungen, komplett mit Engels-Chören. Was sie aber für gewöhnlich bekommen, ist eine wirksame Art, den Ramsch hinauszuschaffen, und bessere Möglichkeiten, sich um Onkel Hermann zu kümmern. Und sie sind unnötigerweise enttäuscht. Die Müllbeseitigung kommt zuerst, die Stimmen der Erzengel brauchen etwas länger.

Missverständnis 7 –
Meditation ist ein Weglaufen vor der Realität.

Falsch. Meditation ist Hineinlaufen in die Realität. Sie isoliert Sie nicht vom Schmerz des Lebens. Sie erlaubt, dass Sie sich so sehr in das Leben und all seine Aspekte vertiefen, dass Sie die Schmerzgrenze überschreiten und über das Leiden hinausgehen. Vipassana ist eine Praxis, die mit der spezifischen Absicht durchgeführt wird, sich der Realität zu stellen, das Leben vollständig zu erfahren, wie es ist, und genau das zu bewältigen, was Sie vorfinden. Es ermöglicht, dass Sie die Illusionen wegblasen und sich von all jenen höflichen kleinen Lügen befreien, die Sie sich selbst die ganze Zeit erzählen. Was da ist, ist da. Sie sind, wer Sie sind, und sich etwas vorzulügen über die eigenen Schwächen und Motivationen, bindet Sie nur fester an das Rad der Illusion. Vipassana-Meditation ist kein Versuch, sich zu vergessen oder Ihre Sorgen zuzudecken. Sie besteht darin, zu lernen, sich genau so zu betrachten, wie Sie sind. Sehen Sie, was da ist, akzeptieren Sie es vollständig. Nur dann können Sie es ändern.

Missverständnis 8 –
Meditation ist ein grossartiger Weg, um «high» zu werden.

Nun, ja und nein. Meditation erzeugt manchmal wirklich herrlich wohltuende Gefühle. Aber sie sind nicht der Zweck, und sie stellen sich nicht immer ein. Außerdem, wenn Sie mit dieser Absicht im Kopf meditieren, ist ihr Erscheinen weniger wahrscheinlich, als wenn Sie einfach meditieren, zum eigentlichen Zweck der Meditation, der in erhöhter Bewusstheit besteht. Glückserleben folgt aus Entspannung, und Entspannung resultiert aus dem Lösen von Spannung. Die Suche nach Glückseligkeit in der Meditation bringt Spannung in den Prozess hinein, was die ganze Ereigniskette zerstört. Es ist eine Zwickmühle. Sie können das Glück nur haben, wenn Sie nicht danach jagen. Wenn Sie Euphorie und gute Gefühle anstreben, gibt es außerdem leichtere Wege, sie zu bekommen. Sie sind in Kneipen zu haben und von zwielichtigen Charakteren an Straßenecken quer durch das Land. Euphorie ist nicht der Zweck von Meditation. Sie wird oft auftauchen, aber man sollte sie als ein Nebenprodukt betrachten. Dennoch ist sie ein sehr angenehmer Nebeneffekt, und sie wird immer häufiger, je länger Sie meditieren. Sie werden darüber von Praktizierenden mit langer Erfahrung keine andere Meinung hören.

Missverständnis 9 – Meditation ist selbstsüchtig.

Es sieht gewiss so aus. Da sitzt der Meditierende auf seinem kleinen Kissen wie abgestellt. Ist er ausgegangen zum Blutspenden? Nein. Ist er aktiv in der Arbeit mit Katastrophenopfern? Nein. Aber lassen Sie uns seine Motivation untersuchen. Warum macht er das? Seine Absicht ist, seinen Geist von Ärger, Vorurteilen und Übelwollen zu reinigen. Er ist aktiv engagiert in dem Prozess, Gier, Spannungen und Gefühllosigkeit abzubauen. Dies sind gerade die Elemente, die sein Mitleid mit anderen verhindern. Solange sie nicht verschwunden sind, werden wahrscheinlich alle guten Werke, die er tut, einfach eine Ausweitung des eigenen Egos sein und keine wirkliche Hilfe auf lange Sicht. Schaden im Namen der Hilfe ist eines der ältesten Spiele. Der Großinquisitor der spanischen Inquisition nahm die erhabensten Motive für sich in Anspruch, die Hexenprozesse wurden in «öffentlichem Interesse» durchgeführt.

Untersuchen Sie die persönlichen Lebensgeschichten von fortgeschrittenen Meditierenden, und Sie werden sie oft an humanitärem Dienst beteiligt finden. Sie werden sie selten als einen Kreuzzug führende Missionare antreffen, die bereit sind, bestimmte Individuen für eine fromme Idee zu opfern. Tatsache ist, dass wir selbstsüchtiger sind, als es uns bewusst ist. Das Ego findet Wege, die edelsten Aktivitäten in Müll zu verwandeln, wenn man ihm freien Lauf lässt. Durch die Meditation lernen wir, uns selbst genau so kennen, wie wir sind, indem wir wachsam werden für die zahlreichen subtilen Weisen, auf die wir unsere eigene Selbstsucht manifestieren. Dann fangen wir wirklich an, wahrhaft selbstlos zu sein. Sich von Selbstsucht zu reinigen, ist keine selbstsüchtige Aktivität.

Missverständnis 10 –
Wenn Sie meditieren, sitzen Sie herum und haben erhabene Gedanken.

Wieder falsch. Es gibt bestimmte Systeme von Kontemplation, wo auf diese Art praktiziert wird. Aber das ist nicht Vipassana. Vipassana ist die Praxis von Bewusstheit, Bewusstsein von allem, was da ist, sei es höchste Wahrheit oder mieser Abfall. Was da ist, ist da. Natürlich können erhabene ästhetische Gedanken während Ihrer Meditationspraxis auftauchen. Man sollte sie gewiss nicht vermeiden, noch sollte man sie suchen. Sie sind einfach angenehme Nebeneffekte. Vipassana ist eine einfache Praxis. Sie besteht darin, die eigenen Lebensereignisse direkt zu erfahren, ohne Präferenz und ohne ihnen geistige Bilder anzuheften. Vipassana ist Sehen ohne Vorurteile, wie sich Ihr Leben von Moment zu Moment entfaltet. Was kommt, kommt. Es ist sehr einfach.

Missverständnis 11 –
Ein paar Wochen Meditation, und all meine Probleme werden verschwinden.

Verzeihung, aber Meditation ist kein schnelles Allheilmittel. Sie werden gleich anfangen, Veränderungen zu bemerken, aber wirklich tiefe Wirkungen stellen sich erst Jahre später ein. Das ist einfach die Art, wie das Universum aufgebaut ist. Nichts Lohnendes wird über Nacht erreicht. Meditation ist in mancher Hinsicht hart. Sie erfordert anhaltende Disziplin und manchmal einen schmerzhaften Einübungsprozess. Bei jeder Sitzperiode erreichen Sie Resultate, aber diese Ergebnisse sind oft sehr subtil. Sie spielen sich tief im Geist ab, um erst viel später zum Ausdruck zu kommen. Und wenn Sie dasitzen und ständig nach riesigen sofortigen Veränderungen suchen, werden Sie die feinen Änderungen allesamt verpassen. Sie werden entmutigt, geben auf und schwören, dass solche Wandlungen niemals eintreten werden. Geduld und noch einmal: Geduld ist der Schlüssel. Selbst wenn Sie nichts anderes von der Meditation lernen, Sie werden Geduld lernen. Und das ist die wertvollste Lektion, die Sie erhalten können.

3
Was Meditation ist

Meditation ist ein Wort, und Wörter werden von verschiedenen Sprechern auf unterschiedliche Weise gebraucht. Dies mag als ein trivialer Punkt erscheinen, aber dem ist nicht so. Es ist ganz wichtig, zu unterscheiden, was ein bestimmter Sprecher mit den Wörtern meint, die er benutzt. Jede Kultur auf der Erde hat zum Beispiel eine Art von geistiger Übung hervorgebracht, die man als Meditation bezeichnen könnte. Es hängt alles davon ab, wie weit man die Definition dieses Wortes fasst. Jeder «meditiert», von den Afrikanern bis zu den Eskimos. Die Techniken sind enorm unterschiedlich, und wir wollen keinen Versuch unternehmen, einen Überblick zu geben. Es gibt andere Bücher dafür. Für den Zweck dieses Bandes wollen wir unsere Diskussion auf jene Praktiken beschränken, die westlichen Lesern am besten bekannt sind und am wahrscheinlichsten mit dem Begriff «Meditation» verbunden werden.

Innerhalb der jüdisch-christlichen Tradition finden wir zwei sich überschneidende Praktiken, Gebet und Kontemplation. Gebet ist eine direkte Anrede eines geistigen Wesens. Kontemplation ist eine längere Periode bewussten Nachdenkens über ein bestimmtes Thema, für gewöhnlich ein religiöses Ideal oder einen Text aus einer heiligen Schrift. Unter dem Gesichtspunkt der Kultivierung des Geistes sind beide Aktivitäten Übungen der Konzentration. Die normale Flut bewusster Gedanken ist eingeschränkt und der Geist wird auf ein bestimmtes Betätigungsfeld gebracht. Die Ergebnisse sind diejenigen, die Sie bei jeder Konzentrationspraxis finden: tiefe Ruhe, eine Verlangsamung des Stoffwechsels und ein Gefühl von Frieden und Wohlbefinden.

Aus der Hindu-Tradition stammt die Yoga-Meditation, die ebenfalls allein auf Konzentration beruht. Die traditionellen grundlegenden Übungen bestehen darin, den Geist auf ein einziges Objekt zu richten – einen Stein, eine Kerzenflamme, eine Silbe oder was auch immer – und ihm nicht zu erlauben, umherzuwandern. Hat der Yogi die grundlegenden Fähigkeiten erlangt, schreitet er fort, seine Praxis auszuweiten, indem er komplexere Meditationsobjekte aufnimmt: Gesänge, farbige religiöse Bilder, Energiekanäle im Körper und so weiter. Dennoch, wie komplex das Meditationsobjekt auch sein mag, die Meditation selbst bleibt eine reine Konzentrationsübung.

Innerhalb der buddhistischen Tradition wird Konzentration ebenfalls hoch geschätzt. Aber ein neues Element kommt hinzu und wird stärker betont. Dieses Element ist Bewustheit. Jegliche buddhistische Meditation zielt auf die Entwicklung von Bewustheit und benutzt Konzentration als ein Werkzeug. Die buddhistische Tradition ist jedoch sehr weit gefächert, und es gibt mehrere unterschiedliche Wege zu diesem Ziel. Die Zen-Meditation benutzt zwei gesonderte Wege. Der erste ist das direkte Eintauchen in die Bewusstheit durch reine Willenskraft. Sie setzen sich hin, und Sie sitzen einfach, das heißt, dass Sie außer der reinen Bewusstheit des Sitzens alles aus Ihrem Geist hinauswerfen. Das klingt sehr einfach, ist es aber nicht. Ein kurzer Versuch wird zeigen, wie schwierig es wirklich ist. Die zweite Herangehensweise im Zen, in der Rinzai-Schule benutzt, besteht darin, den Geist vom bewussten Denken zu befreien und in reine Bewusstheit zu verwandeln. Dies geschieht, indem man dem Schüler ein unlösbares Rätsel aufgibt, das er irgendwie lösen muss, und indem er in eine schreckliche Übungssituation gebracht wird. Da er der Pein der Situation nicht entkommen kann, muss er in die reine Erfahrung des Augenblicks fliehen. Es gibt keine andere Möglichkeit. Zen ist hart. Es ist für viele Menschen effektiv, aber es ist wirklich hart.

Eine andere Methode, die des tantrischen Buddhismus, ist nahezu das Umgekehrte. Das bewusste Denken, jedenfalls in der Art, wie wir es gewöhnlich tun, ist die Manifestation des Egos, der Person, von der Sie glauben, dass Sie es sind. Bewusstes Denken ist eng verknüpft mit dem Konzept eines Selbst. Das Selbst-Konzept oder Ego ist nichts weiter als eine Serie von Reaktionen und geistigen Vorstellungen, die dem fließenden Prozess reiner

Bewusstheit künstlich aufgeklebt werden. Tantra sucht reine Bewusstheit zu erlangen durch die Zerstörung dieser Ich-Vorstellung. Dem Schüler wird ein bestimmtes religiöses Bild gegeben, um darüber zu meditieren, zum Beispiel eine der Gottheiten des tantrischen Pantheon. Er führt dies auf eine so gründliche Weise aus, dass er zu diesem Wesen wird. Er gibt seine eigene Identität auf und übernimmt eine andere. Dies dauert eine Weile, wie Sie sich vorstellen können, aber es geht. Während des Prozesses kann er beobachten, wie das Ich aufgebaut ist und in Schranken gewiesen wird. Er lernt die willkürliche Natur aller Egos kennen, einschließlich seines eigenen, und er entflieht der Fessel des Egos. Schließlich kommt er in einen Zustand, in dem er ein Ego haben kann, wenn er es möchte – entweder sein eigenes oder irgendein anderes, das er sich wünschen könnte –, oder er kann ohne es leben. Das Ergebnis: reine Bewusstheit. Tantra ist auch nicht gerade ein Kinderspiel.

Vipassana ist die älteste der buddhistischen Meditationspraktiken. Die Methode kommt direkt aus dem *Satipatthana-Sutta*, einer Lehrrede, die dem Buddha selbst zugeschrieben wird. Vipassana ist eine direkte und allmähliche Kultivierung von Achtsamkeit oder Bewusstheit. In einem Zeitraum von Jahren schreitet sie Stück für Stück voran. Die Aufmerksamkeit des Schülers ist sorgfältig auf eine intensive Untersuchung bestimmter Aspekte seiner eigenen Existenz gerichtet. Der Meditierende wird darin geschult, mehr und mehr von seiner eigenen fließenden Lebenserfahrung wahrzunehmen. Vipassana ist eine sanfte Technik. Aber sie ist auch äußerst gründlich. Sie ist eine alte und systematische Methode des Trainings der Empfindsamkeit, eine Reihe von Übungen, darauf ausgerichtet, für unsere eigene Lebenserfahrung mehr und mehr empfänglich zu werden. Sie besteht in aufmerksamem Zuhören, achtsamem Sehen und sorgsamem Prüfen. Wir lernen Feinheiten zu riechen, ganz zu berühren und wirklich aufmerksam zu sein für die Veränderungen, die in all diesen Erfahrungen stattfinden. Wir lernen unseren eigenen Gedanken zuzuhören, ohne uns in ihnen zu verfangen.

Ziel der Vipassana-Praxis ist es, die Wahrheit der Unbeständigkeit, Unzulänglichkeit und Selbst-losigkeit aller Phänomene sehen zu lernen. Wir denken, wir täten dies bereits, aber das ist eine Illusion. Sie entstammt der Tatsache, dass wir dem fortwährenden Wogen unserer eigenen Lebenserfahrungen so wenig Aufmerksamkeit schenken, dass wir genauso gut schlafen könnten. Wir sind einfach nicht aufmerksam genug, um zu bemerken, dass wir nicht aufmerksam sind. Wieder einmal eine Zwickmühle.

Durch den Prozess der Achtsamkeit wird uns langsam bewusst, was wir dort unterhalb der Vorstellung vom Ich wirklich sind. Wir erwachen zu dem, was Leben wirklich ist. Nicht einfach eine Parade von auf und ab, von Zuckerbrot und Peitsche – das ist eine Illusion. Das Leben hat eine viel tiefere Struktur, wenn wir uns die Mühe machen hinzusehen, und wenn wir auf die richtige Art schauen.

Vipassana ist eine Art von geistigem Training, das Sie lehren wird, die Welt auf eine gänzlich neue Weise zu erfahren. Sie werden zum ersten Mal erkennen, was wirklich mit Ihnen geschieht, um Sie herum und in Ihnen. Es ist ein Prozess der Selbstentdeckung, eine teilnehmende Beobachtung, bei der Sie Ihre eigenen Erfahrungen beobachten, während Sie daran teilhaben, wie sie sich ereignen. Man muss mit folgender Haltung an die Praxis herangehen: «Was mir auch immer beigebracht wurde, ich vergesse Theorien, Vorurteile und Klischees. Ich möchte das wirkliche Wesen des Lebens verstehen. Ich möchte wissen, was diese Erfahrung, lebendig zu sein, wirklich ist. Ich möchte die wahren und tiefsten Qualitäten des Lebens verstehen, und ich möchte nicht einfach die Erklärung eines anderen akzeptieren. Ich möchte es selbst sehen.»

Wenn Sie Ihre Meditationspraxis in dieser Haltung ausüben, wird sie gelingen. Sie werden finden, dass Sie die Dinge objektiv betrachten, genau wie sie sind – fließend und sich von Moment zu Moment verändernd. Das Leben nimmt dann einen unglaublichen Reichtum an, den man nicht beschreiben kann. Man muss ihn erfahren.

Das Paliwort für Einsichtsmeditation ist *Vipassana Bhavana*. *Bhavana* kommt von der Wurzel *bhu*, das bedeutet «wachsen» oder «werden». Daher bedeutet *Bhavana* «kultivieren», und das Wort wird immer in Bezug auf den Geist verwendet. *Bhavana* bedeutet «Entwicklung des Geistes». *Vipassana* ist von zwei Wurzeln abgeleitet. *Passana* bedeutet «sehen» oder «wahrnehmen». *Vi* ist eine Vorsilbe mit einem komplexen Gefüge von Assoziationen. Die Grundbedeutung ist «auf eine besondere Weise». Aber es gibt ebenfalls die Konnotation von sowohl «in» als auch «durch». Die ganze Bedeutung des Wortes ist: mit Klarheit und Präzision in etwas hineinsehen, jeden Teil getrennt sehen und ganz durchdringen, um die der Sache wirklich zugrunde liegende Wahrheit wahrzunehmen. Dieser Prozess führt zu Einsicht in die grundlegende Wirklichkeit dessen, was immer gerade untersucht wird. Zusammengefasst bedeutet *Vipassana Bhavana* die Entwicklung des Geistes mit dem Ziel, auf jene besondere Weise zu sehen, die zu Einsicht und zu vollem Verständnis führt.

Bei der Vipassana-Meditation pflegen wir diese besondere Art, das Leben zu sehen. Wir üben uns, die Realität genau so zu sehen, wie sie ist, und wir nennen diese besondere Weise der Wahrnehmung *Achtsamkeit*. Dieser Prozess der Achtsamkeit ist wirklich ganz anders als das, was wir üblicherweise tun. Gewöhnlich untersuchen wir nicht, was wirklich vor uns liegt. Wir sehen das Leben durch einen Schleier von Gedanken und Konzepten, und wir halten irrtümlich diese geistigen Objekte für die Wirklichkeit. Wir verheddern uns so in diesem endlosen Gedankenstrom, dass die Realität unbemerkt vorüberzieht. Wir verbringen unsere Zeit gefangen in Aktivität, verwickelt in ein ewiges Streben nach Vergnügen und Befriedigung und in eine ewige Flucht vor Schmerz und Unangenehmem. Wir verausgaben unsere ganzen Energien bei dem Versuch, uns besser zu fühlen, und suchen unsere Ängste zu verbergen. Wir sind unentwegt auf der Suche nach Sicherheit. Unterdessen strömt die Welt der wirklichen Erfahrung vorüber, unberührt und nicht gekostet. In der Vipassana-Meditation üben wir uns darin, die beständigen Impulse, es uns bequemer zu machen, zu ignorieren, und wir tauchen stattdessen in die Realität ein. Die Ironie ist, dass wirklicher Friede nur dann entsteht, wenn man aufhört, danach zu jagen. Noch eine Zwickmühle.

Wenn Sie Ihre treibende Begierde nach Bequemlichkeit loslassen, entsteht wirkliche Erfüllung. Wenn Sie Ihr hektisches Streben nach Befriedigung aufgeben, kommt die wirkliche Schönheit des Lebens zum Vorschein. Wenn Sie danach trachten, die Wirklichkeit ohne Illusion zu erkennen, vollständig mit all ihrem Schmerz und ihrer Gefahr, dann haben Sie wirkliche Freiheit und Sicherheit. Dies ist nicht eine weitere Lehre, die wir Ihnen einzudrillen versuchen. Dies ist eine beobachtbare Wirklichkeit, etwas, was Sie selbst sehen können und sollten.

Der Buddhismus ist 2.500 Jahre alt, und jedes Gedankensystem dieses Alters hat Zeit, Schichten um Schichten von Lehre und Ritual zu entwickeln. Die grundlegende Haltung des Buddhismus ist dennoch äußerst empirisch und antiautoritär. Gotama, der Buddha, war eine ausgesprochen unorthodoxe Persönlichkeit und ein wirklicher Anti-Traditionalist. Er bot seine Lehre nicht als eine Sammlung von Dogmen an, sondern eher als eine Reihe von Aussagen für jedes Individuum zu eigener Untersuchung. Seine Einladung an alle und jeden war: «Komm und sieh selbst.» Eine der Weisungen, die er seinen Nachfolgern gab, war: «Setze keinen Kopf über deinen eigenen.» Damit meinte er, akzeptiere nicht das Wort von irgendjemand anderem. Sieh selbst.

Wir wollen, dass Sie diese Haltung auf jedes Wort anwenden, das Sie in diesem Handbuch lesen. Wir machen keine Aussagen, die Sie akzeptieren sollten, bloß weil wir Autoritäten sind auf diesem Gebiet. Blinder Glaube hat hier nichts zu suchen. Es geht um erfahrbare Realitäten. Lernen Sie, Ihre Wahrnehmungsweise den Instruktionen anzupassen, die in diesem Buch gegeben werden, und Sie werden selbst sehen. Dies und nur dies stellt die Grundlage für Ihren Glauben dar. Einsichtsmeditation ist im Wesentlichen eine Praxis persönlicher Erforschung und Entdeckung.

Nachdem wir dies festgestellt haben, wollen wir hier eine knappe Zusammenfassung einiger der Schlüsselaspekte buddhistischer Philosophie geben. Wir machen keinen Versuch, sie erschöpfend darzustellen, da dies bereits ganz gut in vielen anderen Büchern unternommen wurde. Diese Grundlagen sind wichtig, um Vipassana zu verstehen, deshalb sollte ich kurz darauf eingehen.

Aus buddhistischer Sicht leben wir menschlichen Wesen auf eine sehr merkwürdige Weise. Wir betrachten vergängliche Dinge als dauerhaft, obgleich sich alles um uns herum wandelt. Der Prozess der Veränderung ist konstant und ewig. Während Sie diese Worte lesen, altert Ihr Körper. Aber Sie schenken dem keine Aufmerksamkeit. Das Buch in Ihrer Hand verfällt. Der Druck wird schwächer, und die Seiten werden brüchig. Die Wände um Sie herum werden alt. Die Moleküle in diesen Wänden vibrieren in einem enormen Tempo, und alles ändert sich, geht in Stücke und löst sich langsam auf. Aber auch dem schenken Sie keine Beachtung. Dann sehen Sie sich eines Tages um. Ihr Körper ist faltig und eingerostet und tut weh. Das Buch ist ein vergilbter, nutzloser Klumpen; das Gebäude ist am Einstürzen. So verzehren Sie sich nach der verlorenen Jugend und weinen über den Verlust Ihrer Besitztümer. Woher kommt dieser Schmerz? Er kommt von Ihrer eigenen Unaufmerksamkeit. Sie haben versäumt, das Leben aus der Nähe zu betrachten. Sie haben es nicht geschafft, den ständig sich wandelnden Strom der Welt zu beobachten, als er vorüberfloss. Sie haben eine Sammlung von geistigen Konstruktionen aufgebaut, «ich», «das Buch», «das Gebäude», und Sie nahmen an, dass dies feste, wirkliche Wesenheiten seien. Sie gingen davon aus, dass diese für immer Bestand haben würden. Das ist nie der Fall. Aber Sie können sich auf den fortwährenden Wandel einstellen. Sie können lernen, Ihr Leben als eine beständig fließende Bewegung wahrzunehmen. Sie können lernen, den beständigen Fluss aller verursachten Dinge zu sehen. Sie können dies lernen. Es ist einfach eine Frage von Zeit und Übung.

Unsere menschlichen Wahrnehmungsgewohnheiten sind in gewisser Hinsicht bemerkenswert dumm. Wir schalten 99 % aller Sinnesreize aus, die wir eigentlich empfangen, und wir verfestigen den Rest in getrennte geistige Objekte. Dann reagieren wir auf diese geistigen Objekte in programmierter gewohnheitsmäßiger Weise.

Ein Beispiel: Da sitzen Sie allein in der Stille einer friedlichen Nacht. Ein Hund bellt in der Ferne. Eine an sich unbeschreiblich schöne Wahrnehmung, wenn Sie sich die Mühe machen, sie zu untersuchen. Aus diesem Meer des Schweigens kommen wogende Wellen von Schallvibrationen auf. Sie beginnen, die herrlich komplexen Muster zu hören, und sie werden umgewandelt in faszinierende elektronische Reize innerhalb des Nervensystems. Dieser Prozess sollte als Erfahrung der Unbeständigkeit, Unzulänglichkeit und Selbst-losigkeit aufgenommen werden. Aber wir Menschen neigen dazu, ihn total zu ignorieren. Stattdessen verfestigen wir diese Wahrnehmung in ein geistiges Objekt. Wir heften ein geistiges Bild daran, und wir kommen gleich zu einer Reihe von gefühlsmäßigen und begrifflichen Reaktionen. «Da ist dieser Hund wieder. Er bellt immer in der Nacht. Was für eine Nervensäge. Jede Nacht ist er eine wirkliche Plage. Man sollte etwas unternehmen. Vielleicht sollte ich die Polizei rufen, nein, einen Hundefänger. Ich werde den Hundefänger anrufen. Nein, vielleicht schreibe ich einfach einen wirklich bösen Brief an den Typen, dem dieser Hund gehört. Nein, das macht zu viel Mühe. Ich werde einfach die Ohren zustopfen.» Dies sind einfach Wahrnehmungsgewohnheiten und geistige Angewohnheiten. Als Kind lernen Sie, auf diese Weise zu reagieren, indem Sie die Wahrnehmungsgewohnheiten derer nachahmen, die um Sie herum sind. Diese Wahrnehmungsreaktionen sind in der Struktur des Nervensystems nicht festgelegt. Die Schaltkreise sind da, aber dies ist nicht die einzige Art, wie wir unsere geistige Maschinerie benutzen können. Gelerntes kann man verlernen. Der erste Schritt ist, zu erkennen, was Sie tun, während Sie es tun, Abstand zu nehmen und ruhig zuzusehen.

Aus buddhistischer Perspektive haben wir Menschen eine rückständige Sicht des Lebens. Wir schauen auf das, was tatsächlich der Grund des Leidens ist, und betrachten es als Glück. Der Grund des Leidens ist dieses Syndrom von Begehren und Abneigung, von dem wir oben bereits gesprochen haben. Eine Wahrnehmung taucht auf. Es könnte alles Mögliche sein – ein hübsches Mädchen, ein gut aussehender Mann, ein Schnellboot, ein Schlägertyp mit einem Gewehr, ein Lastwagen, der auf Sie zukommt, irgendetwas. Was es auch immer sein mag, zuallererst reagieren wir mit einem Gefühl auf den Reiz.

Nehmen Sie die Besorgnis. Wir machen uns eine Menge Sorgen. Das Sichsorgen selbst ist das Problem. Sich Sorgen machen ist ein Prozess und hat Stufen. Besorgnis ist nicht einfach ein Zustand des Daseins, sondern ein Vorgehen. Wir müssen genau auf den Anfang dieses Vorgangs sehen, jene anfänglichen Stadien, bevor der Prozess Druck aufgebaut hat. Das allererste Glied der Sorgenkette ist die Reaktion des Begehrens oder Zurückweisens. Sobald ein Phänomen im Geist auftaucht, versuchen wir es geistig festzuhalten oder wegzustoßen. Dies setzt die Besorgnisreaktion in Gang. Glücklicherweise gibt es ein praktisches kleines Werkzeug, Vipassana-Meditation genannt, das Sie benutzen können, um den ganzen Mechanismus kurzzuschließen.

Die Vipassana-Meditation lehrt uns, unseren eigenen Wahrnehmungsprozess mit großer Genauigkeit zu überprüfen. Wir lernen, das Auftauchen von Gedanken und Wahrnehmungen mit einem Gefühl von gelassener Distanz zu beobachten. Wir lernen, unsere eigenen Reaktionen auf Reize mit Ruhe und Klarheit zu betrachten. Wir beginnen, uns selbst reagieren zu sehen, ohne uns in den Reaktionen selbst zu verfangen. Die zwanghafte Natur des Denkens stirbt langsam ab. Wir können immer noch heiraten. Wir können immer noch dem Lastwagen ausweichen. Aber wir brauchen deswegen nicht durch die Hölle zu gehen.

Dieses Entkommen aus der zwanghaften Natur des Denkens bringt eine ganz neue Sicht der Realität hervor. Es ist ein vollständiger Paradigmenwechsel, ein totaler Wandel im Wahrnehmungsmechanismus. Er bringt das Glück der Befreiung von Zwängen mit sich. Dieser Vorteile wegen betrachtet der Buddhismus diese Art, die Dinge zu sehen, als eine richtige Lebensanschauung, und buddhistische Texte nennen es «die Dinge sehen, wie sie wirklich sind».

Vipassana-Meditation ist eine Zusammenstellung von Übungsverfahren, die uns allmählich öffnen für diese neue Sicht der Realität, wie sie wahrhaftig ist. Mit dieser neuen Wirklichkeitserfahrung einer geht eine neue Betrachtung dieses zentralsten Aspekts der Realität: des «Ichs». Eine eingehende Prüfung bringt zum Vorschein, dass wir das Gleiche mit dem «Ich» gemacht haben wie mit allen anderen Wahrnehmungen. Wir haben einen fließenden Strudel von Denken, Gefühl und Empfindung genommen, und wir haben diesen zu einem Gedankengebäude verfestigt. Dann haben wir ein Etikett draufgeklebt: «Ich». Und hinterher behandeln wir es für alle Zeit, als ob es ein konstantes und fortdauerndes Wesen sei. Wir betrachten es als ein Ding, das getrennt von allen anderen Dingen besteht. Wir klemmen uns ab vom Rest jenes Prozesses des ewigen Wandels, der das Universum ist. Und dann trauern wir darüber, wie einsam wir uns fühlen. Wir nehmen unsere natürliche Verbundenheit mit allen anderen menschlichen Wesen nicht wahr, und wir beschließen, dass «ich» mehr für «mich» bekommen muss; dann staunen wir darüber, wie gierig und empfindungslos Menschen sind. Und so geht es weiter. Jede üble Tat, jedes Beispiel von Herzlosigkeit in der Welt kommt direkt von diesem falschen Verständnis vom «Ich» als abgetrennt von allem anderen, was dort draußen ist.

Durchbrechen Sie die Illusion dieses einen Konzepts, und Ihr ganzes Universum verändert sich. Erwarten Sie aber nicht, dies über Nacht tun zu können. Sie haben Ihr ganzes Leben damit verbracht, dieses Konzept aufzubauen, verstärken es über all die Jahre mit jedem Gedanken, jedem Wort und jeder Handlung. Es wird sich nicht sofort verflüchtigen. Aber es wird verschwinden, wenn Sie ihm genug Zeit und genug Aufmerksamkeit schenken. Vipassana-Meditation ist ein Vorgang, durch den dieses Konzept aufgelöst wird. Stück für Stück bauen Sie es ab, indem Sie es einfach beobachten.

Das «Ich»-Konzept ist ein Vorgang. Es ist etwas, was wir tun. Durch Vipassana lernen wir zu sehen, dass wir es tun, wann wir es tun und wie wir es tun. Dann kommt es in Bewegung und entschwindet wie eine Wolke, die durch einen klaren Himmel zieht. Wir befinden uns dann in einem Zustand, wo wir dieses Konzept bilden können oder nicht, was immer uns der Situation angemessen erscheint. Die Zwanghaftigkeit ist vorbei. Wir haben eine Wahl.

Dies sind natürlich alles höchst bedeutsame Einsichten. Jede beinhaltet ein tief greifendes Verständnis einer der fundamentalen Fragen menschlicher Existenz. Diese Erkenntnisse stellen sich nicht schnell ein und auch nicht ohne beträchtliche Anstrengung. Aber der Lohn ist groß. Sie führen zu einer totalen Umwandlung unseres Lebens. Jede Sekunde Ihrer Existenz ist danach verändert. Der Meditierende, der den ganzen Weg auf dieser Fährte zurücklegt, erreicht vollkommene geistige Gesundheit, eine reine Liebe für alles Lebendige und das völlige Aufhören des Leidens. Das ist kein geringes Ziel. Aber Sie müssen nicht erst den ganzen Weg gehen, um Gewinn davon zu haben. Er beginnt sofort und häuft sich über die Jahre an. Es ist eine ansteigende Funktion. Je mehr Sie sitzen und meditieren, desto mehr lernen Sie über die wirkliche Natur Ihrer eigenen Existenz. Je mehr Stunden Sie in Meditation verbringen, desto größer Ihre Fähigkeit, jeden Impuls und jede Absicht, jeden Gedanken und jedes Gefühl in Ruhe zu beobachten, sobald sie im Geist auftauchen. Ihr Fortschritt in Richtung Befreiung wird in Stunden gemessen, die Sie auf dem Meditationskissen verbringen. Und Sie können zu jeder Zeit aufhören, wenn Sie genug haben. Es gibt keinen Stock über Ihrem Kopf außer Ihrer eigenen Sehnsucht, die wahre Qualität des Lebens zu sehen, Ihre eigene Existenz zu verbessern und die von anderen.

Vipassana-Meditation ist von ihrer Natur her erfahrungsbezogen. Sie ist nicht theoretisch. Durch die Praxis der Meditation werden Sie empfindsam für die eigentliche Erfahrung des Lebens, dafür, wie die Dinge sich anfühlen. Sie sitzen nicht herum und entwickeln feine, ästhetische Gedanken über das Leben. Sie leben. Vipassana-Meditation ist – mehr als alles andere – Leben lernen.

4
Einstellung zur Meditation

Innerhalb des letzten Jahrhunderts hat die westliche Wissenschaft und insbesondere die Physik eine aufregende Entdeckung gemacht. Wir sind Teil der Welt, die wir betrachten. Unser Beobachtungsverfahren selbst verändert die Dinge, die wir beobachten. Zum Beispiel ist ein Elektron ein äußerst winziger Gegenstand. Es kann ohne Instrumente nicht betrachtet werden, und diese Apparate bestimmen, was der Beobachter sehen wird. Wenn Sie ein Elektron auf die eine Weise anschauen, erscheint es als ein Partikel, ein harter kleiner Ball, der auf hübsch geraden Bahnen umherspringt. Wenn Sie es auf eine andere Weise betrachten, scheint ein Elektron eine Wellenform zu sein, ohne dass irgendetwas Festes daran ist. Es leuchtet und zuckt auf der ganzen Linie. Ein Elektron ist eher ein Ereignis als ein Ding, und der Beobachter hat Anteil an diesem Geschehen gerade durch seinen Beobachtungsprozess. Es gibt keine Möglichkeit, diese Interaktion zu vermeiden.

Die östliche Wissenschaft hat dieses grundlegende Prinzip seit sehr langer Zeit erkannt. Der Geist ist eine Serie von Ereignissen, und der Beobachter nimmt an jenen Ereignissen jedes Mal teil, wenn er nach innen schaut. Meditation ist teilnehmende Beobachtung. Was Sie sich ansehen, reagiert auf den Vorgang des Sehens. Worauf Sie schauen, das sind Sie, und was Sie sehen, hängt davon ab, wie Sie sehen. So ist der Vorgang der Meditation äußerst heikel, und das Ergebnis hängt völlig von der geistigen Verfassung des Meditierenden ab. Die folgenden Einstellungen sind wesentlich, um in der Praxis Erfolg zu haben. Die meisten davon sind zuvor dargelegt worden. Aber wir stellen sie hier noch einmal zusammen als eine Reihe von Regeln für die praktische Umsetzung.

1) *Erwarten Sie nichts*: Setzen Sie sich einfach zurück und sehen Sie, was passiert. Betrachten Sie das Ganze als ein Experiment.

Zeigen Sie aktives Interesse an diesem Test selbst. Lassen Sie sich aber nicht ablenken von Ihren Erwartungen hinsichtlich der Resultate. Kümmern Sie sich aus diesem Grund um keinerlei Ergebnisse. Lassen Sie die Meditation in ihrem eigenen Tempo und in ihre eigene Richtung vorangehen. Lassen Sie zu, dass die Meditation Ihnen das beibringt, was sie Sie lernen lassen will. Meditative Bewusstheit sucht die Realität genau so zu sehen, wie sie ist. Ob das Ihren Erwartungen entspricht oder nicht, es erfordert eine zeitweise Aufhebung all unserer vorgefassten Meinungen und Ideen. Wir müssen unsere Bilder, Meinungen und Interpretationen für die Dauer der Sitzung aus dem Weg räumen. Sonst werden wir über sie stolpern.

2) *Mühen Sie sich nicht ab*: Erzwingen Sie nichts und machen Sie keine großartigen, übertriebenen Anstrengungen. Meditation ist nicht aggressiv, es gibt in ihr kein gewaltsames Kämpfen. Ihr Bemühen sollte ganz einfach entspannt und ruhig sein.

3) *Beeilen Sie sich nicht*: Es besteht kein Grund zur Eile, nehmen Sie sich daher Zeit. Lassen Sie sich auf ein Kissen nieder und sitzen Sie, als ob Sie den ganzen Tag zur Verfügung hätten. Alles wirklich Wertvolle braucht Zeit zur Entwicklung. Geduld, Geduld, Geduld.

4) *Hängen Sie an nichts und weisen Sie nichts zurück*: Lassen Sie kommen, was kommt, und stellen Sie sich darauf ein, was auch immer es ist. Wenn gute geistige Bilder auftauchen, ist das in Ordnung. Wenn schlimme geistige Bilder auftauchen, ist das auch in Ordnung. Betrachten Sie alles als gleich und machen Sie es sich gemütlich bei allem, was auch immer geschieht. Kämpfen Sie nicht mit dem, was Sie erfahren, beobachten Sie einfach alles mit Achtsamkeit.

5) *Lassen Sie los*: Lernen Sie mit all den Veränderungen zu fließen, die aufkommen. Werden Sie locker und entspannen Sie.

6) *Nehmen Sie alles an, was auftaucht*: Akzeptieren Sie Ihre Gefühle, selbst die, die Sie nicht haben wollen. Akzeptieren Sie Ihre Erfahrungen, selbst die, die Sie hassen. Verurteilen Sie sich nicht,

weil Sie Fehler und Schwächen haben. Lernen Sie alle Phänomene, die im Geist auftauchen, als vollkommen natürlich und verständlich zu betrachten. Versuchen Sie ein unvoreingenommenes Akzeptieren zu üben, jederzeit und im Hinblick auf alle Erfahrungen.

7) *Gehen Sie sanft mit sich um:* Seien Sie freundlich zu sich. Sie mögen nicht vollkommen sein, aber Sie sind alles, woran Sie zu arbeiten haben. Der Prozess, zu werden, der oder die Sie sein wollen, beginnt zuerst mit dem völligen Annehmen dessen, der oder die Sie sind.

8) *Erforschen Sie sich selbst:* Hinterfragen Sie alles. Betrachten Sie nichts als selbstverständlich. Glauben Sie nichts, weil es weise und fromm klingt und irgendein Heiliger es gesagt hat. Sehen Sie selbst. Das bedeutet nicht, dass Sie zynisch, unverschämt oder respektlos sein sollten. Es heißt, dass Sie sich auf Ihre Wahrnehmung beziehen sollten. Unterziehen Sie alle Feststellungen der konkreten Überprüfung durch Ihre eigene Erfahrung und lassen Sie die Ergebnisse Ihr Führer zur Wahrheit sein. Einsichtsmeditation entwickelt sich aus einem inneren Verlangen heraus, wach zu werden für das, was wirklich ist, und befreiende Einsicht zu gewinnen in die wahre Struktur der Existenz. Die ganze Praxis hängt von dieser Sehnsucht ab, zur Wahrheit zu erwachen. Ohne sie ist die Praxis oberflächlich.

9) *Betrachten Sie alle Probleme als Herausforderungen*: Sehen Sie das Negative, das auftaucht, als Gelegenheit zu lernen und zu wachsen. Laufen Sie nicht davon, verdammen Sie sich nicht, und verbergen Sie Ihre Bürde nicht in heiligem Schweigen. Sie haben ein Problem? Großartig. Mehr Wasser auf die Mühle. Freuen Sie sich, gehen Sie ran und untersuchen Sie es.

10) *Grübeln Sie nicht*: Sie brauchen sich nicht alles auszudenken. Weitschweifiges Denken wird Sie nicht aus der Falle befreien. In der Meditation wird der Geist auf natürliche Weise durch Achtsamkeit gereinigt, ohne Worte, durch reine Aufmerksamkeit. Gewohntes Überlegen ist nicht nötig, um die Dinge auszumerzen, die Sie in Knechtschaft halten. Alles, was man braucht,

ist eine klare, vorbegriffliche Wahrnehmung davon, was sie sind und wie sie wirken. Das allein genügt, um sie aufzulösen. Konzepte und verstandesmäßiges Denken stehen nur im Weg. Denken Sie nicht. Sehen Sie.

11) *Verweilen Sie nicht bei Gegensätzen*: Unterschiede existieren wirklich unter den Menschen, aber sich dabei aufzuhalten, ist ein gefährlicher Prozess. Wenn man nicht sorgsam damit umgeht, führt er direkt zu Ich-Bezogenheit. Gewöhnliches menschliches Denken ist voll von Gier, Eifersucht und Stolz. Ein Mann, der einen anderen Mann auf der Straße sieht, mag unmittelbar denken: «Er sieht besser aus als ich.» Das sofortige Ergebnis ist Neid oder Scham. Ein Mädchen, das ein anderes Mädchen sieht, mag denken: «Ich bin hübscher als sie.» Das sofortige Ergebnis ist Stolz. Diese Art von Vergleich ist eine geistige Gewohnheit, und sie führt direkt zu schlechtem Gefühl der einen oder anderen Art: Gier, Neid, Stolz, Eifersucht, Hass. Dieser geistige Zustand ist nicht heilsam, und doch verhalten wir uns die ganze Zeit so. Wir vergleichen unser Aussehen mit anderen, unseren Erfolg, unsere Leistungen, unseren Reichtum, Besitz oder IQ, und all dies führt zum gleichen Zustand – Entfremdung, Schranken zwischen Menschen und ungute Gefühle.

Die Aufgabe des Meditierenden besteht darin, diese unkluge Gewohnheit aufzugeben, indem er sie gründlich untersucht und dann durch eine andere ersetzt. Statt auf die Unterschiede zwischen sich und anderen zu achten, übt der Meditierende sich darin, Ähnlichkeiten festzustellen. Er konzentriert seine Aufmerksamkeit auf jene Faktoren, die universell sind für alles Leben, Aspekte, die ihn anderen näherbringen werden. So führt sein Vergleichen, wenn es das überhaupt ist, eher zu Gefühlen von Verwandtschaft als zu Gefühlen der Entfremdung.

Atmen ist ein universeller Prozess. Alle Wirbeltiere atmen im Wesentlichen auf die gleiche Art. Alle lebenden Wesen tauschen auf die eine oder andere Art Gase mit ihrer Umgebung aus. Dies ist einer der Gründe dafür, dass die Atmung als zentrales Objekt für die Meditation gewählt wird. Dem Meditierenden wird empfohlen, den Prozess seiner eigenen Atmung zu erforschen, als Mittel, seine eigene natürliche Verbundenheit mit allem übrigen Leben zu erkennen. Dies bedeutet nicht, dass wir unsere Augen verschließen vor all den Unterschieden um uns herum. Unterschiede sind da. Es bedeutet einfach, dass wir Gegensätze nicht hervorheben und die allgemeingültigen Faktoren betonen, die uns gemeinsam sind. Das empfohlene Verfahren ist folgendes: Wenn wir als Meditierende irgendein sensorisches Objekt wahrnehmen, sollen wir nicht auf die übliche egoistische Weise dabei verweilen. Wir sollten besser den Wahrnehmungsprozess selbst beobachten. Wir sollten beobachten, was dieses Objekt in unseren Sinnen und unserer Wahrnehmung bewirkt. Wir sollten die Gefühle beobachten, die auftauchen, und die geistigen Aktivitäten, die folgen. Wir sollten die Veränderungen bemerken, die sich in unserem eigenen Bewusstsein als Folge ereignen. Beim Beobachten all dieser Phänomene müssen wir uns der Universalität dessen bewusst sein, was wir sehen. Die ursprüngliche Wahrnehmung wird angenehme, unangenehme und neutrale Gefühle auslösen. Das ist eine universelle Erscheinung. Sie ereignet sich im Geist anderer genauso wie in unserem eigenen, und wir sollten das klar sehen. Folgt man diesen Gefühlen, können verschiedene Reaktionen auftauchen. Wir können Begierde, Lust oder Eifersucht spüren. Wir können Furcht, Besorgnis, Unruhe oder Langeweile empfinden. Diese Reaktionen sind universell. Wir bemerken sie einfach und verallgemeinern sie dann. Wir sollten erkennen, dass diese Reaktionen normale menschliche Antworten sind und in jedem entstehen können.

Diese Art von Vergleich anzustellen, mag zuerst erzwungen und künstlich erscheinen, aber es ist nicht weniger natürlich als das, was wir gewöhnlich tun. Es ist uns bloß nicht vertraut. Durch Übung ersetzt dieses Verhaltensmuster unsere normale Gewohnheit egozentrischen Vergleichens und kommt uns dann auf lange Sicht weitaus natürlicher vor. Als Folge werden wir sehr verständnisvolle Menschen. Wir regen uns nicht länger auf über die «Schwächen» anderer. Wir kommen voran in Richtung Harmonie mit allem Leben.

5
Die Praxis

Obgleich es viele Meditationsobjekte gibt, empfehlen wir dringend, dass Sie damit beginnen, Ihre ganze ungeteilte Aufmerksamkeit auf Ihre Atmung zu richten, um einen bestimmten Grad oberflächlicher Konzentration zu erlangen. Denken Sie daran, dass Sie keine tiefe Versenkung oder reine Konzentrationstechnik praktizieren. Sie üben Achtsamkeit, wofür Sie nur ein gewisses Maß flacher Konzentration brauchen. Sie wollen Achtsamkeit entwickeln, die in Einsicht und Weisheit gipfelt, um die Wirklichkeit zu erkennen, wie sie ist. Sie wollen das Wirken Ihres Körper-Geist-Zusammenhangs genau so kennenlernen, wie es ist. Sie wollen alle innere Verärgerung loswerden und Ihr Leben wirklich friedlich und glücklich machen.

Man kann den Geist nicht reinigen, ohne die Dinge zu sehen, wie sie wirklich sind. «Die Dinge sehen, wie sie wirklich sind» ist jedoch eine stark befrachtete und mehrdeutige Aussage. Viele, die mit Meditation beginnen, fragen sich, was wir damit meinen, denn jeder mit klarem Augenlicht kann Objekte sehen, wie sie sind.

Wenn wir diese Formulierung in Bezug auf die Einsicht benutzen, die wir durch unsere Meditation erlangt haben, meinen wir, die Dinge nicht oberflächlich mit unseren normalen Augen anzuschauen, sondern sie mit Weisheit zu sehen, wie sie in sich selbst sind. Mit Weisheit zu sehen bedeutet, die Dinge innerhalb des Rahmens unseres Körper-Geist-Zusammenhanges zu sehen, ohne Vorurteile oder Vorlieben, die unserer Gier, unserem Hass oder unserer Verblendung entspringen. Wenn wir das Zusammenwirken unseres Körpers und Geistes beobachten, neigen wir normalerweise dazu, Unangenehmes zu ignorieren und Angenehmes festzuhalten. Dies ist so, weil unser Geist im Allgemeinen beeinflusst ist von Begierde, Ärger und Selbsttäuschung. Unser Ego, das Selbst oder unsere Meinungen stehen uns im Weg und färben unser Urteil.

Wenn wir unsere Körperempfindungen achtsam wahrnehmen, sollten wir sie nicht mit geistigen Gebilden verwechseln, denn Körperempfindungen können auftauchen, ohne irgendetwas mit dem Geist zu tun zu haben. Ein Beispiel: Wir sitzen bequem. Nach einer Weile kann ein unangenehmes Gefühl in unserem Rücken oder in unseren Beinen auftreten. Unser Geist erlebt dieses Unbehagen sofort und bildet zahlreiche Gedanken um das Gefühl. An diesem Punkt sollten wir das Gefühl als Gefühl isolieren und achtsam beobachten, ohne zu versuchen, das Gefühl mit den geistigen Gebilden zu vermischen. Gefühl ist einer der sieben universellen geistigen Faktoren. Die anderen sechs sind: Kontakt, Wahrnehmung, Aufmerksamkeit, Konzentration, Lebensenergie und Wille.

Ein anderes Mal haben wir vielleicht eine bestimmte Emotion wie Ärger, Angst oder Lust. Dann sollten wir die Emotion genau beobachten, wie sie ist, ohne zu versuchen, sie mit irgendetwas anderem zu verwechseln. Wenn wir Form, Gefühl, Wahrnehmung, geistige Gebilde und Bewusstsein in ein Bündel packen und versuchen, sie alle zusammen als Gefühl zu beobachten, geraten wir in Verwirrung, da wir den Ursprung des Gefühls nicht sehen können. Wenn wir einfach bei dem Gefühl allein verweilen und die anderen geistigen Faktoren ignorieren, wird es sehr schwierig, die Wahrheit zu erkennen.

Wir wollen die Einsicht in die Erfahrung der Unbeständigkeit gewinnen, um unseren Groll zu überwinden; unsere tiefere Kenntnis des Unglücklichseins bezwingt unsere Begierde, die unser Unglücklichsein verursacht; unsere Erkenntnis der Selbstlosigkeit siegt über die Unwissenheit, die von der Vorstellung eines Selbst herrührt. Wir sollten zuerst Geist und Körper getrennt sehen. Wenn wir sie einzeln verstanden haben, sollten wir ihre wesenhafte Verbundenheit sehen. Während unsere Einsicht schärfer wird, werden wir uns mehr und mehr der Tatsache bewusst, dass alle Aggregate zusammenarbeiten. Keines kann ohne das andere existieren. Wir können die wirkliche Bedeutung der berühmten Metapher von dem blinden Mann erkennen, der einen gesunden Körper hat, um zu gehen, und dem Lahmen, der sehr gute Augen hat, um zu sehen. Keiner von beiden kann für sich allein viel tun. Aber wenn der Lahme auf die Schultern des Blinden klettert, können sie zusammen reisen und ihre Ziele leicht erreichen. Genauso kann der Körper allein nichts für sich tun. Er ist wie ein Stück Holz, unfähig sich zu bewegen oder irgendetwas aus sich selbst zu tun, außer Gegenstand zu werden von Unbeständigkeit, Verfall und Sterben. Der Geist selbst kann nichts ohne die Unterstützung des Körpers tun. Wenn wir sowohl den Körper als auch den Geist achtsam beobachten, können wir sehen, wie viele wundervolle Dinge sie zusammen vollbringen.

Solange wir an einem Ort sitzen, mögen wir einen gewissen Grad an Achtsamkeit erreichen. Wenn wir zu einem Retreat gehen und mehrere Tage oder mehrere Monate damit verbringen, unsere Gefühle, Wahrnehmungen, zahllosen Gedanken und verschiedenen Bewusstseinszustände zu beobachten, kann uns das am Ende ruhig und friedlich machen. Normalerweise haben wir nicht so viel Zeit, an einem Ort zu verweilen und die ganze Zeit zu meditieren. Deshalb sollten wir eine Möglichkeit finden, unsere Achtsamkeit auf unser tägliches Leben anzuwenden, damit wir mit alltäglichen unvorhersehbaren Vorfällen umgehen können.

Womit wir im Alltag konfrontiert werden, ist unvorhersagbar. Die Dinge ereignen sich auf Grund zahlreicher Ursachen und Bedingungen, da wir in einer bedingten und unbeständigen Welt leben. Achtsamkeit ist unsere Erste-Hilfe-Ausrüstung, jederzeit leicht verfügbar für unsere Dienste. Stehen wir einer Situation gegenüber, die uns entrüstet, werden wir bittere Wahrheiten über uns entdecken, wenn wir unseren eigenen Geist achtsam erforschen. Zum Beispiel, dass wir selbstsüchtig sind; wir sind egozentrisch; wir hängen an unserem Ich; wir halten an unseren Meinungen fest; wir denken, wir haben Recht und alle anderen Unrecht; wir haben Vorurteile; wir haben Vorlieben; und all dem liegt zugrunde, dass wir uns selbst nicht wirklich lieben. Diese Entdeckung ist zwar bitter, aber eine äußerst lohnende Erfahrung. Und auf lange Sicht befreit uns diese Entdeckung von tief verwurzeltem psychologischem und spirituellem Leiden.

Achtsamkeit praktizieren heißt absolut ehrlich mit sich sein. Wenn wir unseren eigenen Körper und Geist beobachten, bemerken wir gewisse Dinge, die zu erkennen unangenehm ist. Da wir sie nicht mögen, versuchen wir sie zurückzuweisen. Welches sind die Dinge, die wir nicht mögen? Wir mögen uns nicht lösen von denen, die wir lieben, oder mit den Ungeliebten leben. Wir schließen nicht nur Menschen, Orte und materielle Dinge in unsere Vorlieben und Abneigungen ein, sondern auch Meinungen, Ideen, Überzeugungen und Entscheidungen. Wir mögen nicht, was natürlicherweise mit uns geschieht. Zum Beispiel wollen wir nicht altern, krank werden, schwach werden oder unser Alter zeigen, denn wir haben ein starkes Verlangen, unsere äußere Erscheinung zu erhalten. Wir mögen es nicht, wenn jemand unsere Fehler aufzeigt, denn wir sind sehr stolz auf uns. Wir mögen nicht, dass jemand weiser ist, als wir es sind. Denn wir täuschen uns über uns. Dies sind nur ein paar Beispiele unserer persönlichen Erfahrungen von Gier, Hass und Unwissenheit.

Wenn Gier, Hass und Unwissenheit sich in unserem täglichen Leben zeigen, nutzen wir unsere Achtsamkeit, um ihnen nachzuspüren und ihre Wurzeln zu verstehen. Die Wurzel jedes dieser geistigen Zustände liegt in uns selbst. Wenn wir zum Beispiel die Wurzel des Hasses nicht in uns haben, kann uns keiner wütend machen, denn es ist die Wurzel unseres Ärgers, die auf jemandes Taten, Worte oder Verhalten reagiert. Wenn wir achtsam sind, werden wir mit Eifer unsere Weisheit nutzen, um in unseren eigenen Geist zu sehen. Wenn wir keinen Hass in uns haben, werden wir nicht betroffen sein, wenn jemand unsere Schwächen aufzeigt. Eher werden wir der Person dankbar sein, die unsere Aufmerksamkeit auf unsere Fehler lenkt. Wir müssen außerordentlich weise und achtsam sein, um dem Menschen zu danken, der unsere Fehler aufzeigt. So werden wir fähig sein, den Weg zu gehen, der aufwärts führt zu unserer Vervollkommnung. Wir alle haben blinde Flecken. Der andere ist ein Spiegel für uns, um unsere Fehler mit Weisheit zu sehen. Wir sollten den Menschen, der uns unsere Mängel aufzeigt, als jemanden betrachten, der einen verborgenen Schatz in uns ausgräbt, dessen wir uns nicht bewusst waren. Indem wir unsere Defizite erkennen, können wir uns verbessern. Uns zu verbessern, ist der schnurgerade Weg zur Vollkommenheit, die unser Ziel im Leben ist. Nur durch die Überwindung von Schwächen können wir edle Eigenschaften entwickeln, die tief unten in unserem Unterbewusstsein verborgen sind. Bevor wir aber versuchen, unsere Mängel zu überwinden, sollten wir wissen, worin sie bestehen.

Wenn wir krank sind, müssen wir die Ursache unserer Krankheit herausfinden. Nur dann können wir behandelt werden. Wenn wir vorgeben, dass wir keine Krankheit haben, obgleich wir leiden, werden wir nie Behandlung erfahren. Desgleichen werden wir nie unseren spirituellen Weg bahnen, wenn wir denken, dass wir bestimmte Fehler nicht haben. Wenn wir blind sind für unsere eigenen Mängel, brauchen wir jemanden, der sie uns aufzeigt. Machen andere uns auf unsere Fehler aufmerksam, sollten wir ihnen dankbar sein wie der Ehrwürdige Sariputta, der sagte: «Selbst wenn ein siebenjähriger Novize meine Fehler aufzeigt, werde ich sie annehmen mit dem äußersten Respekt für ihn.» Der Ehrwürdige Sariputta war ein Arahant, der hundertprozentig achtsam war und keinen Fehler in sich hatte. Aber da er keinerlei Stolz hatte, konnte er diese Einstellung beibehalten. Obgleich wir keine Arahants sind, sollten wir entschlossen sein, seinem Beispiel nachzueifern, denn unser Ziel im Leben ist auch, zu erreichen, was er erlangte.

Natürlich ist der Mensch, der unsere Fehler aufzeigt, möglicherweise selbst nicht ganz frei von Mängeln, aber er kann unsere Probleme sehen, so wie wir seine Fehler sehen können, die er nicht bemerkt, bis wir ihn auf sie aufmerksam machen. Sowohl das Aufzeigen von Schwächen als auch das Reagieren darauf sollte mit Achtsamkeit geschehen. Wenn jemand beim Hinweisen auf Fehler die Achtsamkeit verliert und eine unfreundliche und grobe Sprache benutzt, kann er mehr Schaden anrichten als Nutzen bringen für sich selbst wie für die Person, deren Schwächen er aufdeckt. Einer, der mit Ärger spricht, kann nicht achtsam sein, und ist unfähig, sich klar auszudrücken. Wer sich verletzt fühlt durch das Hören grober Sprache, kann seine Achtsamkeit verlieren und nicht hören, was die andere Person ihm wirklich sagt. Wir sollten achtsam sprechen und achtsam zuhören, um Nutzen zu haben vom Reden und Zuhören. Wenn wir zuhören und achtsam sprechen, ist unser Geist frei von Begierde, Selbstsucht, Hass und Illusion.

Unser Ziel

Als Meditierende müssen wir alle ein Ziel haben; denn wenn wir kein Ziel haben, werden wir einfach im Dunkeln herumtasten und blind irgendjemandes Meditationsanweisungen folgen. Es muss selbstverständlich ein Ziel geben für alles, was wir bewusst und willentlich tun. Das Ziel des Vipassana Praktizierenden ist es nicht, früher als andere Leute erleuchtet zu werden oder mehr Macht zu haben oder mehr Gewinn zu machen als andere. Meditierende befinden sich nicht im Wettbewerb miteinander um Achtsamkeit.

Unser Ziel ist es, die Vollkommenheit aller edlen und heilsamen Qualitäten zu erreichen, die in unserem unbewussten Geist verborgen sind. Dieses Ziel umfasst fünf Elemente: Reinigung des Geistes, Überwindung von Kummer und Jammer, Überwindung von Schmerz und Trauer, das Betreten des rechten Pfades, der zur Erlangung ewigen Friedens führt, und die Erlangung von Glück durch das Verfolgen dieses Pfades. Haben wir dieses fünffache Ziel im Sinn, können wir vorankommen mit Hoffnung und Zuversicht, das Ziel zu erreichen.

Das Praktizieren

Wenn Sie sitzen, verändern Sie nicht die Position bis zum Ablauf der Zeit, die Sie zu Beginn festgesetzt haben. Angenommen, Sie verändern Ihre ursprüngliche Position, weil sie unbequem ist, und nehmen eine andere Stellung ein. Nach einer Weile geschieht es, dass die neue Position unbehaglich wird. Dann wollen Sie eine andere, und nach einer Weile wird auch diese beschwerlich. So können Sie fortfahren, die ganze Zeit, die Sie auf dem Meditationskissen verbringen, eine Stellung nach der anderen zu wechseln, sich zu bewegen, die Haltung wieder zu verändern, und Sie können keine tiefe und bedeutsame Konzentrationsebene erlangen. Bemühen Sie sich deshalb nach Kräften,

Ihre ursprüngliche Position nicht zu verändern. In Kapitel 10 gehen wir darauf ein, wie Sie am besten mit Schmerz umgehen.

Um die Änderung der Position zu vermeiden, bestimmen Sie am Anfang der Meditation, wie lange Sie meditieren werden. Wenn Sie nie zuvor meditiert haben, sitzen Sie nicht länger als zwanzig Minuten bewegungslos. Bei wiederholter Praxis können Sie die Zeit des Sitzens verlängern. Die Länge des Sitzens hängt davon ab, wie viel Zeit Sie für die Sitzmeditation haben und wie lange Sie ohne entsetzlichen Schmerz sitzen können.

Wir sollten keinen Zeitplan haben, um das Ziel zu erreichen; denn was wir erreichen, hängt davon ab, wie wir in unserer Praxis vorankommen, die auf unserem Verständnis und der Entwicklung unserer spirituellen Fähigkeiten beruht. Wir müssen mit Eifer und Achtsamkeit auf das Ziel hinarbeiten, ohne dafür irgendeinen speziellen Zeitplan aufzustellen. Wenn wir bereit sind, kommen wir dort an. Uns auf das Erlangen des Ziels vorzubereiten, ist alles, was wir zu tun haben.

Wenn Sie sitzen, ohne sich weiter zu bewegen, schließen Sie die Augen. Unser Geist ist vergleichbar mit einer Tasse voll schmutzigen Wassers. Je länger Sie eine Tasse mit schmutzigem Wasser in Ruhe lassen, desto mehr setzt sich der Schmutz ab, und das Wasser wird klar zu sehen sein. Wenn Sie stillhalten, ohne Ihren Körper zu bewegen, und Ihre ganze ungeteilte Aufmerksamkeit auf Ihr Meditationsobjekt richten, beruhigt sich in gleicher Weise Ihr Geist und beginnt, das Glück der Meditation zu erfahren.

Um uns auf diesen Zustand vorzubereiten, sollten wir unseren Geist im gegenwärtigen Moment halten. Der gegenwärtige Augenblick verändert sich so schnell, dass ein oberflächlicher Beobachter seine Existenz überhaupt nicht zu bemerken scheint. Jeder Moment ist ein Moment von Ereignissen, und kein Moment vergeht ohne ein Ereignis. Wir können keinen Moment wahrnehmen, ohne Geschehnisse zu bemerken, die in diesem Moment stattfinden. Deshalb ist der Augenblick, dem wir reine Aufmerksamkeit zu schenken versuchen, der gegenwärtige Augenblick. Unser Geist geht durch eine Serie von Ereignissen, wie eine Serie von Bildern durch einen Projektor läuft. Einige dieser

Bilder stammen von unseren vergangenen Erfahrungen und andere sind unsere Vorstellungen von Dingen, die wir in Zukunft zu tun gedenken.

Der Geist kann nie ohne ein geistiges Objekt zentriert werden. Deshalb müssen wir unserem Geist ein Objekt geben, das in jedem gegenwärtigen Moment leicht zugänglich ist. Ein solches Objekt ist unser Atem. Der Geist muss keine große Anstrengung unternehmen, den Atem zu finden. In jedem Augenblick fließt der Atem durch unsere Nasenlöcher ein und aus. Da wir die Einsichtsmeditation in jedem Moment des Wachseins ausüben können, ist es für unseren Geist sehr naheliegend, sich auf den Atem zu konzentrieren; denn dieser ist auffälliger und beständiger als jedes andere Objekt.

Wenn Sie auf die Art sitzen, wie sie zuvor erklärt wurde, und Ihre liebende Güte mit allen geteilt haben, nehmen Sie drei tiefe Atemzüge. Nachdem Sie drei Mal tief Atem geholt haben, atmen Sie normal, lassen Ihren Atem frei ein- und ausströmen, ohne Anstrengung, und fangen an, Ihre Aufmerksamkeit auf die Ränder Ihrer Nasenlöcher zu richten. Nehmen Sie einfach das Gefühl beim Ein- und Ausfließen des Atems wahr. Wenn eine Einatmung vollendet ist und bevor die Ausatmung beginnt, tritt eine kurze Pause ein. Beachten Sie sie und achten Sie auf den Anfang der Ausatmung. Wenn die Ausatmung beendet ist, tritt wieder eine kurze Pause ein, bevor die Einatmung beginnt. Beachten Sie auch diese kurze Pause. Dies bedeutet, dass es zwei kurze Atempausen gibt – eine am Ende der Einatmung, und die andere am Ende der Ausatmung. Diese zwei Pausen ereignen sich in einem so kurzen Augenblick, dass Sie sich ihres Eintretens vielleicht gar nicht bewusst werden. Aber wenn Sie achtsam sind, können Sie sie bemerken.

Verbalisieren Sie nichts und fassen Sie nichts in Begriffe. Beachten Sie einfach den einströmenden und ausströmenden Atem, ohne zu sagen: «Ich atme ein» oder «Ich atme aus». Ignorieren Sie jeden Gedanken, jede Erinnerung, jeden Ton, Geruch, Geschmack usw., wenn Sie Ihre Aufmerksamkeit auf den Atem richten; konzentrieren Sie Ihre Aufmerksamkeit ausschließlich auf den Atem, auf nichts anderes.

Am Anfang sind die Atemzüge sowohl bei der Einatmung als auch bei der Ausatmung kurz, weil Körper und Geist nicht ruhig und entspannt sind. Achten Sie auf das Gefühl dieses kurzen Einatmens und kurzen Ausatmens bei ihrem Auftreten, ohne zu sagen: «Kurzes Einatmen» oder «Kurzes Ausatmen». Während Sie fortfahren, das Gefühl kurzer Einatmung und kurzer Ausatmung wahrzunehmen, werden Ihr Körper und Geist relativ ruhig. Dann wird Ihr Atem lang. Achten Sie auf das Gefühl dieses langen Atems, wie er ist, ohne zu sagen: «Langer Atem». Nehmen Sie dann den ganzen Atmungsprozess wahr von Anfang bis Ende. Später wird der Atem fein, und Geist und Körper werden ruhiger als zuvor. Beachten Sie diese ruhige und friedliche Empfindung Ihrer Atmung.

Was tun, wenn der Geist abschweift?

Trotz Ihrer konzentrierten Anstrengung, den Geist bei Ihrer Atmung zu halten, kann er doch abschweifen. Er mag zu vergangenen Erlebnissen wandern, und plötzlich sind Sie mitten in Erinnerungen an Plätze, die Sie besucht haben, an Leute, die Sie getroffen haben, an Freunde, die Sie lange nicht mehr gesehen haben, an ein Buch, das Sie vor langer Zeit gelesen haben, an den Geschmack von Essen, das Sie gestern verzehrt haben, und so weiter. Sobald Sie bemerken, dass Ihr Geist nicht mehr bei Ihrem Atem ist, bringen Sie ihn durch Achtsamkeit zurück und verankern Sie ihn dort. Ein paar Augenblicke später können Sie jedoch schon wieder in Nachdenken darüber versunken sein, wie Sie Ihre Rechnungen bezahlen, Ihren Freund anrufen, jemandem einen Brief schreiben, Ihre Wäsche waschen, Lebensmittel einkaufen, zu einer Party gehen, Ihren nächsten Urlaub planen, und so weiter. Sobald Sie bemerken, dass Ihr Geist nicht bei Ihrem Objekt ist: Bringen Sie ihn achtsam zurück. Im Folgenden finden Sie einige Vorschläge als Hilfe, um die Konzentration zu erlangen, die für die Praxis von Achtsamkeit notwendig ist.

1. Zählen

In einer solchen Situation kann Zählen eine Hilfe sein. Der Zweck des Zählens ist einfach der, den Geist auf den Atem zu lenken. Wenn Ihr Geist auf den Atem gerichtet ist, geben Sie das Zählen auf. Es gibt zahlreiche Arten zu zählen. Alles Zählen sollte nur im Geist geschehen. Sagen Sie keinen Ton, wenn Sie zählen. Es folgen nun einige Zählweisen.

a) Während Sie einatmen, zählen Sie «eins, eins, eins, eins ...», bis die Lungen mit frischer Luft gefüllt sind. Während Sie ausatmen, zählen Sie «zwei, zwei, zwei, zwei ...», bis die Lungen leer sind. Während Sie dann wieder einatmen, zählen sie «drei, drei, drei, drei ...», bis die Lungen wieder voll sind, und während Sie ausatmen, zählen Sie «vier, vier, vier, vier ...», bis die Lungen leer sind. Zählen Sie bis zehn und wiederholen Sie dies so viele Male wie nötig, um den Geist auf den Atem konzentriert zu halten.

b) Die zweite Methode des Zählens besteht in schnellem Zählen bis zehn. Während Sie «eins, zwei, drei, vier, fünf, sechs, sieben, acht, neun, zehn» zählen, atmen Sie ein, und während Sie wieder «eins, zwei, drei, vier, fünf, sechs, sieben, acht, neun, zehn» zählen, atmen Sie aus. Dies bedeutet, dass Sie bei einer Einatmung bis zehn und bei einer Ausatmung bis zehn zählen sollten. Wiederholen Sie diese Zählweise so oft wie nötig, um den Geist auf den Atem zu konzentrieren.

c) Die dritte Zählmethode besteht im schrittweisen Zählen bis zehn. Dieses Mal zählen Sie «eins, zwei, drei, vier, fünf» (nur bis fünf), während Sie einatmen, und dann zählen Sie «eins, zwei, drei, vier, fünf, sechs» (bis sechs), während Sie ausatmen. Zählen Sie wieder «eins, zwei, drei, vier, fünf, sechs, sieben» (nur bis sieben), während Sie einatmen. Dann zählen Sie «eins, zwei, drei, vier, fünf, sechs, sieben, acht», während Sie ausatmen. Zählen Sie bis neun, während Sie einatmen, und zählen Sie bis zehn, während Sie ausatmen. Wiederholen Sie diese Art des Zählens so viele Male wie nötig, um den Geist auf den Atem zu konzentrieren.

d) Bei der vierten Methode beginnen Sie mit einem langen Atemzug. Wenn die Lungen voll sind, zählen Sie im Geist «eins» und atmen vollständig aus, bis die Lungen keine frische Luft mehr enthalten. Dann zählen Sie im Geist «zwei». Machen Sie wieder einen langen Atemzug, zählen Sie «drei», und atmen Sie vollständig aus wie zuvor. Wenn die Lungen leer sind, zählen Sie im Geist «vier». Zählen Sie Ihr Atmen auf diese Weise bis zehn. Dann zählen Sie rückwärts von zehn bis eins. Zählen Sie wieder von eins bis zehn und dann von zehn bis eins.

e) Die fünfte Methode besteht darin, Ein- und Ausatmung zu verbinden. Wenn die Lungen leer sind, zählen Sie im Geist «eins». Dieses Mal sollten Sie sowohl Ein- als auch Ausatmung als eins rechnen. Atmen Sie wieder ein, aus, und zählen Sie im Geist «zwei». Diese Art des Zählens sollte man nur bis fünf ausführen, und dann wieder von fünf bis eins. Wiederholen Sie diese Methode, bis Ihr Atem fein und ruhig wird.

Denken Sie daran, dass Sie Ihr Zählen nicht die ganze Zeit fortsetzen sollen. Sobald Ihr Geist auf die Nasenspitze fixiert ist, wo die Einatmung und die Ausatmung mit ihr in Berührung kommen, und Sie zu fühlen beginnen, dass Ihr Atem so fein und ruhig wird, dass Sie Einatmung und Ausatmung nicht getrennt wahrnehmen können, sollten Sie das Zählen aufgeben. Das Zählen benutzt man nur, um den Geist darin zu üben, sich auf ein Objekt zu konzentrieren.

2. Verbinden

Warten Sie nicht nach dem Einatmen, um die kurze Pause zu bemerken, bevor Sie ausatmen, sondern verbinden Sie das Einatmen mit dem Ausatmen, sodass Sie sowohl Ein- als auch Ausatmung als einen kontinuierlichen Atemzug wahrnehmen können.

3. Fixieren

Nachdem Sie die Einatmung mit der Ausatmung verbunden haben, fixieren Sie Ihren Geist auf den Punkt, wo Sie die Berührung Ihres Atems beim Ein- und Ausatmen spüren. Betrachten

Sie die Ein- und Ausatmung als einen einzigen Atemstrom, der sich hinein- und hinausbewegt, die Ränder Ihrer Nasenlöcher berührt oder streift.

4. Zentrieren Sie Ihren Geist wie ein Tischler

Ein Tischler zieht eine gerade Linie auf einem Brett, das er zersägen will. Dann zerschneidet er das Brett mit seiner Säge entlang der geraden Linie, die er gezeichnet hat. Er schaut nicht auf die Zähne seiner Säge, wie sie sich in das Brett hinein- und aus ihm herausbewegen. Er richtet seine ganze Aufmerksamkeit auf die vorgezeichnete Linie, damit er das Brett gerade schneiden kann. Halten Sie Ihren Geist genauso an dem Punkt, wo Sie den Atem an den Rändern der Nasenlöcher spüren.

5. Machen Sie Ihren Geist zu einem Pförtner

Ein Pförtner achtet nicht auf jede Einzelheit bei den Leuten, die das Haus betreten. Er nimmt lediglich zur Kenntnis, dass Leute das Haus betreten und es durch das Tor verlassen. Wenn Sie sich konzentrieren, sollten Sie ebenso wenig Ihre Erfahrungen in allen Details in Betracht ziehen. Achten Sie einfach auf die Empfindung Ihres einströmenden und ausströmenden Atems, wie er genau an den Rändern der Nasenlöcher ein- und austritt.

Wenn Sie Ihre Übung fortsetzen, werden Ihr Körper und Geist so leicht, dass Sie sich vielleicht fühlen, als ob Sie in der Luft schweben oder im Wasser treiben. Sie können sogar die Empfindung haben, dass Ihr Körper in die Luft springt. Wenn Ihre Ein- und Ausatmung die Grobheit verloren hat, beginnt das feine Ein- und Ausatmen. Dieser sehr subtile Atem ist das zentrale Objekt für Ihren Geist. Es ist zugleich das Zeichen von Konzentration. Diese erste Erscheinung eines Zeichen-Objekts wird ersetzt werden durch ein mehr und mehr verfeinertes Zeichen-Objekt. Diese Feinheit des Zeichens kann man mit dem Klang einer Glocke vergleichen. Wenn eine Glocke mit einem großen Eisenstab geschlagen wird, hören Sie zuerst einen groben Ton. Während er verblasst, wird der Klang sehr fein. Ebenso erscheint die Ein- und Ausatmung zuerst als ein grobes Zeichen. Während Sie sie mit reiner Aufmerksamkeit betrachten, wird dieses Zeichen sehr fein. Aber das Bewusstsein bleibt ganz auf die Ränder der Nasenlöcher konzentriert. Andere Meditationsobjekte werden klarer und klarer, während das Zeichen sich entwickelt. Aber der Atem wird feiner und feiner, während das Zeichen sich entwickelt. Wegen dieser Feinheit kann es vorkommen, dass Sie Ihren Atem nicht bemerken. Lassen Sie sich nicht enttäuschen, indem Sie denken, sie hätten Ihren Atem verloren oder es passiere nichts bei Ihrer Meditationsübung. Beunruhigen Sie sich nicht. Seien Sie achtsam und entschlossen, Ihre Empfindung des Atems zurückzubringen auf die Ränder Ihrer Nasenlöcher. Jetzt ist es Zeit, intensiver zu praktizieren und Ihre Energie, Ihr Vertrauen, Ihre Achtsamkeit, Konzentration und Weisheit ins Gleichgewicht zu bringen.

Das Gleichnis vom Bauern

Nehmen wir an, da ist ein Bauer, der Büffel einsetzt, um sein Reisfeld zu pflügen. Da er in der Mitte des Tages müde ist, macht er seine Büffel los und ruht sich im kühlen Schatten eines Baumes aus. Als er aufwacht, findet er seine Tiere nicht. Er beunruhigt sich nicht, sondern geht einfach zum Wasserplatz, wo sich in der heißen Mittagszeit die Tiere zum Trinken versammeln, und er findet seine Büffel dort. Ohne Problem bringt er sie zurück, spannt sie wieder ein und beginnt sein Feld zu pflügen.

In ähnlicher Weise wird Ihr Atem bei fortgesetzter Übung so fein, dass Sie möglicherweise überhaupt nicht mehr in der Lage sind, den Atem zu empfinden. Wenn das passiert, beunruhigen Sie sich nicht. Er ist nicht verschwunden. Er ist immer noch da, wo er vorher war – direkt an der Nasenspitze, an den Nasenlöchern. Machen Sie ein paar schnelle Atemzüge, und Sie werden die Atmung wieder empfinden. Richten Sie weiterhin reine Aufmerksamkeit auf die Empfindung bei der Berührung des Atems an den Rändern Ihrer Nasenlöcher.

Wenn Sie Ihren Geist auf die Ränder der Nasenlöcher konzentriert halten, werden Sie das Zeichen der Entwicklung der Meditation bemerken können. Sie werden die angenehme Empfindung eines Zeichens spüren. Verschiedene Meditierende erleben dies unterschiedlich. Es wird wie ein Stern sein oder ein runder Edelstein, eine runde Perle, ein Baumwollsamen, ein Pflock aus Kernholz, ein langer Faden, ein Blumenkranz, eine Rauchwolke, eine Spinnwebe, ein Wolkenschleier, eine Lotosblüte, die Mondscheibe oder die Sonne.

Bei Ihrer bisherigen Praxis waren Einatmung und Ausatmung Ihre Meditationsobjekte. Jetzt haben Sie das Zeichen als das dritte Meditationsobjekt. Wenn Sie Ihren Geist auf dieses dritte Objekt konzentrieren, erreicht Ihr Geist eine Konzentrationsstufe, die für Ihre Praxis der Einsichtsmeditation ausreichend ist. Dieses Zeichen ist an den Rändern der Nasenlöcher deutlich gegenwärtig. Gewinnen Sie Herrschaft und volle Kontrolle darüber, sodass es zur Verfügung steht, wann immer Sie es wollen. Vereinigen Sie den Geist mit diesem Zeichen, das im gegenwärtigen Moment zur Verfügung steht, und lassen Sie den Geist mit jedem folgenden Moment fließen. Wenn Sie ihm reine Aufmerksamkeit schenken, werden Sie sehen, dass das Zeichen selbst sich jeden Augenblick verändert. Bleiben Sie mit Ihrem Geist bei den Veränderungen von Moment zu Moment. Beachten Sie auch, dass Ihr Geist nur auf den gegenwärtigen Augenblick konzentriert sein kann. Diese Einheit des Geistes mit dem gegenwärtigen Moment nennt man *momentane Konzentration*. Während ein Moment nach dem anderen unaufhörlich vorübergeht, hält der Geist mit ihnen Schritt, verändert sich mit ihnen, erscheint und verschwindet mit ihnen, ohne an einem dieser Momente hängen zu bleiben. Wenn wir versuchen, den Geist bei einem Moment anzuhalten, enden wir in Frustration, weil der Geist sich nicht festhalten lässt. Er muss dem folgen, was im neuen Augenblick geschieht. Da man den gegenwärtigen Moment in jedem Moment finden kann, kann jeder Augenblick des Wachseins zu einem konzentrierten Augenblick werden.

Um den Geist mit dem gegenwärtigen Moment zu vereinigen, müssen wir etwas finden, was in diesem Augenblick geschieht. Sie können jedoch Ihren Geist nicht auf jeden sich verändernden Moment richten, ohne ein gewisses Maß an Konzentration aufzubringen, um mit dem Moment Schritt zu halten. Wenn Sie einmal diesen Grad an Konzentration erreicht haben, können Sie ihn nutzen, um Ihre Aufmerksamkeit auf alles zu lenken, was Sie erfahren – das Heben und Senken Ihrer Bauchdecke, die Ausweitung und das Zusammenziehen in der Brustgegend, das Entstehen und Vergehen jedes Gefühls oder das Kommen und Gehen Ihres Atems oder von Gedanken und so weiter.

Um bei der Einsichtsmeditation Fortschritte zu machen, brauchen Sie diese Art von momentaner Konzentration. Das ist alles, was Sie für die Ausübung der Einsichtsmeditation brauchen, weil alles Erfahrbare nur einen Augenblick lang lebt. Wenn Sie den Geist in diesem konzentrierten Zustand auf die Veränderungen richten, die in Ihrem Körper und Geist stattfinden, dann werden Sie bemerken, dass Ihr Atem der physische Teil ist und dass die Empfindung des Atems, das Bewusstsein der Empfindung und das Bewusstsein des Zeichens die geistigen Anteile sind. Während Sie sie wahrnehmen, können Sie bemerken, dass sie sich die ganze Zeit verändern. Sie mögen verschiedene Arten von Empfindungen haben, die in Ihrem Körper entstehen, nicht nur die Empfindung der Atmung. Beachten Sie alle, in Ihrem ganzen Körper. Versuchen Sie nicht, ein Gefühl hervorzubringen, das nicht von Natur aus in irgendeinem Körperteil vorhanden ist. Aber nehmen Sie zur Kenntnis, was auch immer an Empfindungen im Körper auftritt. Wenn ein Gedanke aufkommt, beachten Sie ihn auch. An all diesen Erscheinungen sollten Sie die Unbeständigkeit, das Unbefriedigende und die selbst-lose Natur aller Ihrer Erfahrungen wahrnehmen, seien sie geistiger oder körperlicher Art.

Wenn sich Ihre Achtsamkeit entwickelt, werden Ihr Groll gegenüber der Veränderung, Ihre Abneigung gegenüber unangenehmen Erfahrungen, Ihre Begierde nach angenehmen Erlebnissen und die Vorstellung von der Existenz eines Selbst ersetzt werden durch das tiefe Bewusstsein von Unbeständigkeit, Unzulänglichkeit und Selbst-losigkeit. Diese Kenntnis der Wirklichkeit aus Ihrer Erfahrung hilft Ihnen, eine ruhigere, friedlichere und reifere Haltung dem Leben gegenüber einzunehmen. Sie werden sehen, dass das, was Sie in der Vergangenheit für beständig hielten, sich mit so unbegreiflicher Geschwindigkeit ändert, dass selbst Ihr Geist diesem Wandel nicht folgen kann. Auf irgendwelche Weise werden Sie viele der Veränderungen bemerken können. Sie werden die Subtilität der Unbeständigkeit und der Selbst-losigkeit sehen. Diese Einsicht wird Ihnen den Weg zu Frieden und Glück zeigen und Ihnen die Weisheit geben, mit Ihren täglichen Problemen im Leben fertigzuwerden.

Wenn der Geist mit dem Atem vereinigt ist, der die ganze Zeit strömt, werden wir natürlicherweise fähig sein, den Geist auf den gegenwärtigen Moment auszurichten. Wir können die Empfindung bemerken, die beim Kontakt des Atems mit dem Rand unserer Nasenlöcher entsteht. Wenn das Erdelement der Luft, die wir ein- und ausatmen, das Erdelement unserer Nasenlöcher berührt, empfindet der Geist den Luftstrom, der ein- und ausfließt. Das Gefühl von Wärme entsteht an den Nasenlöchern oder jedem anderen Körperteil beim Kontakt mit dem Wärmeelement, das durch den Atmungsprozess erzeugt wird. Die Empfindung der Unbeständigkeit des Atems entsteht, wenn das Erdelement des strömenden Atems die Nasenlöcher berührt. Obwohl auch das Wasserelement im Atem vorhanden ist, kann der Geist es nicht spüren.

Wir empfinden auch die Ausdehnung und das Zusammenziehen unserer Lungen, des oberen und unteren Teils des Bauches, wenn die frische Luft in die Lungen hinein- und wieder herausgepumpt wird. Die Ausdehnung und die Kontraktion des Oberbauchs, des Unterleibs und der Brust sind Teile des universellen Rhythmus. Im Universum hat alles den gleichen Rhythmus von Ausdehnung und Zusammenziehen, genau wie unser Atem und unser Körper. Alles entsteht und vergeht. Uns geht es jedoch in erster Linie um das Phänomen des Werdens und Vergehens bei der Atmung und in den kleinsten Details unseres Körpers und Geistes.

Beim Einatmen erfahren wir ein klein wenig Ruhe. Dieses kleine bisschen Ruhe verwandelt sich in Spannung, wenn wir nicht nach ein paar Augenblicken ausatmen. Wenn wir ausatmen, ist diese Spannung gelöst. Nach dem Ausatmen erleben wir Unbehagen, wenn wir zu lange warten, bis wieder frische Luft hereingebracht wird. Dies bedeutet, dass wir jedes Mal, wenn unsere Lungen voll sind, ausatmen müssen, und jedes Mal, wenn unsere Lungen leer sind, einatmen müssen. Während wir einatmen, erfahren wir ein wenig Ruhe, und während wir ausatmen, erleben wir ein wenig Ruhe. Wir sehnen uns nach Ruhe und der Auflösung von Spannung und mögen die Spannung wie auch die Empfindung nicht, die sich aus Atemnot ergibt. Wir wünschen uns, dass die Ruhe länger anhalten und die Spannung schneller verschwinden möge, als es normalerweise geschieht. Aber die Spannung wird nicht so schnell vergehen, wie wir wünschen, und die Ruhe wird auch nicht so lange bleiben, wie wir wollen. Und wieder werden wir gereizt und aufgeregt, denn wir wollen, dass die Ruhe zurückkehrt und länger anhält, und dass die Spannung sich schnell löst und nicht wiederkommt. Hier sehen wir, wie schon ein kleines Maß an Verlangen nach Beständigkeit in einer unbeständigen Situation Schmerz oder Unglücklichsein verursacht. Da es kein selbstständiges Wesen gibt, das diese Situation kontrollieren könnte, werden wir noch mehr enttäuscht.

Wenn wir jedoch unseren Atem beobachten, ohne uns nach Ruhe zu sehnen und ohne uns über Spannung zu ärgern, die beim Ein- und Ausatmen entsteht, und nur die Unbeständigkeit, die Unzulänglichkeit und Selbst-losigkeit unseres Atems erleben, wird unser Geist friedlich und ruhig.

Der Geist bleibt nicht die ganze Zeit beim Fühlen des Atems. Er wandert auch zu Tönen, Erinnerungen, Gefühlen, Wahrnehmungen, zum Bewusstsein und zu geistigen Gebilden. Wenn wir diese Situationen erfahren, sollten wir die Empfindung des Atems vergessen und unsere Aufmerksamkeit sofort auf diese Zustände richten – auf einen nach dem anderen, nicht auf alle zur gleichen Zeit. Wenn sie verschwinden, lassen wir unseren Geist zum Atem zurückkehren, zum heimatlichen Stützpunkt, wohin der Geist immer wieder zurückkehren kann nach kurzen oder langen Reisen zu verschiedenen Zuständen des Körpers und Geistes. Wir dürfen nicht vergessen, dass all diese geistigen Reisen im Geist selbst geschehen.

Jedes Mal, wenn der Geist zum Atem zurückkehrt, kommt er zurück mit einem tieferen Verständnis von Unbeständigkeit,

Unzulänglichkeit und Selbst-losigkeit. Der Geist wird einsichtsvoller durch die unparteiische und vorurteilslose Beobachtung dieser Ereignisse. Der Geist gewinnt Einsicht in die Tatsache, dass dieser Körper, diese Gefühle, die verschiedenen Zustände des Bewusstseins und die zahlreichen geistigen Gebilde nur zu dem Zweck genutzt werden sollten, um tiefere Einsicht in die Wirklichkeit dieses Körper-Geist-Zusammenhangs zu erlangen.

6
Was Sie mit Ihrem Körper tun sollten

Meditation wird schon seit mehreren tausend Jahren ausgeübt. Das ist eine sehr lange Zeit zum Erproben, und das Verfahren ist sehr, sehr gründlich verfeinert worden. Die buddhistische Praxis hat immer den Umstand berücksichtigt, dass Körper und Geist eng verknüpft sind und dass sie sich gegenseitig beeinflussen. So werden bestimmte Empfehlungen für den Umgang mit dem Körper gegeben, die für Sie außerordentlich hilfreich sein werden, die Kunst des Meditierens zu beherrschen. Man sollte diesen Praktiken folgen. Denken Sie jedoch immer daran, dass diese Körperhaltungen nur Hilfen sind für die Praxis. Bringen Sie beides nicht durcheinander. Meditation bedeutet nicht, in der Lotosposition zu sitzen. Sie ist eine geistige Fähigkeit. Sie können sie üben, wo immer Sie wollen. Aber diese Haltungen werden Ihnen helfen, diese Fähigkeit zu erlernen, und sie bringen Ihnen schneller Fortschritte und raschere Entwicklung.

Allgemeine Regeln

Die verschiedenen Haltungen haben einen dreifachen Zweck. Erstens, sie vermitteln ein Gefühl von Stabilität im Körper. Dies erlaubt Ihnen, Ihre Aufmerksamkeit von Problemen wie Balance und Muskelermüdung abzuziehen, sodass Sie Ihre Konzentration auf das eigentliche Meditationsobjekt richten können. Zweitens fördern sie physische Bewegungslosigkeit, die sich dann als eine Unbeweglichkeit des Geistes widerspiegelt. Dies erzeugt eine sehr beständige und ruhige Konzentration. Drittens geben sie Ihnen die Fähigkeit, eine lange Zeitspanne zu sitzen, ohne sich den drei Erzfeinden des Meditierenden zu ergeben – Schmerz, Muskelspannung und Einschlafen.

Das Wichtigste ist, mit aufrechtem Rücken zu sitzen. Die Wirbelsäule sollte aufgerichtet sein, wobei die Rückenwirbel wie

Münzen aufeinandergestapelt sind, eine auf der andern. Ihr Kopf sollte sich in einer Linie mit dem Rest des Rückgrats befinden. All dies geschieht auf eine entspannte Art, ohne Steifheit. Sie sind kein hölzerner Soldat, und es gibt keinen Exerziermeister. Kein Muskel sollte angespannt werden, um den Rücken gerade zu halten. Sitzen Sie leicht und locker. Die Wirbelsäule sollte wie ein kräftiger junger Baum sein, der aus dem weichem Boden wächst. Der Rest des Körpers hängt einfach in einer lockeren, entspannten Weise daran. Um dies zu erreichen, werden Sie ein wenig herumprobieren müssen. Im Allgemeinen befinden wir uns in straffer, kontrollierter Haltung, wenn wir gehen oder sprechen, und in lässigen Positionen, wenn wir uns entspannen. Keine von beiden wird geeignet sein. Aber das sind kulturelle Gewohnheiten, und man kann umlernen.

Ihr Ziel ist, eine Haltung zu finden, in der Sie während der ganzen Sitzperiode verharren können, ohne sich im Geringsten zu bewegen. Am Anfang werden Sie sich wahrscheinlich ein wenig merkwürdig vorkommen, mit geradem Rücken zu sitzen. Aber Sie werden sich daran gewöhnen. Es erfordert Übung, und eine aufrechte Haltung ist sehr wichtig. In der Physiologie ist sie als eine Position der Erregung bekannt, und sie geht einher mit geistiger Wachsamkeit. Wenn Sie herumhängen, laden Sie Schläfrigkeit ein. Gleichermaßen wichtig ist, worauf Sie sitzen. Sie werden einen Stuhl oder ein Kissen benötigen, je nachdem, für welche Sitzhaltung Sie sich entscheiden, und die Festigkeit des Sitzes muss mit einiger Sorgfalt ausgesucht werden. Ein zu weicher Sitz kann Sie direkt zum Einschlafen bringen, ein zu harter kann Schmerz hervorrufen.

Die Kleidung

Die Kleidung, die Sie beim Meditieren tragen, sollte locker und weich sein. Wenn sie die Blutzirkulation behindert oder Druck auf die Nerven ausübt, wird das Ergebnis Schmerz sein und/oder diese prickelnde Taubheit, von der wir normalerweise sagen, dass «unsere Beine eingeschlafen sind». Wenn Sie einen Gürtel tragen, lockern Sie ihn. Tragen Sie keine engen Hosen oder Hosen aus dickem Material. Lange Röcke sind eine gute Wahl für Frauen. Weite Hosen aus dünnem oder dehnbarem Material sind gut für alle. Weiche, fließende Gewänder sind die traditionelle Kleidung in Asien, und es gibt sie in einer ungeheuren Vielfalt wie Sarongs und Kimonos. Ziehen Sie Ihre Schuhe aus, und wenn Ihre Strümpfe eng und einschnürend sind, dann ziehen Sie auch diese aus.

Die traditionellen Haltungen

Wenn Sie in der traditionellen asiatischen Art auf dem Boden sitzen, brauchen Sie ein Kissen, um Ihr Rückgrat zu erhöhen. Wählen Sie eines, das relativ fest ist und in zusammengepresstem Zustand mindestens acht Zentimeter dick. Sitzen Sie nahe an der Vorderkante des Kissens und lassen Sie Ihre gekreuzten Beine vor sich auf dem Boden ruhen. Wenn der Boden mit Teppich ausgelegt ist, mag dies genügen, um Ihre Schienbeine und Knöchel vor Druck zu schützen. Ist das nicht der Fall, werden Sie wahrscheinlich irgendeine Art von Polsterung für Ihre Beine brauchen. Eine gefaltete Decke wird dafür gut ausreichen. Setzen Sie sich nicht ganz zurück auf dem Kissen. Diese Stellung bewirkt, dass sich der vordere Rand in die Unterseite Ihres Oberschenkels eindrückt, sodass Nerven zusammengeklemmt werden. Das Ergebnis wird Schmerz im Bein sein.

Es gibt mehrere Arten, wie man seine Beine verschränken kann. In aufsteigender Reihenfolge, wie ihnen der Vorzug zu geben ist, wollen wir vier auflisten.

a) *Indianischer Stil*. Ihr rechter Fuß liegt unter dem linken Knie und Ihr linker Fuß unter dem rechten Knie.

b) *Burmesischer Stil*. Ihre beiden Beine liegen vom Knie bis zum Fuß flach auf dem Boden, parallel zueinander, eines vor dem andern.

c) *Halber Lotossitz*. Ihre beiden Knie berühren den Boden. Ein Bein samt Fuß liegt flach entlang der Wade des anderen Beins.

d) *Voller Lotossitz*. Beide Knie berühren den Boden, und Ihre Beine sind an den Waden gekreuzt. Ihr linker Fuß ruht auf dem rechten Oberschenkel und der rechte Fuß liegt auf dem linken Oberschenkel. Beide Fußsohlen sind nach oben gewendet.

Bei all diesen Haltungen werden Ihre Hände hohl gemacht, eine ruht in der andern, und sie liegen auf Ihrem Schoß mit den Handflächen nach oben. Die Hände liegen gerade unterhalb des Nabels, wobei die Biegung jedes Handgelenks gegen den Oberschenkel gepresst wird. Diese Armhaltung gibt dem Oberkörper feste Stützung. Spannen Sie nicht Ihren Nacken oder die Schultermuskeln an. Entspannen Sie Ihre Arme. Ihr Zwerchfell halten Sie locker, bis zum Höchstmaß ausgedehnt. Lassen Sie keine Spannung in der Magengegend entstehen. Ihr Kinn ist angehoben. Ihre Augen können offen oder geschlossen sein. Wenn Sie sie offen halten, richten Sie sie auf Ihre Nasenspitze oder direkt vor sich in eine mittlere Entfernung. Sie schauen auf nichts. Sie wenden Ihre Augen dahin, wo nichts Besonderes zu sehen ist, sodass Sie das Sehen vergessen können. Spannen Sie nichts an, machen Sie sich nicht steif, und seien Sie nicht starr. Entspannen Sie sich; halten Sie den Körper natürlich und geschmeidig. Lassen Sie ihn an Ihrem aufrechten Rückgrat hängen wie eine Stoffpuppe.

Die halbe und die volle Lotosposition sind die traditionellen Meditationshaltungen in Asien, und der volle Lotossitz gilt als dee beste. Er ist auch bei Weitem die stabilste. Wenn Sie einmal in dieser Position verankert sind, können Sie für sehr lange Zeit unbeweglich bleiben. Da sie eine beträchtliche Flexibilität in den Beinen erfordert, kann nicht jeder diesen Sitz ausführen. Außerdem ist das, was andere darüber sagen, nicht das Hauptkriterium bei der Wahl einer Haltung für einen selbst. Es geht um Ihr eigenes Wohlbefinden. Wählen Sie eine Position, die es Ihnen erlaubt, möglichst lange ohne Schmerz bewegungslos zu sitzen. Probieren Sie verschiedene Haltungen aus. Die Sehnen werden sich mit zunehmender Übung lockern. Und dann können Sie allmählich auf den vollen Lotussitz hinarbeiten.

Das Benutzen eines Stuhls

Es mag sein, dass Sie wegen Schmerzen oder aus anderen Gründen nicht auf dem Boden sitzen können. Das ist kein Problem. Sie können immer stattdessen einen Stuhl benutzen. Suchen Sie einen aus, der eine ebene Sitzfläche hat, eine gerade Lehne und keine Armstützen. Am besten sitzen Sie so, dass Ihr Rücken nicht an der Stuhllehne anliegt. Der Sitz sollte so beschaffen sein, dass er nicht in die Unterseite Ihrer Oberschenkel drückt. Stellen Sie Ihre Beine Seite an Seite, die Füße flach auf dem Boden. Legen Sie beide Hände ineinander in Ihren Schoß wie bei den traditionellen Positionen. Spannen Sie Ihren Hals oder die Schultermuskeln nicht an und entspannen Sie Ihre Arme. Ihre Augen können offen oder geschlossen sein.

Denken Sie bei all den oben erwähnten Haltungen an Ihre Ziele. Sie wollen einen Zustand vollkommener körperlicher Ruhe erreichen, aber Sie wollen nicht einschlafen. Erinnern Sie sich an den Vergleich mit dem schmutzigen Wasser. Sie wollen einen körperlichen Zustand des völligen Zur-Ruhe-Kommens fördern, der eine entsprechende geistige Beruhigung bewirken wird. Gleichzeitig muss auch ein Zustand physischer Wachsamkeit vorhanden sein, der jene Art von geistiger Klarheit herbeiführen kann, die Sie suchen. Versuchen Sie es. Ihr Körper ist ein Werkzeug, mit dem Sie erwünschte geistige Zustände hervorbringen können. Machen Sie mit Umsicht davon Gebrauch.

7
Was Sie mit Ihrem Geist tun sollten

Die Meditation, die wir lehren, heißt Einsichts-Meditation. Wie bereits erwähnt, ist die Vielfalt möglicher Meditationsobjekte nahezu unbegrenzt, und die Menschen haben über die Jahrhunderte hinweg eine ungeheure Zahl von ihnen benutzt. Selbst innerhalb der Vipassana-Tradition gibt es Varianten. Es gibt Meditationslehrer, die ihre Schüler lehren, dem Atem zu folgen, indem sie auf das Heben und Senken der Bauchdecke achten. Andere empfehlen, die Aufmerksamkeit auf die Berührung des Körpers mit dem Kissen zu richten oder der einen Hand mit der anderen Hand oder auf die Empfindung des Kontakts von einem Bein mit dem andern. Die Methode, die wir hier erklären, wird jedoch als die traditionsreichste betrachtet und entspricht wahrscheinlich dem, was Gautama Buddha seinen Schülern gelehrt hat. Das *Satipatthana-Sutta*, die ursprüngliche Lehrrede Buddhas über Achtsamkeit, besagt ausdrücklich, dass man damit beginnen muss, die Aufmerksamkeit auf den Atem zu richten, und dann dazu übergehen, alle anderen körperlichen und geistigen Phänomene zu beachten, die auftauchen.

Wir sitzen da und achten darauf, wie die Luft in unsere Nase hineingeht und wieder ausströmt. Auf den ersten Blick erscheint dies als ein außerordentlich merkwürdiges und nutzloses Verfahren. Bevor wir zu spezifischen Anweisungen weitergehen, lassen Sie uns die dahinter liegenden Gründe untersuchen. Die erste Frage, die man haben kann, ist die, warum man überhaupt einen Brennpunkt für die Aufmerksamkeit benutzt. Wir versuchen schließlich, Bewusstheit zu entwickeln. Warum setzen wir uns nicht einfach hin und sind uns dessen bewusst, was gerade zufällig im Geist gegenwärtig ist? In der Tat gibt es Meditationsweisen dieser Art. Man bezeichnet sie manchmal als «unstrukturierte» Meditation, und sie sind recht schwierig. Der Geist ist nämlich raffiniert. Denken ist von Natur aus ein kompliziertes

Verfahren. Damit ist gemeint, dass wir in die Falle gelockt, eingewickelt werden und in der Gedankenkette hängen bleiben. Ein Gedanke führt zum andern, der zu einem weiteren führt und zu noch einem und noch einem und so weiter. Fünfzehn Minuten später wachen wir plötzlich auf und stellen fest, dass wir die ganze Zeit über festgefahren waren in einem Tagtraum oder in sexuellen Fantasien oder einer Reihe sorgenvoller Gedanken über unsere Rechnungen oder was auch immer.

Es gibt einen Unterschied zwischen dem Bewusstsein von einem Gedanken und dem Denken eines Gedankens. Dieser Unterschied ist sehr fein. Es ist in erster Linie eine Frage des Gefühls oder der Beschaffenheit. Ein Gedanke, dessen Sie sich einfach mit reiner Aufmerksamkeit bewusst sind, fühlt sich leicht an in seiner Struktur; es gibt ein Gefühl von Distanz zwischen dem Gedanken und dem Bewusstsein, das ihn beobachtet. Leicht wie eine Blase taucht er auf, und er verschwindet, ohne notwendigerweise Anlass zu geben für den nächsten Gedanken in der Kette. Das normale bewusste Denken ist viel schwerer in seiner Struktur. Es ist massiv, beherrschend und zwingend. Es saugt einen auf und ergreift Kontrolle über das Bewusstsein. Schon von seiner Natur her ist es zwanghaft, und es führt direkt zum nächsten Gedanken in der Kette, anscheinend lückenlos.

Bewusstes Denken baut eine entsprechende Spannung im Körper auf, wie zum Beispiel ein Zusammenziehen der Muskeln oder eine Beschleunigung des Herzschlags. Aber Sie werden die Spannung nicht spüren, bis sie zu wirklichem Schmerz wird, weil das normale bewusste Denken auch gierig ist. Es reißt alle Aufmerksamkeit an sich und lässt keine übrig für die Wahrnehmung der eigenen Wirkung. Der Unterschied zwischen dem Bewusstsein von einem Gedanken und dem Denken des Gedankens ist sehr real. Aber er ist äußerst fein und schwer zu sehen. Konzentration ist eines der Werkzeuge, die man braucht, um diesen Unterschied wahrnehmen zu können.

Tiefe Konzentration hat den Effekt, dass sie den Gedankenprozess verlangsamt und das Bewusstsein beschleunigt, das ihn beobachtet. Das Ergebnis ist eine gesteigerte Fähigkeit, den Gedankenverlauf zu untersuchen. Konzentration ist unser Mikroskop zur Betrachtung subtiler innerer Zustände. Wir benutzen den Brennpunkt der Aufmerksamkeit, um die Einspitzigkeit des Geistes mit ruhiger und beständig angewandter Aufmerksamkeit zu erreichen. Ohne einen festgelegten Bezugspunkt gehen Sie verloren, überwältigt von den endlosen Wellen des Wandels, die im Geist rundherum fließen.

Wir nutzen den Atem als unseren Brennpunkt. Er dient als dieser lebendige Bezugspunkt, von dem der Geist abschweift und zu dem er wieder zurückgeholt wird. Ablenkung kann nicht als Ablenkung gesehen werden, wenn es keinen zentralen Punkt gibt, von dem abgelenkt wird. Er ist der Bezugsrahmen, vor dem wir die unaufhörlichen Veränderungen und Unterbrechungen betrachten können, die als ein Teil des normalen Denkens die ganze Zeit über weitergehen.

Alte Pali-Texte vergleichen Meditation mit dem Zähmen eines wilden Elefanten. In jenen Tagen bestand das Verfahren darin, dass man ein gerade eingefangenes Tier mit einem guten starken Seil an einen Pfosten bindet. Darüber ist der Elefant nicht glücklich. Er brüllt und trampelt und zieht tagelang an dem Strick. Schließlich geht es in seinen Schädel ein, dass er nicht fliehen kann, und er beruhigt sich. Jetzt können Sie anfangen ihn zu füttern und einigermaßen gefahrlos mit ihm umzugehen. Am Ende können Sie ganz ohne den Strick und den Pfosten auskommen und Ihren Elefanten für verschiedene Aufgaben ausbilden. Nun haben Sie einen gezähmten Elefanten, der für nützliche Arbeit eingesetzt werden kann. Bei diesem Vergleich ist der wilde Elefant unser ungezähmter aktiver Geist, das Seil ist die Achtsamkeit, und der Pfosten ist unser Meditationsobjekt, unsere Atmung. Der zahme Elefant, der aus diesem Prozess hervorgeht, ist ein gut ausgebildeter, konzentrierter Geist, der dann gebraucht werden kann für die außerordentlich harte Arbeit, die Schichten der Täuschung zu durchdringen, die die Wirklichkeit verdecken. Meditation zähmt den Geist.

Die nächste Frage, die wir anzusprechen haben, ist folgende: Warum die Atmung als vorrangigen Meditationsgegenstand wählen, warum nicht etwas, was ein bisschen interessanter ist? Es gibt viele Antworten hierauf. Ein brauchbares Meditationsobjekt sollte so beschaffen sein, dass es Achtsamkeit fördert. Es sollte transportabel sein, leicht verfügbar und billig. Es sollte auch etwas sein, was uns nicht in jene Geisteszustände hineinzieht, von denen wir uns zu befreien versuchen, wie zum Beispiel Gier, Hass und Verblendung. Die Atmung erfüllt all diese Kriterien, und sogar noch mehr. Die Atmung ist etwas, was allen Menschen gemeinsam ist. Wir alle tragen sie mit uns, wohin wir auch immer gehen. Sie ist immer da, ständig verfügbar, von der Geburt bis zum Tod nie endend, und sie kostet nichts.

Das Atmen ist ein nicht-begrifflicher Vorgang, ein Gegenstand, den man direkt erfahren kann, ohne Denken zu benötigen. Außerdem ist es ein sehr lebendiger Prozess, ein Aspekt des Lebens, das sich in ständigem Wandel befindet. Der Atem bewegt sich in Kreisläufen – Einatmung, Ausatmung, Einatmung, Ausatmung. Somit ist er ein Miniaturmodell des Lebens selbst.

Die Empfindung des Atems ist fein, doch er ist recht klar erkennbar, wenn Sie lernen, sich darauf einzustellen. Es erfordert etwas Anstrengung, ihn zu finden. Doch jeder kann es. Sie müssen daran arbeiten, aber nicht zu hart. Aus all diesen Gründen stellt der Atem ein ideales Meditationsobjekt dar. Die Atmung ist normalerweise ein unwillkürlicher Vorgang, der in seinem eigenen Tempo verläuft, ohne bewusstes Wollen. Doch ein einziger Willensakt kann ihn verlangsamen oder beschleunigen, ihn lang und gleichmäßig oder kurz und wechselhaft machen. Das Gleichgewicht zwischen unwillkürlicher Atmung und unnatürlicher Manipulation des Atems ist recht sensibel. Und man kann hier Lektionen lernen über die Natur des Wollens und Begehrens. Außerdem kann man auch jenen Punkt an der Nasenspitze als eine Art Fenster zwischen der inneren und äußeren Welt betrachten. Es ist ein Knotenpunkt und ein Ort der Energieumwandlung, wo Substanz der Außenwelt eintritt und Teil dessen wird, was wir «Ich» nennen, und wo ein Teil des «Ich» fortströmt und sich mit der Außenwelt vereint. Hier kann man eine Menge lernen über das Selbst-Konzept und wie wir es bilden.

Atem ist ein Phänomen, das allem Lebenden gemeinsam ist. Ein wirkliches Verständnis des Prozesses durch eigene Erfahrung bringt Sie anderen Lebewesen näher. Es zeigt Ihnen Ihre natürliche Verbundenheit mit allem Leben. Schließlich ist die Atmung ein Vorgang in der Gegenwart. Damit meinen wir, sie geschieht immer im Hier und Jetzt. Natürlich leben wir normalerweise nicht in der Gegenwart. Wir verbringen unsere Zeit meistens versunken in Erinnerungen an die Vergangenheit oder in die Zukunft vorausschauend, voll von Sorgen und Plänen. Der Atem hat nichts von dieser Struktur der «anderen Zeit». Wenn wir wirklich den Atem beobachten, befinden wir uns automatisch in der Gegenwart. Wir werden aus dem Morast unserer geistigen Vorstellungen gezogen und in eine reine Erfahrung des Hier und Jetzt gebracht. In diesem Sinn ist der Atem ein lebendiger Ausschnitt der Wirklichkeit. Eine achtsame Beobachtung eines solchen Miniaturmodells des Lebens selbst führt zu Einsichten, die ganz allgemein auf den Rest unserer Erfahrung anwendbar sind.

Beim Gebrauch des Atems als Meditationsobjekt besteht der erste Schritt darin, den Atem zu finden. Was Sie suchen, ist die körperliche Empfindung bei der Berührung der Luft, die in die Nasenlöcher ein- und wieder ausströmt. Dies spielt sich für gewöhnlich direkt im Innern der Nasenspitze ab. Aber die genaue Stelle variiert von einer Person zur anderen, abhängig von der Form der Nase. Um Ihren eigenen Punkt zu finden, machen Sie einen schnellen tiefen Atemzug, beachten Sie und deuten Sie darauf, wo Sie die deutlichste Empfindung der vorbeiströmenden Luft haben, direkt innen in der Nase oder an der Oberlippe. Nun atmen Sie aus und nehmen die Empfindung an der gleichen Stelle wahr. Dies ist der Punkt, von dem aus Sie den ganzen Durchgang der Luft verfolgen werden. Weichen Sie nicht von diesem Fleck ab, wenn Sie einmal Ihren eigenen Atempunkt eindeutig ausfindig gemacht haben. Nutzen Sie diesen einzigen Punkt, um Ihre Aufmerksamkeit zu verankern. Wenn Sie keinen solchen Punkt gewählt haben, werden Sie merken, wie Sie an der Nase ein und aus wandern, an der Luftröhre auf und ab gehen, ewig dem Atem nachjagen, den Sie nie einfangen können, weil er sich fortwährend ändert, in Bewegung ist und fließt.

Wenn Sie je Holz gesägt haben, kennen Sie den Trick: Als Tischler stehen Sie nicht da und beobachten, wie sich das Sägeblatt auf und ab bewegt. Ihnen würde schwindelig werden. Sie richten Ihre Aufmerksamkeit auf die Stelle, wo die Zähne des Sägeblatts in das Holz einschneiden. Es ist die einzige Art, wie Sie eine gerade Linie sägen können. Als Meditierender richten Sie Ihre Aufmerksamkeit auf diesen einzigen Empfindungspunkt in der Nase. Von diesem Ausgangspunkt aus beobachten Sie die ganze Atembewegung mit klarer und gesammelter Aufmerksamkeit. Machen Sie keinen Versuch, den Atem zu kontrollieren. Dies ist keine Atemübung, wie man sie beim Yoga betreibt. Konzentrieren Sie sich auf die natürliche und spontane Bewegung des Atems. Versuchen Sie nicht, ihn zu regulieren oder ihn auf irgendeine Weise zu betonen. Die meisten Anfänger haben einige Probleme auf diesem Gebiet. Um sich die Konzentration auf die Empfindung vermeintlich zu erleichtern, akzentuieren sie unbewusst ihre Atmung. Das Ergebnis ist eine erzwungene und unnatürliche Anstrengung, die die Konzentration eher behindert als unterstützt. Atmen Sie nicht tiefer oder lauter. Dieser letzte Punkt ist bei der Gruppenmeditation besonders wichtig. Lautes Atmen kann ein wirkliches Ärgernis sein für die, die um Sie herum sitzen. Lassen Sie den Atem einfach natürlich fließen, so als ob Sie schlafen würden. Lassen Sie los, und lassen Sie den Vorgang seinem eigenen Rhythmus folgen.

Dies klingt einfach, aber es ist schwieriger, als Sie denken. Lassen Sie sich nicht entmutigen, wenn Sie merken, dass Ihr eigener Wille Ihnen im Weg steht. Nutzen Sie es einfach als eine Gelegenheit, die Natur der bewussten Absicht zu beobachten. Betrachten Sie die heikle Beziehung zwischen dem Atem, dem Impuls, den Atem zu kontrollieren, und dem Impuls, das Kontrollieren des Atems zu beenden. Sie mögen es eine Zeit lang frustrierend finden, aber als Lernerfahrung ist es höchst gewinnbringend, und es ist eine vorübergehende Phase. Schließlich wird der Atemprozess von selbst weitergehen, und Sie werden keinen Impuls mehr verspüren, ihn zu manipulieren. An diesem Punkt werden Sie eine bedeutende Lektion gelernt haben über Ihr eigenes zwanghaftes Bedürfnis, das Universum zu kontrollieren.

Das Atmen, das auf den ersten Blick so banal und uninteressant erscheint, ist in Wirklichkeit ein ungeheuer komplexer und faszinierender Vorgang. Er ist voll von feinen Variationen, wenn Sie hinschauen. Da gibt es die Einatmung und die Ausatmung, langen und kurzen Atem, tiefen Atem, flachen Atem, gleichmäßigen Atem und stoßweisen Atem. Diese Kategorien bilden in feiner und komplizierter Weise Kombinationen miteinander. Beobachten Sie den Atem genau. Untersuchen Sie ihn eingehend. Sie finden ungeheure Unterschiede und einen gleichbleibenden Zyklus von wiederholten Mustern. Es ist wie eine Symphonie. Beobachten Sie den Atem nicht nur im bloßen Umriss. Es gibt mehr zu sehen als einfach ein Einatmen und ein Ausatmen. Jeder Atemzug hat einen Anfang, eine Mitte und ein Ende. Jede Einatmung durchläuft einen Prozess von Geburt, Wachstum und Tod, und jede Ausatmung wiederholt das Gleiche. Die Tiefe und Geschwindigkeit Ihrer Atmung verändert sich gemäß Ihrem emotionalen Zustand, dem Denken, das durch Ihren Geist strömt, und den Tönen, die Sie hören. Erforschen Sie diese Erscheinungen. Sie werden sie faszinierend finden.

Dies bedeutet jedoch nicht, dass Sie dasitzen und kleine Selbstgespräche in Ihrem Kopf führen sollten: «Da ist ein kurzer, abgehackter Atem, und da ist ein tiefer, langer. Was kommt wohl danach?» Nein, das ist nicht Vipassana. Das ist Denken. Sie werden feststellen, dass Dinge dieser Art geschehen, vor allem am Anfang. Auch dies ist eine vorübergehende Phase. Nehmen Sie einfach das Phänomen wahr, und bringen Sie Ihre Aufmerksamkeit zurück zur Beobachtung der Atemempfindung. Geistige Zerstreuung wird weiterhin vorkommen. Aber kehren Sie mit Ihrer Aufmerksamkeit wieder zum Atem zurück, wieder und wieder und wieder, so lange es dauert, bis keine Ablenkung mehr auftritt.

Wenn Sie mit dieser Methode anfangen, seien Sie darauf gefasst, dass Sie einigen Schwierigkeiten begegnen werden. Ihr Geist wird ständig abwandern, umherflitzen wie eine Biene und plötzlich davonsurren. Versuchen Sie, sich nicht darüber zu beunruhigen. Die Erscheinung des rastlosen Geistes, mit einem Affen vergleichbar, ist sehr bekannt. Jeder fortgeschrittene Meditierende hatte damit zu tun. Alle haben sich auf die eine oder andere Art durchgeschlagen, und so werden Sie es auch können. Wenn es geschieht, beachten Sie einfach die Tatsache, dass Sie gerade gedacht haben, mit Tagträumen befasst waren, sich Sorgen gemacht haben oder was auch immer. Kehren Sie einfach zu der bloßen physischen Empfindung des Atems zurück, sanft, aber bestimmt, ohne sich wegen des Abschweifens aufzuregen oder zu verurteilen. Dann machen Sie es das nächste Mal wieder so und wieder und wieder und wieder.

An irgendeiner Stelle während dieses Prozesses werden Sie mit der plötzlichen und schockierenden Erkenntnis konfrontiert werden, dass Sie völlig verrückt sind. Ihr Geist ist ein kreischendes und schnatterndes Irrenhaus auf Rädern, das in heillosem Durcheinander den Hügel hinunterbraust, gänzlich außer Kontrolle und hoffnungslos. Kein Problem. Sie sind nicht verrückter, als Sie es gestern waren. Es ist immer so gewesen, und Sie haben es einfach nie bemerkt. Sie sind auch nicht verrückter als alle anderen um Sie herum. Der einzige wirkliche Unterschied besteht darin, dass Sie sich der Situation gestellt haben, die anderen nicht. So fühlen sie sich noch relativ behaglich. Das bedeutet nicht, dass sie besser dran sind. Unwissenheit mag eine Wohltat sein, aber sie führt nicht zur Befreiung. So lassen Sie sich nicht durch diese Erkenntnis beunruhigen. Sie ist in Wirklichkeit ein Meilenstein, ein Zeichen von wirklichem Fortschritt. Gerade die Tatsache, dass Sie dem Problem direkt ins Auge gesehen haben, bedeutet, dass Sie auf Ihrem Weg nach oben und nach draußen sind.

Bei der wortlosen Beobachtung des Atems sind zwei Zustände zu vermeiden: Denken und Versinken. Der denkende Geist zeigt sich am deutlichsten in dem Phänomen, dass der Geist wie ein Affe umherspringt, was wir gerade diskutiert haben. Der versinkende Geist ist nahezu das Gegenteil. Als allgemeiner Begriff bezeichnet «versinkender Geist» jedes Schwinden der Bewusstheit. Im besten Fall ist es eine Art von geistigem Vakuum, in dem kein Gedanke vorhanden ist, keine Atembeobachtung, keine Bewusstheit von irgendetwas. Es ist ein leerer Raum, eine formlose geistige Grauzone, einem traumlosen Schlaf ziemlich ähnlich. Der versinkende Geist ist eine Leere. Vermeiden Sie ihn.

Vipassana-Meditation ist eine aktive Tätigkeit. Konzentration ist eine starke, energiegeladene Aufmerksamkeit auf einen einzelnen Punkt. Bewusstheit ist eine helle, reine Wachsamkeit. *Samadhi* und *Sati* – dies sind die zwei Fähigkeiten, die wir entwickeln wollen. Und der versinkende Geist enthält keine von beiden. Im schlimmsten Fall werden Sie einschlafen. Im besten Fall wird es einfach Zeitverschwendung sein.

Wenn Sie feststellen, dass Sie in den Zustand des versinkenden Geistes gefallen sind, nehmen Sie einfach diese Tatsache zur Kenntnis und bringen Sie Ihre Aufmerksamkeit zur Empfindung der Atmung zurück. Beachten Sie die Berührungsempfindung des einströmenden Atems. Spüren Sie die Empfindung bei der Berührung des ausströmenden Atems. Atmen Sie ein, atmen Sie aus, und beobachten Sie, was geschieht. Wenn Sie das einige Zeit lang getan haben – vielleicht Wochen oder Monate –, werden Sie anfangen, die Berührung als ein physisches Objekt zu spüren. Machen Sie einfach weiter; atmen Sie ein, atmen Sie aus. Beobachten Sie, was geschieht. Wenn Ihre Konzentration tiefer wird, werden Sie weniger und weniger Probleme haben mit dem rastlosen Geist, der wie ein Affe umherspringt. Ihre Atmung wird sich verlangsamen, und Sie werden sie immer klarer verfolgen, mit immer weniger Unterbrechungen. Sie beginnen einen Zustand tiefer Ruhe zu erfahren, in dem Sie sich völliger Freiheit von jenen Dingen erfreuen, die wir psychische Störenfriede nannten. Keine Gier, keine Lust, kein Neid, keine Eifersucht, kein Hass. Erregung legt sich, Furcht vergeht. Dies sind schöne, klare, glückliche Geisteszustände. Sie sind vorübergehend, und sie enden, wenn die Meditation aufhört. Doch selbst diese kurzen Erfahrungen werden Ihr Leben verändern. Dies ist nicht Befreiung, aber dies sind Trittsteine auf dem Weg, der in diese Richtung führt. Erwarten Sie aber nicht sofortiges Glück. Selbst für diese Trittsteine braucht man Zeit, Mühe und Geduld.

Die Meditationserfahrung ist kein Wettbewerb. Es gibt ein bestimmtes Ziel. Aber es gibt keinen Stundenplan. Ihr Tun besteht darin, dass Sie sich Ihren Weg immer tiefer graben durch Schichten von Illusionen hindurch zur Erkenntnis der höchsten Wahrheit des Seins. Der Prozess selbst ist faszinierend und erfüllend. Man kann sich um seiner selbst willen an ihm erfreuen. Es gibt keine Notwendigkeit zur Eile.

Am Ende einer gelungenen Meditationssitzung werden Sie eine wunderbare geistige Frische spüren. Es ist eine friedliche, heitere und freudige Energie, die Sie dann für die Probleme des täglichen Lebens verwenden können. Dies ist an sich schon Belohnung genug. Sinn der Meditation ist es jedoch nicht, mit Problemen fertigzuwerden. Die Fähigkeit, Probleme zu lösen, ist eine zusätzliche Leistung und sollte auch als solche gesehen werden. Wenn Sie zu viel Wert auf den Aspekt des Problemlösens legen, werden Sie feststellen, dass Ihre Aufmerksamkeit während des Sitzens sich jenen Problemen zuwendet, was die Konzentration ablenkt. Denken Sie während Ihrer Meditation nicht über Ihre Probleme nach. Schieben Sie sie sanft beiseite.

Machen Sie eine Pause von all dem Sorgen und Planen. Machen Sie Ihre Meditation in jeder Hinsicht zu einem vollständigen Urlaub. Vertrauen Sie sich, vertrauen Sie auf Ihre eigene Fähigkeit, diese Probleme später zu lösen, indem Sie die Energie und geistige Frische nutzen, die Sie während Ihrer Meditation aufgebaut haben. Haben Sie dieses Vertrauen zu sich, und es wird in der Tat so sein.

Setzen Sie sich keine zu hohen Ziele, die Sie nicht erreichen können. Gehen Sie sanft mit sich um. Sie versuchen, Ihrer eigenen Atmung kontinuierlich, ohne Unterbrechung zu folgen. Das klingt ziemlich leicht, und so werden Sie am Anfang dazu neigen, sich unter Druck zu setzen, gewissenhaft und peinlich genau zu sein. Dies ist unrealistisch. Nehmen Sie sich stattdessen kleine Zeiteinheiten vor. Fassen Sie am Anfang einer Einatmung den Beschluss, dem Atem gerade für die Zeit dieser einen Einatmung zu folgen. Selbst dies ist nicht so leicht, aber man bringt es immerhin fertig. Am Anfang der Ausatmung beschließen Sie dann, dem Atem einfach für diese eine Ausatmung zu folgen, von Anfang bis Ende. Es wird Ihnen noch wiederholt misslingen, aber machen Sie weiter.

Jedes Mal, wenn Sie stolpern, fangen Sie wieder an. Nehmen Sie sich einen Atem nach dem andern vor. Dies ist die Ebene des Spiels, auf der Sie tatsächlich gewinnen können. Bleiben Sie dabei: Mit jedem Atemzyklus fassen Sie einen neuen Entschluss für winzige Zeiteinheiten. Beobachten Sie jeden Atemzug mit Sorgfalt und Genauigkeit, führen Sie dies durch für den Bruchteil einer Sekunde, für einen Bruchteil nach dem andern, und fügen Sie mit neuem Entschluss einen nach dem andern hinzu. Auf diese Weise wird schließlich fortwährende, ununterbrochene Bewusstheit das Ergebnis sein.

Achtsamkeit in Bezug auf den Atem ist eine gegenwartsbezogene Bewusstheit. Wenn Sie es richtig machen, sind Sie sich nur dessen bewusst, was in der Gegenwart geschieht. Sie schauen nicht zurück, und Sie schauen nicht nach vorn. Sie vergessen den letzten Atemzug und Sie nehmen nicht den nächsten vorweg. Wenn die Einatmung gerade beginnt, schauen Sie nicht voraus zum Ende dieser Einatmung. Sie springen nicht vorwärts zur Ausatmung, die folgen muss. Sie bleiben genau bei dem, was tatsächlich stattfindet. Die Einatmung beginnt, und das ist es, worauf Sie Ihre Aufmerksamkeit richten; dies und nichts anderes.

Diese Meditation ist ein Umlernprozess für den Geist. Sie streben einen Zustand an, in dem Sie sich all dessen völlig bewusst sind, was sich gerade in Ihrem eigenen Wahrnehmungs-Universum abspielt, genau in der Weise, wie es geschieht, genau dann, wenn es geschieht: totale, ununterbrochene Bewusstheit in der Gegenwart. Dies ist ein unglaublich hohes Ziel, das man nicht auf ein Mal erreichen kann. Es erfordert Übung, daher fangen wir klein an. Wir fangen damit an, dass wir uns einer einzigen kleinen Zeiteinheit völlig bewusst werden, einfach einer einzigen Einatmung. Und wenn Sie dies fertigbringen, sind Sie auf dem Weg zu einer ganz neuen Erfahrung des Lebens.

8
Ihre Meditation strukturieren

Bis zu diesem Punkt ist alles Theorie gewesen. Nun lassen Sie uns in die tatsächliche Praxis eintauchen. Wie packen wir diese Sache an, die wir Meditation nennen?

Zuallererst ist es notwendig, dass Sie einen formellen Übungsplan aufstellen, eine bestimmte Zeit festsetzen, in der Sie Vipassana-Meditation praktizieren wollen und nichts anderes. Als Baby konnten Sie noch nicht laufen. Irgendjemand gab sich viel Mühe, Ihnen diese Fertigkeit beizubringen. Man zog Sie an den Armen. Man gab Ihnen eine Menge Ermutigung, ließ Sie einen Fuß vor den anderen setzen, bis Sie es selbst tun konnten. Diese Zeiten der Unterweisung stellten eine formelle Einübung in die Kunst des Gehens dar.

Bei der Meditation folgen wir im Prinzip dem gleichen grundlegenden Verfahren. Wir planen eine bestimmte Zeit ein und widmen sie speziell der Entwicklung jener geistigen Fähigkeit, die wir Achtsamkeit nennen. Wir widmen diese Zeiten ausschließlich dieser Tätigkeit und wir gestalten unsere Umgebung so, dass es ein Minimum an Ablenkung gibt. Dies ist nicht die leichteste Fertigkeit der Welt, die es zu erlernen gibt. Wir haben unser ganzes Leben damit verbracht, geistige Gewohnheiten zu entwickeln, die dem Ideal ununterbrochener Achtsamkeit in der Tat ganz entgegengesetzt sind. Es erfordert ein wenig Strategie, uns von diesen Gewohnheiten zu befreien. Wie zuvor erwähnt, gleicht unser Geist einer Tasse mit schmutzigem Wasser. Das Ziel der Meditation ist, diesen Schlamm zu klären, sodass wir sehen können, was darin vor sich geht. Um dies zu erreichen, ist es das Beste, ihn einfach in Ruhe zu lassen. Geben Sie ihm genug Zeit, und er wird sich setzen. Am Ende werden Sie klares Wasser haben. Bei der Meditation planen wir eine bestimmte Zeit für diesen Klärungsprozess ein. Von außen betrachtet sieht das äußerst nutzlos aus. Da sitzen wir offensichtlich so produktiv wie ein Wasserspeier aus Stein. Im Innern geschieht jedoch eine ganze Menge. Die geistige Suppe kommt zur Ruhe, und übrig bleibt eine geistige Klarheit, die uns darauf vorbereitet, die kommenden Ereignisse in unserem Leben zu bewältigen.

Dies bedeutet nicht, dass wir irgendetwas tun müssen, um diese Beruhigung zu erzwingen. Es ist ein natürlicher Vorgang, der von selbst geschieht. Der bloße Akt des Stillsitzens und Achtsamseins bewirkt diese Beruhigung. In der Tat hat jede Bemühung, dieses Zur-Ruhe-Kommen zu erzwingen, das Gegenteil zur Folge. Das ist Unterdrückung, und es klappt nicht. Versuchen Sie, Dinge mit Gewalt aus Ihrem Geist hinauszudrängen, und Sie geben ihnen nur noch mehr Energie. Sie mögen zeitweise Erfolg haben, aber auf lange Sicht werden Sie sie nur stärken. Diese Impulse werden sich im Unterbewusstsein verstecken, bis Sie einmal nicht aufpassen, und dann werden sie plötzlich hervorbrechen und Sie hilflos dastehen lassen, unfähig, sie abzuwehren.

Die beste Art, die geistige Flüssigkeit zu klären, ist, sie sich einfach ganz von selbst setzen zu lassen. Bringen Sie keine zusätzliche Energie in die Situation. Beobachten Sie einfach, wie der Schmutz wirbelt, ohne irgendeine Beteiligung an dem Prozess. Wenn er sich dann schließlich setzt, wird er in Ruhe bleiben. Wir gebrauchen bei der Meditation Kraft, aber nicht Gewalt. Unsere einzige Anstrengung besteht in sanfter, geduldiger Achtsamkeit.

Die Zeit der Meditation ist wie ein Querschnitt Ihres ganzen Tages. Alles, was mit Ihnen geschieht, ist im Geist in irgendeiner Form gespeichert, geistig oder gefühlsmäßig. Während normaler Aktivität verheddern Sie sich so unter dem Druck der Ereignisse, dass Sie die eigentlichen Probleme, mit denen Sie es zu tun haben, selten gründlich behandeln. Sie vergraben sie im Unbewussten, wo sie sieden, schäumen und schwären. Dann wundern Sie sich, woher all die Anspannung kommt. Dieses ganze Material kommt in der einen oder anderen Form während Ihrer Meditation zum Vorschein. Sie haben die Chance, es sich anzuschauen, es als das zu sehen, was es wirklich ist, und es loszulassen. Wir richten eine formelle Meditationszeit ein, um eine förderliche Umgebung für dieses Loslassen zu schaffen. Wir stellen unsere Achtsamkeit in regelmäßigen Zeitabständen wieder her. Wir ziehen uns von jenen Ereignissen zurück, die den Geist ständig stimulieren. Wir steigen aus all dieser Aktivität aus, die die Emotionen anstachelt. Wir begeben uns an einen ruhigen Ort, wir sitzen still, und alles kommt herausgesprudelt. Dann verschwindet es. Letztendlich ist es wie das Aufladen einer Batterie. Meditation lädt Ihre Achtsamkeit auf.

Wo sitzen?

Suchen Sie sich einen stillen Platz, einen abgeschiedenen Ort, einen Ort, wo Sie allein sein werden. Es muss nicht eine ideale Stelle mitten in einem Wald sein. Das ist für die meisten von uns so gut wie unmöglich. Aber es sollte ein Platz sein, wo Sie sich behaglich fühlen und wo man Sie nicht stören wird. Es sollte auch ein Ort sein, an dem Sie sich nicht fühlen wie eine Schaufensterpuppe. Sie wollen all Ihre Aufmerksamkeit für die Meditation zur Verfügung haben, nicht an die Besorgnis darüber verschwenden, wie Sie für andere aussehen. Versuchen Sie eine Stelle auszuwählen, die so ruhig wie möglich ist. Es braucht kein schalldichter Raum zu sein, aber es gibt gewisse Geräusche, die äußerst ablenkend sind, und diese sollte man vermeiden. Musik und Reden sind so ziemlich die schlimmsten. Der Geist neigt dazu, von diesen Tönen in unkontrollierter Weise aufgesaugt zu werden, und mit Ihrer Konzentration ist es vorbei.

Es gibt gewisse traditionelle Hilfen, derer Sie sich bedienen können, um sich in die richtige Stimmung zu versetzen. Ein verdunkelter Raum mit einer Kerze ist gut. Räucherstäbchen sind gut. Es ist schön, am Anfang und Ende der Sitzperiode eine kleine Glocke zu läuten. Doch dies sind Nebensächlichkeiten. Sie dienen manchen Menschen zur Ermutigung, aber sie sind keineswegs wesentlich für die Praxis.

Sie werden es wahrscheinlich hilfreich finden, jedes Mal auf dem gleichen Platz zu sitzen. Ein besonderer Ort, der für die Meditation reserviert ist und für sonst nichts, ist für die meisten Menschen eine Hilfe. Nach kurzer Zeit schon werden Sie diesen

Platz mit der Ruhe tiefer Konzentration verbinden, und diese Assoziation hilft Ihnen, tiefe Stadien schneller zu erreichen. Die Hauptsache ist, dass Sie an einem Ort sitzen, wo Sie spüren, dass er Ihrer eigenen Praxis dienlich ist. Das erfordert etwas Experimentieren. Probieren Sie verschiedene Stellen aus, bis Sie eine finden, an der Sie sich behaglich fühlen. Sie brauchen nur einen Ort zu finden, wo Sie sich nicht befangen fühlen und wo Sie ohne übermäßige Ablenkung meditieren können.

Viele Menschen finden es hilfreich und unterstützend, mit einer Gruppe anderer Meditierender zu sitzen. Die Disziplin regelmäßiger Praxis ist wichtig, und die meisten Leute finden es leichter, regelmäßig zu sitzen, wenn sie unterstützt werden durch die Verbindlichkeit eines Zeitplans für Gruppensitzungen. Sie haben Ihr Wort gegeben und Sie wissen, dass man Sie erwartet. So wird das «Ich hab zu viel zu tun»-Syndrom geschickt umgangen. Vielleicht können Sie eine Gruppe von Meditierenden in Ihrer Gegend ausfindig machen. Es macht nichts, wenn diese eine andere Form der Meditation praktizieren, solange es eine der stillen Formen ist. Andererseits sollten Sie auch versuchen, bei Ihrer Praxis selbstständig zu sein. Verlassen Sie sich nicht auf die Gegenwart einer Gruppe als Ihre einzige Motivation zum Sitzen. Richtig praktiziert ist die Sitzmeditation ein Vergnügen. Nutzen Sie die Gruppe als eine Hilfe, nicht als eine Krücke.

Wann sitzen?

Die wichtigste Regel ist hier: Wenn es ums Sitzen geht, gilt die Beschreibung des Buddhismus als «Mittlerer Weg». Übertreiben Sie es nicht. Tun Sie auch nicht zu wenig. Dies bedeutet nicht, dass Sie einfach sitzen, wann immer Sie gerade dazu in Laune sind. Es bedeutet, dass Sie einen Übungsplan machen und sich mit einer sanften, geduldigen Beharrlichkeit daran halten. Das Aufstellen eines Plans wirkt als eine Ermutigung. Sollten Sie jedoch finden, dass Ihr Plan aufgehört hat, eine Ermutigung zu sein und eine Bürde geworden ist, dann stimmt etwas nicht. Meditation ist weder eine Pflicht noch ein Muss.

Meditation ist eine psychologische Aktivität. Sie werden es mit dem Rohmaterial von Gefühlen und Emotionen zu tun haben. Folglich ist sie eine Aktivität, die sehr sensibel ist für die Einstellung, mit der Sie an jede Sitzung herangehen. Was Sie erwarten, werden Sie höchstwahrscheinlich erhalten. Ihre Praxis wird deshalb am besten gelingen, wenn Sie sich auf das Sitzen freuen. Wenn Sie sich hinsetzen und zermürbende, stumpfsinnige Plackerei erwarten, wird es wahrscheinlich auch das sein, was eintreten wird. Stellen Sie für jeden Tag ein Schema auf, mit dem Sie leben können. Machen Sie es vernünftig. Stimmen Sie es ab auf den Rest Ihres Lebens. Und wenn Sie dabei das Gefühl bekommen, dass Sie auf einer mühseligen Tretmühle in Richtung Befreiung sind, dann ändern Sie etwas.

Am Morgen als Erstes zu meditieren, ist eine besonders gute Zeitwahl. Ihr Geist ist noch frisch und Sie haben sich noch nicht mit Verpflichtungen zugedeckt. Meditation am Morgen ist eine gute Art, den Tag zu beginnen. Sie stimmt Sie ein und bereitet Sie vor, sich mit den Dingen wirkungsvoll zu befassen. Sie kommen ein bisschen leichter durch den Rest des Tages. Stellen Sie jedoch sicher, dass Sie ganz wach sind. Sie werden nicht viele Fortschritte machen, wenn Sie dasitzen und einnicken. Deshalb schlafen Sie ausreichend. Waschen Sie Ihr Gesicht oder duschen Sie, bevor Sie anfangen. Vielleicht möchten Sie zuvor ein paar Körperübungen machen, um den Kreislauf in Schwung zu bringen. Tun Sie, was für Sie nötig ist, um vollkommen aufzuwachen, dann setzen Sie sich hin zum Meditieren. Lassen Sie sich jedoch nicht in die Tagesaktivitäten verwickeln. Es ist einfach zu leicht, das Sitzen zu vergessen. Machen Sie die Meditation zur ersten wichtigen Sache, der Sie sich am Morgen widmen.

Auch der Abend ist eine gute Zeit für die Meditationspraxis. Ihr Geist ist voll von all dem geistigen Müll, den Sie während des Tages angesammelt haben, und es ist gut, diese Last loszuwerden, bevor Sie schlafen. Ihre Meditation wird Ihren Geist reinigen und erfrischen. Gewinnen Sie Ihre Achtsamkeit zurück, und Ihr Schlaf wird wirklicher Schlaf sein.

Wenn Sie mit der Meditation gerade erst anfangen, ist ein Mal am Tag genug. Wenn Ihnen nach mehr Meditation zumute ist, so ist das gut, aber übertreiben Sie es nicht. Es gibt die Erscheinung des Ausbrennens, die wir oft bei Anfängern beobachten. Sie stürzen sich geradezu in die Praxis, für ein paar Wochen fünfzehn Stunden am Tag, und dann holt die wirkliche Welt sie ein. Sie kommen zu dem Schluss, dass diese Beschäftigung mit Meditation einfach zu viel Zeit beansprucht. Zu viele Opfer sind gefordert. Sie haben keine Zeit für all dies. Geraten Sie nicht in diese Falle. Lassen Sie sich nicht in der ersten Woche ausbrennen. Eile mit Weile! Ihre Anstrengung sollte gleichbleibend und beständig sein. Geben Sie sich Zeit, die Meditationspraxis in Ihr Leben zu integrieren, und lassen Sie Ihre Praxis sanft und allmählich fortschreiten.

Mit wachsendem Interesse an der Meditation werden Sie feststellen, dass Sie der Meditationsübung mehr Platz in Ihrem Tagesplan einräumen. Es ist eine spontane Erscheinung, und es kommt weitgehend von selbst – ohne Zwang.

Erfahrene Meditierende können drei oder vier Stunden Meditationspraxis am Tag verkraften. Sie leben ein gewöhnliches Leben in der Alltagswelt, und sie bringen das noch alles unter. Und sie erfreuen sich daran. Es geschieht auf natürliche Weise.

WIE LANGE SITZEN?

Hier gilt eine ähnliche Regel: Sitzen Sie, so lange Sie können, aber übertreiben Sie es nicht. Die meisten Anfänger beginnen mit zwanzig oder dreißig Minuten. Zu Beginn ist es schwierig, länger mit Gewinn zu sitzen. Die Haltung ist ungewohnt für Menschen im Westen, und der Körper braucht etwas Zeit, sich darauf einzustellen. Die geistigen Fähigkeiten sind gleichermaßen unvertraut, und auch diese Anpassung braucht Zeit.

In dem Maß, wie Sie sich an das Verfahren gewöhnen, können Sie Ihre Meditation nach und nach verlängern. Wir empfehlen, dass Sie nach etwa einem Jahr beständiger Praxis bequem eine Stunde lang sitzen sollten.

Doch hier ist ein wichtiger Punkt: Vipassana-Meditation ist keine Form von Asketentum. Selbstkasteiung ist nicht das Ziel. Wir versuchen Achtsamkeit zu entwickeln, nicht Schmerz. Etwas Schmerz ist unvermeidbar, vor allem in den Beinen. Wir werden uns in Kapitel 10 gründlich mit dem Thema Schmerz befassen und wie man damit umgeht. Es gibt besondere Techniken und Haltungen, die Sie lernen werden, um mit Beschwerden fertigzuwerden. Folgendes ist an dieser Stelle zu betonen: Dies ist kein verbissener Wettbewerb im Durchhalten. Sie brauchen niemandem irgendetwas zu beweisen. Daher zwingen Sie sich nicht, mit entsetzlichem Schmerz zu sitzen, nur um sagen zu können, dass Sie eine Stunde lang gesessen haben. Das ist eine nutzlose Übung des Egos. Und übertreiben Sie es am Anfang nicht. Erkennen Sie Ihre Grenzen und verdammen Sie sich nicht, weil Sie nicht ewig sitzen können wie ein Fels.

Wenn Meditation immer mehr ein Teil Ihres Lebens wird, können Sie Ihre Sitzperioden auf länger als eine Stunde ausdehnen. Als allgemeine Regel gilt: Bestimmen Sie einfach, was an dieser Stelle in Ihrem Leben eine angenehme Zeitdauer für Sie ist. Dann sitzen Sie fünf Minuten länger.

Es gibt keine strenge und feste Regel bezüglich der Zeit zum Sitzen. Selbst wenn Sie ein bestimmtes Minimum festgelegt haben, mag es Tage geben, an denen es Ihnen physisch unmöglich ist, so lange zu sitzen. Das bedeutet nicht, dass Sie einfach die ganze Idee für diesen Tag aufgeben sollten. Es ist entscheidend, regelmäßig zu sitzen. Selbst zehn Minuten Meditation können sehr gut sein.

Im Übrigen: Entscheiden Sie über die Länge Ihrer Sitzung, bevor Sie meditieren. Tun Sie es nicht, während Sie meditieren. Allzu leicht geben wir auf diese Weise der Ruhelosigkeit nach, und Unruhe ist einer der wichtigsten Aspekte, deren achtsame Beobachtung wir lernen wollen. Wählen Sie daher eine realistische Zeitdauer und bleiben Sie dann dabei.

Sie können eine Uhr benutzen, um die Zeit für Ihre Sitzperiode zu messen, aber schauen Sie nicht alle zwei Minuten darauf, um zu sehen, wie Sie es schaffen. Ihre Konzentration wird völlig verloren gehen und Aufregung wird sich einstellen. Sie werden merken, wie Sie hoffen aufzustehen, bevor die Sitzperiode zu Ende ist. Das ist nicht Meditation – das ist Beobachtung der Uhr. Schauen Sie nicht auf die Uhr, bis Sie denken, die ganze Meditationszeit sei verstrichen. Eigentlich brauchen Sie überhaupt nicht auf die Uhr zu sehen, zumindest nicht bei jeder Meditation. Im Allgemeinen sollten Sie so lange sitzen, wie Sie sitzen wollen. Es gibt keine magische Zeitspanne. Es ist jedoch am besten, sich ein zeitliches Minimum zu setzen. Wenn Sie kein Minimum im Voraus festgelegt haben, werden Sie feststellen, dass Sie zu kurzen Sitzungen neigen. Sie werden jedes Mal Reißaus nehmen, wenn etwas Unangenehmes auftaucht oder wann immer Sie sich rastlos fühlen. Das ist nicht gut. Diese Erfahrungen gehören zu den nützlichsten, denen ein Meditierender begegnen kann, aber nur, wenn er sie durchsteht. Sie müssen lernen, diese Erfahrungen ruhig und klar zu beobachten. Betrachten Sie sie achtsam. Wenn Sie das oft genug getan haben, verlieren sie ihren Einfluss auf Sie. Sie sehen sie als das, was sie sind: als Impulse, die kommen und gehen, als Teil der vorbeiziehenden Show. Als Folge glättet sich Ihr Leben wunderschön.

«Disziplin» ist für die meisten von uns ein schwieriges Wort. Es beschwört Bilder herauf von jemandem, der über Ihnen steht mit einem Stock und Ihnen sagt, dass Sie falsch liegen. Aber Selbstdisziplin ist etwas anderes. Es ist die Fähigkeit, durch das hohle Geschrei Ihrer eigenen Impulse hindurchzusehen und ihr Geheimnis zu durchdringen. Diese Impulse haben keine Macht über Sie. Es ist alles eine Show, eine Täuschung. Ihre Bedürfnisse machen ein großes Geschrei, beschwatzen Sie, überreden Sie, drohen; aber sie haben in Wirklichkeit überhaupt keinen Stock bei sich. Wir geben aus Gewohnheit nach. Wir geben nach, weil wir uns niemals wirklich die Mühe machen, hinter die Drohung zu schauen. Es ist ganz leer dahinter. Doch es gibt nur eine Art, diese Lektion zu lernen. Die Worte auf dieser Seite werden es nicht schaffen. Aber schauen Sie in sich hinein und betrachten Sie das Material, das auftaucht: Ruhelosigkeit, Besorgnis, Ungeduld, Schmerz. Beobachten Sie einfach, wie es auftaucht, und lassen Sie sich nicht darauf ein. Zu Ihrer großen Überraschung wird es einfach verschwinden. Es kommt, es vergeht. So einfach ist das. Es gibt ein anderes Wort für Selbstdisziplin: Geduld.

9
Übungen voranstellen

In den Ländern, in denen der Theravada-Buddhismus verbreitet ist, besteht die Tradition, jede Meditationssitzung mit dem Rezitieren einer bestimmten Reihe von Formeln zu beginnen. Ein westliches Publikum wirft wahrscheinlich einen Blick auf diese Beschwörungen und tut sie ab als harmlose Rituale und mehr nicht. Diese so genannten Rituale wurden jedoch von einer Reihe pragmatisch orientierter und engagierter Männer und Frauen erdacht und verfeinert, und sie haben einen durchaus praktischen Zweck. Sie sind deshalb tieferer Erkundung wert.

Der Buddha wurde zu seiner Zeit als oppositionell angesehen. Er war in eine Gesellschaft hineingeboren worden, die Rituale im Übermaß verwendete, und seine Ideen erschienen der bestehenden Hierarchie seines Zeitalters gänzlich bilderstürmerisch. Bei zahlreichen Gelegenheiten verwarf er den Gebrauch von Riten um ihrer selbst willen, und er war dabei ganz unnachgiebig. Dies bedeutet nicht, dass das Ritual keinen Nutzen habe. Es bedeutet, dass das Ritual selbst, einzig und allein um seiner selbst willen ausgeführt, Sie nicht aus der Falle holen wird. Tatsächlich ist ein solcher Vollzug Teil der Falle. Wenn Sie glauben, dass das bloße Aufsagen von Worten Sie retten wird, dann vergrößern Sie nur Ihre eigene Abhängigkeit von Worten und Konzepten. Dies bringt Sie eher von der wortlosen Wahrnehmung der Realität weg als zu ihr hin. Deshalb müssen die folgenden Formeln mit einem klaren Verständnis dafür angewandt werden, was sie sind und warum sie wirken. Sie sind keine Gebete und sie sind keine Mantras. Sie sind keine magischen Beschwörungen. Sie sind psychologische Mittel zur Reinigung, die eine aktive geistige Beteiligung erfordern, um wirksam zu sein. Gemurmelte Worte ohne Absicht dahinter sind nutzlos. Vipassana-Meditation ist eine sensible psychologische Tätigkeit, und die geistige Haltung des Praktizierenden ist für ihren Erfolg entscheidend. Die Methode ist in einer Atmosphäre ruhigen, wohlwollenden Vertrauens am wirksamsten. Und diese Rezitationen sind ersonnen worden, um solche Einstellungen zu fördern. Richtig genutzt, können sie als hilfreiche Werkzeuge auf dem Weg zur Befreiung wirken.

Die Dreifache Führung

Meditation ist harte Arbeit. Sie ist eine von ihrem Wesen her einsame Tätigkeit. Eine Person kämpft gegen ungeheuer mächtige Kräfte an, die selbst Teil der Struktur des Geistes sind, der die Meditation ausübt. Wenn Sie sich wirklich darauf einlassen, werden Sie sich gelegentlich mit einer schockierenden Erkenntnis konfrontiert finden. Eines Tages schauen Sie in sich hinein und erkennen das ganze enorme Ausmaß dessen, was Sie wirklich vor sich haben. Das, was Sie zu durchdringen versuchen, sieht wie eine feste Mauer aus, so eng gefügt, dass nicht ein einziger Lichtstrahl hindurchscheint. Sie stellen fest, dass Sie dasitzen und auf dieses Bauwerk starren, und Sie sagen zu sich: «Das? Ich soll da hindurchkommen? Aber das ist unmöglich! Das umfasst alles, was es gibt. Das ist die ganze Welt. Das ist alles, was von Bedeutung ist, und es ist das, was ich benutze, um mich zu definieren und alles um mich herum zu verstehen, und wenn ich das wegnehme, wird die ganze Welt auseinanderfallen, und ich sterbe. Ich kann da nicht durch. Ich kann einfach nicht.»

Es ist ein ganz unheimliches Gefühl, ein Gefühl von tiefer Einsamkeit. Sie fühlen sich so: «Hier bin ich, ganz allein bei dem Versuch, etwas so Riesiges wegzuboxen, was jenseits aller Vorstellung liegt.» Um diesem Gefühl entgegenzuwirken, ist es hilfreich zu wissen, dass Sie nicht allein sind. Andere sind diesen Weg vorher gegangen. Sie standen der gleichen Schranke gegenüber, und sie haben sich durchgedrängt zum Licht. Sie haben die Richtlinien entworfen, nach denen die Aufgabe bewältigt werden kann, und sie haben sich zur gegenseitigen Ermutigung und Unterstützung in einer Bruderschaft zusammengeschlossen. Der *Buddha* fand seinen Weg durch genau die gleiche Wand hindurch, und nach ihm kamen viele andere. Er hinterließ klare

Anweisungen in Form des *Dhammas*, um uns den gleichen Pfad entlangzuführen. Und er gründete den *Sangha*, die Bruderschaft der Mönche, um den Pfad zu bewahren und einander auf dem Weg zu halten. Sie sind nicht allein, und die Situation ist nicht hoffnungslos.

Für Meditation braucht man Energie. Sie brauchen Mut, um sich einigen recht schwierigen geistigen Phänomenen zu stellen, und die Entschlossenheit, verschiedene unangenehme geistige Zustände auszuhalten. Trägheit wird gerade nicht dienlich sein. Um Ihre Energie für die Arbeit anzukurbeln, wiederholen Sie die folgenden Aussagen für sich selbst. Spüren Sie die Absicht, die Sie in sie hineinlegen. Meinen Sie, was Sie sagen.

«Ich bin im Begriff, genau den gleichen Pfad zu betreten, der vom Buddha und seinen bedeutenden und heiligen Schülern beschritten wurde. Ein träger Mensch kann diesem Pfad nicht folgen. Möge meine Energie sich durchsetzen. Möge ich Erfolg haben.»

Universelle Freundlichkeit

Vipassana-Meditation ist eine Übung in Achtsamkeit, das heißt, in selbstloser Bewusstheit. Sie ist ein Verfahren, bei dem das Ego durch den durchdringenden Blick der Achtsamkeit ausgerottet werden wird. Zu Beginn dieses Prozesses hat das Ich des Praktizierenden das volle Kommando über Körper und Geist. Indem die Achtsamkeit die Funktion des Egos beobachtet, dringt sie dann zu den Wurzeln seiner Mechanismen durch und vernichtet das Ego Stück für Stück. In alldem steckt jedoch eine echte Zwickmühle. Achtsamkeit ist selbstlose Bewusstheit. Wenn nun das Ich am Anfang die volle Kontrolle hat, wie bringen wir zu Beginn genug Achtsamkeit auf, um die Arbeit anzufangen? Etwas Achtsamkeit ist immer, in jedem Moment, gegenwärtig. Das eigentliche Problem ist, genug davon anzusammeln, damit sie wirksam ist. Um dies zu erreichen, können wir eine geschickte Taktik benutzen. Wir können jene Aspekte des Egos schwächen, die den meisten Schaden anrichten, sodass Achtsamkeit weniger Widerstand zu überwinden haben wird.

Gier und Hass sind die hauptsächlichen Erscheinungsformen des Ego-Prozesses. In dem Maß, wie Verlangen oder Zurückweisung im Geist vorhanden sind, wird Achtsamkeit es sehr schwer haben. Das Ergebnis ist leicht zu sehen. Wenn Sie sich zum Meditieren hinsetzen, während Sie in der Gewalt von starkem, zwanghaftem Anhaften sind, werden Sie feststellen, dass Sie es zu nichts bringen. Wenn Sie ganz auf Ihren neuesten Plan fixiert sind, mehr Geld zu verdienen, werden Sie wahrscheinlich den größten Teil Ihrer Meditationszeit damit verbringen, nichts weiter zu tun, als darüber nachzudenken. Wenn Sie in blinder Wut darüber sind, dass Sie gerade eine Beleidigung erfahren haben, wird das Ihren Geist genauso vollständig beschäftigen. Die Zeit an einem Tag ist begrenzt, und Ihre Meditations-Minuten sind kostbar. Es ist am besten, sie nicht zu verschwenden. Die Theravada-Tradition hat ein nützliches Werkzeug entwickelt, das Ihnen erlauben wird, diese Hindernisse wenigstens zeitweise aus Ihrem Geist herauszuschaffen, sodass Sie mit der Arbeit fortfahren können, ihre Wurzeln für immer zu entfernen.

Sie können eine Idee benutzen, um eine andere aufzugeben. Sie können eine negative Emotion ausgleichen, indem Sie eine positive einbringen. Geben ist das Gegenteil von Gier. Wohlwollen ist das Gegenteil von Hass. Verstehen Sie aber richtig: Dies ist kein Versuch, sich durch Selbsthypnose zu befreien. Sie können Erleuchtung nicht konditionieren. Nibbana ist ein unkonditionierter Zustand. Ein befreiter Mensch wird tatsächlich großzügig und wohlwollend sein, aber nicht, weil er dazu konditioniert wurde. Er wird ausschließlich als Ausdruck seiner eigenen grundlegenden Natur so sein, die nicht länger durch das Ego gehemmt ist. Es handelt sich also nicht um Konditionierung. Dies ist eher eine psychologische Medizin. Wenn Sie diese Medizin nach den Anweisungen nehmen, wird sie zeitweise Befreiung von den Krankheitssymptomen bringen, an denen Sie gegenwärtig leiden. Dann können Sie sich daranmachen, ernsthaft an der Krankheit selbst zu arbeiten.

Sie fangen damit an, indem Sie Gedanken des Selbsthasses und der Selbstverdammung vertreiben. Sie lassen zunächst gute

Gefühle und gute Wünsche zu sich selbst strömen, was relativ leicht ist. Dann tun Sie das Gleiche für jene Leute, die Ihnen am nächsten stehen. Allmählich gehen Sie von Ihrem eigenen Freundeskreis nach außen, bis Sie einen Strom der gleichen Gefühle zu Ihren Feinden leiten können und zu allen Lebewesen überall. Richtig gemacht, kann dies in sich eine wirkungsvolle Übung sein, die zu grundlegender Veränderung führt.

Zu Beginn jeder Meditationssitzung sagen Sie die folgenden Sätze zu sich. Spüren Sie wirklich die Absicht dabei:

Möge es mir gut gehen. Möge ich glücklich und friedlich sein. Möge ich keinen Schaden erleiden. Mögen keine Schwierigkeiten, keine Probleme auf mich zukommen. Möge ich immer Erfolg haben. Möge ich auch Geduld, Mut, Verständnis und Entschlossenheit haben, den unvermeidlichen Schwierigkeiten, Problemen und Misserfolgen im Leben zu begegnen und sie zu überwinden.

Möge es meinen Eltern gut gehen. Mögen sie glücklich und friedlich sein. Mögen sie keinen Schaden erleiden. Mögen keine Schwierigkeiten, keine Probleme auf sie zukommen. Mögen sie immer Erfolg haben. Mögen sie auch Geduld, Mut, Verständnis und Entschlossenheit haben, den unvermeidlichen Schwierigkeiten, Problemen und Misserfolgen im Leben zu begegnen und sie zu überwinden.

Möge es meinen Lehrern gut gehen. Mögen sie glücklich und friedlich sein. Mögen sie keinen Schaden erleiden. Mögen keine Schwierigkeiten, keine Probleme auf sie zukommen. Mögen sie immer Erfolg haben. Mögen sie auch Geduld, Mut, Verständnis und Entschlossenheit haben, den unvermeidlichen Schwierigkeiten, Problemen und Misserfolgen im Leben zu begegnen und sie zu überwinden.

Möge es meinen Verwandten gut gehen. Mögen sie glücklich und friedlich sein. Mögen sie keinen Schaden erleiden. Mögen keine Schwierigkeiten, keine Probleme auf sie zukommen. Mögen sie immer Erfolg haben. Mögen sie auch Geduld, Mut, Verständnis und Entschlossenheit haben, den unvermeidlichen Schwierigkeiten, Problemen und Misserfolgen im Leben zu begegnen und sie zu überwinden.

Möge es meinen Freunden gut gehen. Mögen sie glücklich und friedlich sein. Mögen sie keinen Schaden erleiden. Mögen keine Schwierigkeiten, keine Probleme auf sie zukommen. Mögen sie immer Erfolg haben. Mögen sie auch Geduld, Mut, Verständnis und Entschlossenheit haben, den unvermeidlichen Schwierigkeiten, Problemen und Misserfolgen im Leben zu begegnen und sie zu überwinden.

Möge es allen Leuten, die mir fremd sind, gut gehen. Mögen sie glücklich und friedlich sein. Mögen sie keinen Schaden erleiden. Mögen keine Schwierigkeiten, keine Probleme auf sie zukommen. Mögen sie immer Erfolg haben. Mögen sie auch Geduld, Mut, Verständnis und Entschlossenheit haben, den unvermeidlichen Schwierigkeiten, Problemen und Misserfolgen im Leben zu begegnen und sie zu überwinden.

Möge es meinen Feinden gut gehen. Mögen sie glücklich und friedlich sein. Mögen sie keinen Schaden erleiden. Mögen keine Schwierigkeiten, keine Probleme auf sie zukommen. Mögen sie immer Erfolg haben. Mögen sie auch Geduld, Mut, Verständnis und Entschlossenheit haben, den unvermeidlichen Schwierigkeiten, Problemen und Misserfolgen im Leben zu begegnen und sie zu überwinden.

Möge es allen Lebewesen gut gehen. Mögen sie glücklich und friedlich sein. Mögen sie keinen Schaden erleiden. Mögen keine Schwierigkeiten, keine Probleme auf sie zukommen. Mögen sie immer Erfolg haben. Mögen sie auch Geduld, Mut, Verständnis und Entschlossenheit haben, den unvermeidlichen Schwierigkeiten, Problemen und Misserfolgen im Leben zu begegnen und sie zu überwinden.

Wenn Sie diese Rezitation abgeschlossen haben, legen Sie all Ihre Sorgen und Konflikte für die Zeit des Praktizierens beiseite. Lassen Sie einfach das ganze Bündel fallen. Wenn diese später in

Ihrer Meditation wieder auftauchen, behandeln Sie sie einfach als das, was sie sind: Ablenkungen.

Die Praxis der universellen Freundlichkeit ist auch zu empfehlen für die Zeit des Zubettgehens und gleich nach dem Aufstehen. Es heißt, sie hilft, gut zu schlafen und Albträume zu verhindern. Sie macht es auch leichter, am Morgen aufzustehen. Und es lässt Sie freundlicher und offener werden allen gegenüber, ob Freund oder Feind, menschlicher Natur oder nicht.

Ärger ist der schädlichste Störenfried, der im Geist vor allem dann entsteht, wenn der Geist zur Ruhe gekommen ist. Sie mögen Entrüstung empfinden, wenn Sie sich an einen Vorfall erinnern, der Ihnen körperlichen und seelischen Schmerz verursacht hat. Dieses Erlebnis kann in Ihnen Unbehagen, Spannung, Aufregung und Besorgnis hervorrufen. Möglicherweise können Sie nicht sitzen bleiben und diesen Geisteszustand aushalten. Deshalb haben wir dringend empfohlen, Ihre Meditation mit der Entwicklung universeller Freundlichkeit zu beginnen.

Sie mögen sich fragen, wie wir wünschen können: «Möge es meinen *Feinden* gut gehen. Mögen sie glücklich und friedlich sein. Mögen sie keinen Schaden erleiden; mögen keine Schwierigkeiten, keine Probleme auf sie zukommen; mögen sie immer Erfolg haben. Mögen sie auch Geduld, Mut, Verständnis und Entschlossenheit haben, den unvermeidlichen Schwierigkeiten, Problemen und Misserfolgen im Leben zu begegnen und sie zu überwinden.»

Sie müssen daran denken, dass Sie Liebe und Güte üben, um Ihren eigenen Geist zu reinigen, ebenso wie Sie Meditation praktizieren, um für sich selbst Frieden zu erlangen und die Befreiung von Schmerz und Leid. Wenn Sie liebende Güte in sich selbst entwickeln, können Sie sich uneingeschränkt auf freundliche Weise verhalten, ohne Vorlieben, Vorurteile, Diskriminierung oder Hass. Ihr edles Verhalten befähigt Sie, anderen auf ganz konkrete Weise zu helfen, ihren Schmerz und ihr Leiden zu verringern. Es sind Menschen mit Mitgefühl, die anderen helfen können. Mitleid ist liebende Güte, die sich im Handeln ausdrückt; denn wer keine liebende Güte hat, kann anderen nicht helfen. Edles Verhalten bedeutet: sich auf freundlichste und herzlichste Weise zu verhalten. Verhalten umfasst Ihr Denken, Sprechen und Handeln. Wenn diese dreifache Ausdrucksform Ihres Verhaltens in sich widerspruchsvoll ist, dann stimmt etwas nicht, und widersprüchliches Verhalten kann nicht edles Verhalten sein. Andererseits ist es, pragmatisch gesprochen, viel besser, den edlen Gedanken «Mögen alle Wesen einen glücklichen Geist haben» zu kultivieren als den Gedanken «Ich hasse ihn». Unser edler Gedanke wird sich eines Tages in edlem Tun ausdrücken und unser gehässiger Gedanke in üblem Verhalten.

Denken Sie daran, dass Ihre Gedanken in Sprache und Handlung umgesetzt werden, um die erwarteten Resultate zu bringen. Nur Denken, das in Handlung übersetzt wird, kann ein greifbares Ergebnis hervorbringen. Sie sollten immer im Bewusstsein von liebender Güte sprechen und handeln. Wenn Sie von Liebe und Güte reden, aber auf diametral entgegengesetzte Weise handeln, werden weise Menschen Ihnen dies vorwerfen. In dem Maß, wie sich die Aufmerksamkeit für liebende Güte entwickelt, sollten Ihre Gedanken, Worte und Taten sanft, angenehm, bedeutungsvoll, wahr und wohlwollend sein, Ihnen selbst wie anderen gegenüber. Wenn Ihre Gedanken, Worte oder Taten Ihnen selbst, anderen oder Ihnen und anderen Schaden zufügen, dann müssen Sie sich fragen, ob Sie wirklich auf liebende Güte bedacht sind.

Wenn es all Ihren Feinden gut ginge, wenn sie glücklich und friedlich wären, wären sie in Wirklichkeit nicht Ihre Feinde. Wenn sie frei wären von Problemen, Schmerz, Leiden, Bedrängnis, Neurose, Psychose, Verfolgungswahn, Angst, Spannung, Sorge usw., wären sie nicht Ihre Feinde. Ihre praktische Lösung im Hinblick auf Ihre Feinde ist, ihnen bei der Bewältigung ihrer Probleme zu helfen; so können Sie in Frieden und Glück leben. Nach Möglichkeit sollten Sie tatsächlich den Geist all Ihrer Feinde mit Liebe und Güte füllen und sie alle die wahre Bedeutung von Frieden erkennen lassen, sodass Sie in Frieden und Glück leben können. Je mehr sie in Neurose, Psychose, Angst, Spannung, Sorge usw. befangen sind, desto mehr Schwierigkeiten, Schmerz und Leiden können sie der Welt bringen. Wenn Sie eine gemeine, böse Person in ein integres, heiliges Individuum verwandeln könnten, würden Sie ein Wunder wirken. Lassen Sie uns genügend Weisheit und Liebe in uns selbst entwickeln, um üble Gesinnungen in heilsame umzuwandeln.

Wenn Sie jemanden hassen, denken Sie: «Möge er hässlich werden. Möge er in Schmerzen liegen. Möge er keinen Wohlstand haben. Möge er verarmen. Möge er unbedeutend bleiben. Möge er keine Freunde haben. Möge er nach dem Tod wiedererscheinen in einem unglücklichen Zustand des Mangels und an einem schlechten Ort, in der Verdammnis.» Tatsächlich geschieht es jedoch, dass Ihr eigener Körper eine solch schädliche chemische Zusammensetzung erzeugt, dass Sie Schmerz erfahren, unter vermehrtem Herzschlag, Spannung, einer Veränderung des Gesichtsausdrucks, Appetitverlust, Schlaflosigkeit leiden und dass Sie auf andere sehr unangenehm wirken. Sie machen das Gleiche durch, was Sie Ihrem Feind wünschen. Sie können auch die Wahrheit nicht sehen, wie sie ist. Ihr Geist gleicht kochendem Wasser. Oder Sie sind wie ein Patient, der an Gelbsucht leidet, für den jede köstliche Speise fad schmeckt. Ebenso wenig können Sie jemandes Erscheinung, Leistung, Erfolg usw. schätzen. Unter dieser Bedingung können Sie nicht gut meditieren.

Deshalb empfehlen wir sehr dringend, dass Sie liebende Güte üben, bevor Sie ernsthaft Ihre Meditationspraxis beginnen. Wiederholen Sie die vorhergehenden Sätze sehr achtsam und in vollem Bewusstsein ihrer Bedeutung. Während Sie diese Passagen aufsagen, lassen Sie wirkliche Freundlichkeit zunächst in sich selbst aufkommen, und teilen Sie sie dann mit anderen; denn Sie können nicht mit anderen teilen, was Sie nicht in sich haben.

Denken Sie jedoch daran, dass dies keine magischen Formeln sind. Sie wirken nicht von selbst. Wenn Sie sie als solche benutzen, werden Sie bloß Zeit und Energie verschwenden. Aber wenn Sie wahrhaftig Anteil nehmen an diesen Aussagen und ihnen Ihre eigene Energie verleihen, werden sie Ihnen sehr dienlich sein. Versuchen Sie es. Sehen Sie selbst.

10
Probleme überwinden

Sie werden bei Ihrer Meditation auf Probleme stoßen. Das geht jedem so. Probleme treten in allen Formen und Größen auf, und Sie können sich nur der Tatsache absolut sicher sein, dass Sie welche haben werden. Die Hauptsache beim Umgang mit Hindernissen ist, die richtige Einstellung anzunehmen. Schwierigkeiten sind ein wesentlicher Bestandteil unserer Praxis. Sie sind nichts, was man meiden sollte. Man sollte sie nutzen. Sie verschaffen uns unschätzbare Gelegenheiten zum Lernen.

Weil wir ständig vor unseren Problemen davonlaufen und hinter unseren Sehnsüchten her sind, bleiben wir alle im Schlamm des Lebens stecken. Meditation bringt uns in eine Laborsituation, in der wir dieses Syndrom untersuchen und uns Strategien ausdenken können, um damit fertigzuwerden. Die verschiedenen Schwierigkeiten und Auseinandersetzungen, die während der Meditation aufkommen, sind Wasser auf die Mühle. Sie sind das Material, mit dem wir arbeiten. Es gibt kein Vergnügen ohne ein gewisses Maß an Schmerz. Es gibt keinen Schmerz ohne etwas Freude. Das Leben besteht aus Freuden und Leiden. Sie gehen Hand in Hand. Meditation ist keine Ausnahme. Sie werden gute Zeiten und schlechte Zeiten erfahren, Ekstasen und Furcht erregende Zeiten.

Seien Sie deshalb nicht überrascht, wenn Sie auf eine Erfahrung stoßen, die Ihnen als Mauer erscheint. Glauben Sie nicht, Sie seien anders als andere. Jeder erfahrene Meditierende hatte seine eigenen Mauern. Sie bauen sich immer wieder auf. Seien Sie einfach darauf gefasst und bereit, mit ihnen fertigzuwerden. Ihre Fähigkeit, Schwierigkeiten zu überwinden, hängt von Ihrer Einstellung ab. Wenn Sie lernen können, diese Auseinandersetzungen als gute Gelegenheiten zu betrachten, als Chancen, sich in Ihrer Praxis zu entwickeln, werden Sie Fortschritte machen. Ihre Fähigkeit, eine Angelegenheit zu bewältigen, die sich in der Meditation entwickelt, wird auf den Rest Ihres Lebens übertragen und erlaubt Ihnen, die großen Probleme, die Ihnen wirklich zu schaffen machen, aus dem Weg zu räumen. Wenn Sie versuchen, allem Widerwärtigen auszuweichen, was in der Meditation aufkommt, verstärken Sie nur die Gewohnheit, die das Leben manchmal bereits so untragbar erscheinen lässt.

Es ist wichtig, zu lernen, sich den weniger angenehmen Aspekten der Existenz zu stellen. Unsere Aufgabe als Meditierende ist es, zu lernen, mit uns selbst Geduld zu haben, uns unvoreingenommen zu sehen, vollständig, mit all unseren Sorgen und Unzulänglichkeiten. Wir müssen lernen, freundlich zu uns selbst zu sein. Auf lange Sicht tun wir mit dem Vermeiden von Unangenehmem uns selbst etwas sehr Ungutes an. Paradoxerweise macht Freundlichkeit es erforderlich, sich Unangenehmem zu stellen, wenn es auftaucht. Eine verbreitete menschliche Strategie, mit Schwierigkeiten umzugehen, ist Autosuggestion: Wenn etwas Unangenehmes auftaucht, reden Sie sich selbst ein, dass es nicht da ist, oder Sie überzeugen sich selbst, dass es eher angenehm als unangenehm ist. Die Taktik des Buddha ist genau umgekehrt. Anstatt es zu verstecken oder zu verschleiern, drängt Sie die Lehre des Buddha, es bis zum Ende zu untersuchen. Der Buddhismus rät Ihnen, sich keine Gefühle einzubilden, die Sie nicht wirklich haben, oder Gefühle zu vermeiden, die Sie haben. Wenn Sie sich elend fühlen, fühlen Sie sich elend; das ist die Realität, das ist das, was geschieht; also stellen Sie sich dem. Sehen Sie dem Geschehen offen ins Auge, ohne mit der Wimper zu zucken. Wenn Sie eine schlechte Zeit haben, untersuchen Sie, worin dieses Übel besteht, beobachten Sie es achtsam, studieren Sie das Phänomen und lernen Sie seine Mechanismen kennen. Der Weg aus der Falle besteht darin, die Falle selbst zu erforschen, herauszufinden, wie sie gebaut ist. Sie schaffen dies, indem Sie das Ding Stück für Stück auseinandernehmen. Die Falle kann nicht zuschnappen, wenn sie in Stücke zerlegt worden ist. Das Ergebnis ist Freiheit.

Dieser Punkt ist wichtig, aber er ist einer der Aspekte buddhistischer Philosophie, die am wenigsten verstanden werden. Jene, die den Buddhismus oberflächlich studiert haben, sind schnell dabei, zu schließen, dass er eine pessimistische Lehre sei, immer auf unangenehmen Dingen wie Leiden herumreite, uns immer dazu auffordere, den unbequemen Realitäten von Schmerz, Tod und Krankheit zu begegnen. Buddhistische Denker betrachten sich nicht als Pessimisten – eigentlich ganz im Gegenteil. Schmerz existiert im Universum; bis zu einem gewissen Grad ist er unvermeidbar. Zu lernen, damit fertigzuwerden, ist nicht Pessimismus, sondern eine sehr pragmatische Form von Optimismus. Wie würden Sie mit dem Tod Ihres Ehemanns fertigwerden? Wie würden Sie sich fühlen, wenn Sie morgen Ihre Mutter verlieren würden? Oder Ihre Schwester oder Ihren engsten Freund? Nehmen Sie an, Sie verlören Ihre Arbeit, Ihre Ersparnisse und die Brauchbarkeit Ihrer Beine am gleichen Tag; könnten Sie sich mit der Aussicht abfinden, den Rest Ihres Lebens im Rollstuhl zu verbringen? Wie werden Sie mit dem Schmerz von unheilbarem Krebs fertig, falls Sie daran erkranken, und wie werden Sie mit Ihrem eigenen Tod fertig, wenn er sich nähert? Sie mögen an den meisten dieser Unglücksfälle vorbeikommen, aber Sie werden nicht allen entkommen. Die meisten von uns verlieren Freunde oder Verwandte zu irgendeiner Zeit ihres Lebens; jeder von uns wird hin und wieder krank; und jeder von uns wird eines Tages sterben. Sie können unter diesen Dingen leiden, oder Sie können ihnen offen gegenübertreten – Sie haben die Wahl.

Schmerz ist unvermeidbar, Leiden nicht. Schmerz und Leiden sind zwei verschiedenartige Dinge. Wenn irgendeine dieser Tragödien Sie in Ihrem gegenwärtigen Geisteszustand trifft, werden Sie leiden. Die gewohnheitsmäßigen Muster, die derzeit Ihren Geist kontrollieren, werden Sie an dieses Leiden binden, und es wird kein Entkommen geben. Ein wenig Zeit, die mit dem Erlernen von Alternativen zu jenen gewohnten Mustern verbracht wird, ist gut eingesetzte Zeit. Die meisten Menschen verbrauchen ihre ganzen Energien damit, sich Wege auszudenken, ihr Vergnügen zu vergrößern und ihren Schmerz zu verringern. Der Buddhismus rät nicht, mit dieser Tätigkeit ganz und gar Schluss zu machen. Geld und Sicherheit sind schön und gut. Schmerz sollte vermieden werden, wann immer möglich. Keiner sagt Ihnen, Sie sollten all Ihre Besitztümer weggeben oder unnötigen Schmerz suchen, aber der Buddhismus gibt Ihnen den Rat, etwas von Ihrer Zeit und Energie zu investieren für das Lernen, wie man Unangenehmes bewältigt, weil ein gewisses Maß an Schmerz unvermeidlich ist.

Springen Sie auf jeden Fall zur Seite, wenn Sie einen Lastwagen auf sich zukommen sehen. Aber verbringen Sie auch einige Zeit in Meditation. Mit Unbehagen umgehen zu lernen ist der einzige Weg, wie Sie in der Lage sein werden, mit dem Lastwagen, den Sie *nicht* gesehen haben, fertigzuwerden.

Bei Ihrer Praxis werden Probleme auftreten. Einige davon werden physischer, einige gefühlsmäßiger Art sein, andere werden mit der Einstellung zusammenhängen. Man kann ihnen allen begegnen, und auf jedes Problem gibt es eine eigene spezifische Antwort. Es sind alles Gelegenheiten, sich zu befreien.

Problem 1 – Physischer Schmerz

Keiner mag Schmerz, doch jeder hat ihn früher oder später. Er ist eine der allgemeinsten Erfahrungen im Leben und taucht bestimmt in der einen oder anderen Form in Ihrer Meditation auf.

Mit Schmerz umzugehen, ist ein zweistufiger Prozess. Zunächst versuchen Sie, den Schmerz nach Möglichkeit ganz oder wenigstens weitgehend loszuwerden. Wenn dann etwas Schmerz zurückbleibt, nutzen Sie ihn als ein Meditationsobjekt. Der erste Schritt ist die Behandlung des Körpers. Vielleicht ist der Schmerz eine Krankheit der einen oder anderen Art, Kopfschmerzen, Fieber, Druckstellen oder was auch immer. Wenden Sie in diesem Fall die übliche medizinische Behandlung an, bevor Sie sich zur Meditation hinsetzen: Nehmen Sie Ihre Medizin, tragen Sie Ihre Salbe auf, tun Sie, was Sie normalerweise tun würden. Dann gibt es bestimmte Schmerzen, die speziell beim Sitzen auftreten. Wenn Sie nie lange Zeit mit gekreuzten Beinen auf dem Boden gesessen haben, wird es eine Periode der Anpassung geben. Einige Beschwerden sind nahezu unvermeidlich. Je nachdem, wo der Schmerz sitzt, gibt es entsprechende Abhilfe. Wenn der Schmerz sich im Bein oder in den Knien bemerkbar macht, überprüfen Sie Ihre Hosen. Wenn sie eng oder aus dickem Material sind, könnte dies das Problem sein. Versuchen Sie, das zu ändern. Überprüfen Sie auch Ihr Kissen. Es sollte etwa acht Zentimeter hoch sein, wenn es zusammengedrückt wird. Ist der Schmerz um Ihre Taille lokalisiert, versuchen Sie Ihren Gürtel zu lockern. Machen Sie Ihren Hosenbund weiter, wenn das nötig ist. Wenn Sie Schmerz im unteren Rücken spüren, ist Ihre Haltung wahrscheinlich nicht richtig. Sich hinzulümmeln, wird nie bequem sein, deshalb setzen Sie sich gerade. Seien Sie nicht starr und steif, aber halten Sie Ihre Wirbelsäule aufrecht. Schmerz im Nacken oder oberen Rücken hat verschiedene Ursachen. Die erste ist die verkehrte Haltung der Hände. Ihre Hände sollten bequem in Ihrem Schoß ruhen. Ziehen Sie sie nicht zu Ihrer Taille hoch. Entspannen Sie Ihre Arme und Ihre Nackenmuskeln. Lassen Sie Ihren Kopf nicht nach vorne herunterhängen. Halten Sie ihn hoch und in einer Linie mit dem Rückgrat ausgerichtet.

Nachdem Sie all diese verschiedenen Änderungen vorgenommen haben, mögen Sie feststellen, dass Sie immer noch anhaltende Schmerzen haben. Wenn das der Fall ist, versuchen Sie Schritt zwei. Machen Sie den Schmerz zu Ihrem Meditationsobjekt. Springen Sie nicht auf und erregen Sie sich nicht. Beobachten Sie einfach den Schmerz mit Achtsamkeit. Wenn der Schmerz fordernd wird, werden Sie feststellen, dass er Ihre Aufmerksamkeit vom Atem abzieht. Kämpfen Sie nicht dagegen an. Lassen Sie nur Ihre Aufmerksamkeit leicht hinübergleiten zu der einfachen Empfindung. Gehen Sie ganz in den Schmerz hinein. Blockieren Sie die Erfahrung nicht. Erforschen Sie das Gefühl. Überwinden Sie Ihre Vermeidungsreaktion und lassen Sie sich auf die reinen Empfindungen ein, die dahinterliegen. Sie werden entdecken, dass es da zwei Dinge gibt. Das erste ist die einfache Empfindung – der Schmerz selbst. Das zweite ist Ihr Widerstand gegen diese Empfindung. Die Widerstandsreaktion ist teilweise geistig und teilweise körperlich. Der physische Teil besteht im Anspannen der Muskeln im schmerzhaften Bereich und um ihn herum. Entspannen Sie diese Muskeln. Nehmen Sie sich einen Muskel nach dem anderen vor und entspannen Sie jeden vollständig. Dieser Schritt allein wird wahrscheinlich den

Schmerz bedeutsam verändern. Dann gehen Sie der geistigen Seite des Widerstandes nach. Genauso wie Sie sich körperlich verspannen, verspannen Sie sich auch psychisch. Sie unterdrücken die Schmerzempfindung gewaltsam in Ihrem Geist, versuchen sie abzutrennen und aus dem Bewusstsein auszustoßen. Die Zurückweisung entspricht der unausgesprochenen Einstellung: «Ich mag dieses Gefühl nicht» oder «Geh weg». Sie ist kaum merklich. Aber sie ist da, und Sie können sie finden, wenn Sie wirklich hinschauen. Machen Sie sie ausfindig, und lockern Sie auch dies.

Der letzte Teil ist subtiler. Es gibt wirklich keine menschlichen Worte, um diese Aktion genau zu beschreiben. Am besten bekommt man sie durch eine Analogie in den Griff. Untersuchen Sie, was Sie mit den angespannten Muskeln gemacht haben, und übertragen Sie die gleiche Handlung auf das geistige Gebiet; entspannen Sie den Geist in der gleichen Weise, wie Sie den Körper entspannen. Für den Buddhismus gilt, dass Körper und Geist eng verbunden sind. Dies ist so wahr, dass viele Leute es nicht als ein zweistufiges Verfahren ansehen werden. Für sie ist das Entspannen des Körpers das Entspannen des Geistes und umgekehrt. Diese Menschen werden die ganze Entspannung, die geistige und körperliche, als einen einzigen Prozess erleben. Auf jeden Fall lassen Sie einfach vollkommen los, bis Ihr Bewusstsein immer langsamer wird hinter dieser Schranke des Widerstands und entspannt eingeht in die reine fließende Empfindung darunter. Der Widerstand war eine Barriere, die Sie selbst errichtet haben. Es war eine Lücke, ein Gefühl von Distanz zwischen sich selbst und anderem. Es war eine Grenzlinie zwischen «mir» und «dem Schmerz». Lösen Sie diese Schranke auf, und die Trennung verschwindet. Sie gehen langsam in dieses Meer wogender Empfindung hinein und verschmelzen mit dem Schmerz. Sie werden der Schmerz. Sie beobachten sein An- und Abschwellen, und etwas Überraschendes geschieht. Es schmerzt nicht länger. Das Leiden ist vergangen. Nur der Schmerz bleibt zurück, eine Erfahrung, nichts weiter. Das «Ich», das verletzt worden war, ist verschwunden. Das Ergebnis ist Befreiung von Schmerz.

Dies ist ein sich steigernder Prozess. Am Anfang können Sie erwarten, dass Sie bei leichten Schmerzen Erfolg haben und von starken überwältigt werden. Wie die meisten unserer Fähigkeiten wächst diese mit der Übung. Je mehr Sie üben, desto mehr Schmerz können Sie bewältigen. Bitte verstehen Sie richtig: Dies ist keine Befürwortung von Masochismus. Es geht nicht um Selbstkasteiung. Dies ist eine Übung in Bewusstheit, nicht in Selbstquälerei. Wenn der Schmerz entsetzlich wird, gehen Sie und bewegen Sie sich, aber bewegen Sie sich langsam und achtsam. Beobachten Sie Ihre Bewegungen. Achten Sie darauf, wie es sich anfühlt, sich zu bewegen. Beobachten Sie, was mit dem Schmerz geschieht. Beachten Sie, wie der Schmerz nachlässt. Doch versuchen Sie, sich nicht zu viel zu bewegen. Je weniger Sie sich bewegen, desto leichter ist es, völlig achtsam zu bleiben. Anfänger unter den Meditierenden sagen manchmal, dass sie Schwierigkeiten haben achtsam zu bleiben, wenn ein Schmerz spürbar ist. Diese Schwierigkeit kommt von einem Missverständnis. Diese Schüler halten Achtsamkeit für etwas, was sich von der Erfahrung des Schmerzes unterscheidet. Das ist nicht so. Achtsamkeit kann nie für sich selbst existieren. Sie hat immer ein Objekt, und das eine ist so gut wie das andere. Schmerz ist ein geistiger Zustand. Sie können sich genauso des Schmerzes bewusst sein, wie Sie sich des Atmens bewusst sind.

Die Regeln, die wir in Kapitel 4 behandelt haben, gelten für Schmerz ebenso wie für jeden anderen geistigen Zustand. Sie müssen aufpassen, nicht über die Empfindung hinauszugehen und auch, nicht dahinter zurückzubleiben. Fügen Sie nichts hinzu und lassen Sie keinen Teil davon aus. Beschmutzen Sie nicht die reine Erfahrung durch Begriffe oder Bilder oder weitschweifiges Denken. Und halten Sie Ihre Bewusstheit genau in der Gegenwart, direkt beim Schmerz, sodass Sie seinen Anfang oder sein Ende nicht verpassen. Schmerz, der nicht im klaren Licht der Bewusstheit betrachtet wird, lässt gefühlsmäßige Reaktionen wie Angst, Besorgnis oder Ärger aufkommen. Wenn er richtig gesehen wird, haben wir keine solche Reaktion. Er wird einfach Empfindung sein, einfach bloß Energie. Wenn Sie diese Technik einmal im Umgang mit körperlichem Schmerz gelernt haben, können Sie sie in Ihrem übrigen Leben verallgemeinern. Sie können sie bei jeder unangenehmen Empfindung benutzen. Was bei Schmerz wirkt, wird auch bei Besorgnis oder chronischer Depression wirken. Diese Technik ist eine der nützlichsten und am häufigsten anwendbaren Fähigkeiten im Leben. Sie besteht in Geduld.

Problem 2 – Die Beine schlafen ein

Es ist bei Anfängern sehr verbreitet, dass ihre Beine während der Meditation einschlafen oder taub werden. Sie sind einfach nicht an die Sitzposition mit gekreuzten Beinen gewohnt. Einige Leute sind sehr beunruhigt darüber. Sie haben das Gefühl, sie müssen aufstehen und umhergehen. Manche Leute sind vollkommen überzeugt, dass sie durch mangelnde Blutzirkulation Brand bekommen werden. Taubheit in den Beinen ist nichts, worüber man sich Sorgen machen muss. Sie wird durch das Zusammenklemmen von Nerven verursacht, nicht durch einen Mangel an Durchblutung. Sie können das Gewebe Ihrer Beine durch Sitzen nicht beschädigen. Also entspannen Sie. Wenn Ihre Beine bei der Meditation einschlafen, beobachten Sie einfach das Phänomen achtsam. Untersuchen Sie, wie es sich anfühlt. Es mag auf eine Art unangenehm sein, aber es ist nicht schmerzhaft, wenn Sie sich nicht anspannen. Bleiben Sie einfach ruhig und beobachten Sie es. Es macht nichts, wenn Ihre Beine taub werden und für die ganze Sitzperiode so bleiben. Wenn Sie einige Zeit meditiert haben, wird die Taubheit allmählich verschwinden. Ihr Körper gewöhnt sich einfach an die tägliche Praxis. Dann können Sie für sehr lange Perioden sitzen ohne irgendwelche Taubheitserscheinungen.

Problem 3 – Merkwürdige Empfindungen

Menschen erleben die verschiedenartigsten Erscheinungen bei der Meditation. Einige Leute bekommen Juckreiz. Andere spüren ein Kribbeln, tiefe Entspannung, ein Gefühl von Leichtigkeit oder eine Empfindung des Schwebens. Sie können das Gefühl haben zu wachsen oder zu schrumpfen oder sich in die Luft zu erheben. Anfänger regen sich oft ziemlich auf über solche Empfindungen. Beunruhigen Sie sich nicht, es ist unwahrscheinlich, dass Sie irgendwann demnächst in der Luft schweben. Da Entspannung eintritt, fängt das Nervensystem einfach an, Wahrnehmungssignale wirksamer durchzuleiten. Große Mengen von zuvor blockiertem Wahrnehmungsmaterial können durchströmen und alle Arten von einzigartigen Empfindungen verursachen. Es bedeutet nichts Besonderes. Es ist einfach Empfindung. Wenden Sie daher einfach die normale Methode an. Beobachten Sie, wie es entsteht und wie es vergeht. Lassen Sie sich nicht hineinziehen.

Problem 4 – Schläfrigkeit

Es ist recht verbreitet, dass Schläfrigkeit während der Meditation auftritt. Sie werden sehr ruhig und entspannt. Das ist genau das, was geschehen soll. Unglücklicherweise erfahren wir diesen herrlichen Zustand für gewöhnlich nur dann, wenn wir am Einschlafen sind, und wir assoziieren ihn mit diesem Vorgang. So fangen Sie natürlicherweise an, abzudriften. Wenn Sie merken, dass dies geschieht, richten Sie Ihre Achtsamkeit auf den Zustand der Schläfrigkeit selbst. Schläfrigkeit hat gewisse eindeutige Merkmale. Sie hat bestimmte Einflüsse auf Ihren Denkprozess. Finden Sie heraus, welche. Es sind bestimmte Körpergefühle mit ihr verbunden. Machen Sie diese ausfindig.

Diese wissbegierige Bewusstheit ist der direkte Gegensatz zur Schläfrigkeit und wird sie auflösen. Wenn das nicht geschieht, sollten Sie eine körperliche Ursache für Ihre Schläfrigkeit annehmen. Finden Sie sie heraus und befassen Sie sich damit. Wenn Sie gerade ein ausgiebiges Mahl zu sich genommen haben, könnte das der Grund sein. Es ist am besten, nur leicht zu essen, wenn Sie vorhaben zu meditieren. Oder warten Sie eine Stunde nach einem großen Mahl. Und übersehen Sie auch nicht das Offensichtliche. Wenn Sie draußen den ganzen Tag Ziegelsteine verladen haben, werden Sie natürlich müde sein. Das Gleiche trifft zu, wenn Sie in der Nacht zuvor nur ein paar Stunden Schlaf bekommen haben. Kümmern Sie sich um die Bedürfnisse Ihres Körpers. Dann meditieren Sie. Geben Sie der Schläfrigkeit nicht nach. Bleiben Sie wach und achtsam; denn Schlaf und meditative Konzentration sind zwei diametral entgegengesetzte Erfahrungen. Sie werden neue Einsicht nicht vom Schlaf gewinnen, sondern nur von Meditation. Wenn Sie sehr müde sind, dann holen Sie tief Atem und halten Sie ihn an, so lange Sie können. Dann atmen Sie langsam aus. Machen Sie wieder einen tiefen Atemzug, halten sie den Atem an, so lange Sie können, und atmen Sie langsam aus. Wiederholen Sie diese Übung, bis Ihr Körper in Schwung kommt und die Schläfrigkeit verschwindet. Dann kehren Sie zu Ihrem Atem zurück.

Problem 5 – Unfähigkeit, sich zu konzentrieren

Eine überaktive, sprunghafte Aufmerksamkeit ist etwas, was jeder von Zeit zu Zeit erlebt. Man geht sie im Allgemeinen mit den Methoden an, die im Kapitel über Ablenkungen dargelegt werden. Sie sollten jedoch auch davon wissen, dass es bestimmte äußere Faktoren gibt, die zu dieser Erscheinung beitragen. Und diese kann man am besten durch einfache Veränderungen in Ihrem Tagesablauf handhaben. Geistige Bilder sind mächtige Wesen. Sie können für lange Zeiten im Geist bestehen bleiben. All die Künste des Geschichtenerzählens sind direkte Bearbeitungen solchen Materials, und wenn der Schreiber seine Arbeit gut gemacht hat, werden die dargestellten Charaktere und Bilder eine mächtige und fortdauernde Wirkung auf den Geist haben. Wenn Sie den besten Film des Jahres besucht haben, wird die darauf folgende Meditation voll von solchen Bildern sein. Wenn Sie halb durch sind durch die gruseligste Horrorgeschichte, die Sie je gelesen haben, wird Ihre Meditation voller Ungeheuer sein. Ändern Sie daher die Reihenfolge der Ereignisse. Meditieren Sie erst. Lesen Sie dann, oder gehen Sie danach ins Kino.

Ein anderer beeinflussender Faktor ist Ihr eigener Gefühlszustand. Wenn es einen wirklichen Konflikt in Ihrem Leben gibt, wird diese Erregung sich auf Ihre Meditation übertragen. Versuchen Sie, Ihre unmittelbaren täglichen Konflikte vor der Meditation zu lösen, wenn Sie können. Ihr Leben wird ruhiger verlaufen, und Sie werden bei Ihrer Praxis nicht nutzlos grübeln. Aber gebrauchen Sie diesen Rat nicht als eine Ausflucht, um der Meditation aus dem Weg zu gehen. Manchmal können Sie nicht jedes Problem lösen, bevor Sie sitzen. Nur zu, sitzen Sie in jedem Fall. Nutzen Sie Ihre Meditation, um all die ichbezogenen Haltungen loszulassen, die Sie in der Falle Ihres eigenen begrenzten Standpunkts gefangen halten. Ihre Probleme werden sich danach viel leichter lösen. Und dann gibt es jene Tage, an denen es scheint, dass der Geist nie zur Ruhe kommen wird, aber Sie können keinen offensichtlichen Grund dafür ausfindig machen. Erinnern Sie sich an den zyklischen Wandel, von dem wir früher gesprochen haben. Meditation geht in Zyklen vor sich. Sie haben gute Tage und Sie haben schlechte Tage.

Vipassana-Meditation ist in erster Linie eine Übung in Bewusstheit. Den Geist zu leeren, ist nicht so wichtig, wie achtsam zu sein, was der Geist tut. Wenn Sie außer Fassung sind und Sie nichts tun können, um diesen Zustand zu beenden, beobachten Sie einfach. Das alles sind Sie. Das Ergebnis wird ein weiterer Schritt vorwärts sein auf Ihrer Reise der Selbsterkundung. Vor allem lassen Sie sich nicht vom endlosen Geschwätz Ihres Geistes frustrieren. Dieses Geplapper ist einfach ein weiterer Gegenstand für die Achtsamkeit.

Problem 6 – Langeweile

Es ist schwer, sich etwas Langweiligeres vorzustellen, als eine Stunde lang still zu sitzen und nichts anderes zu tun zu haben, als die Luft zu fühlen, wie Sie an Ihrer Nase ein und aus geht. Sie werden sich bei Ihrer Meditation wiederholt langweilen. Das geht jedem so. Langeweile ist ein geistiger Zustand und man sollte sie als solchen sehen. Ein paar einfache Strategien werden Ihnen helfen, damit fertigzuwerden.

Taktik A: Stellen Sie wieder wirkliche Achtsamkeit her.
Wenn der Atem als ein außerordentlich langweiliger Gegenstand für fortwährende Beobachtung erscheint, können Sie sich einer Sache sicher sein: Sie haben aufgehört, den Vorgang mit wirklicher Achtsamkeit zu beobachten. Achtsamkeit ist nie langweilig. Schauen Sie noch einmal hin. Glauben Sie nicht, dass Sie wissen, was Atem ist. Halten Sie es nicht für selbstverständlich, dass Sie bereits alles gesehen haben, was es zu sehen gibt. Wenn Sie das tun, fassen Sie den Prozess in Begriffe. Sie beobachten nicht seine lebendige Wirklichkeit. Wenn Sie den Atem oder irgendetwas anderes ganz achtsam wahrnehmen, ist es nie langweilig. Achtsamkeit schaut alles mit den Augen eines Kindes an, mit einem Gefühl der Verwunderung. Achtsamkeit sieht jeden Augenblick, als ob er der erste und einzige im Universum wäre. Also schauen Sie noch einmal hin.

Taktik B: Beachten Sie Ihre geistige Verfassung.
Betrachten Sie Ihren Zustand der Langeweile mit Achtsamkeit. Was ist Langeweile? Wo befindet sich die Langeweile? Wie fühlt sie sich an? Was sind ihre geistigen Bestandteile? Ist sie von irgendeinem körperlichen Gefühl begleitet? Wie wirkt sie sich auf Ihren Denkprozess aus? Werfen Sie einen neuen Blick auf die Langeweile, als ob Sie diesen Zustand nie zuvor erfahren hätten.

Problem 7 – Angst

Angstzustände entstehen manchmal während der Meditation aus keinem erkennbaren Grund. Angst ist eine verbreitete Erscheinung, und es kann eine ganze Anzahl von Ursachen dafür geben. Möglicherweise erleben Sie die Auswirkung von irgendetwas, was vor langer Zeit unterdrückt wurde. Erinnern Sie sich, dass Gedanken zuerst im Unbewussten erscheinen. Der gefühlsmäßige Inhalt eines Gedankenkomplexes sickert oft in Ihr Bewusstsein durch, lange bevor der Gedanke selbst auftaucht. Wenn Sie die Angst aushalten, kann die Erinnerung selbst an einem Punkt hochkommen, wo Sie sie ertragen können. Oder es mag sein, dass Sie es direkt mit der Angst zu tun haben, die wir alle fürchten: der «Angst vor dem Ungewissen». An irgendeinem Punkt der Entwicklung Ihrer Meditation werden Sie vom Ernst dessen beeindruckt sein, was Sie tatsächlich unternehmen. Sie reißen die Wand der Illusion nieder, die Sie immer benutzt haben, um sich das Leben zu erklären und sich vor der äußerst hellen Flamme der Wirklichkeit zu schützen. Sie sind dabei, der endgültigen Wahrheit direkt zu begegnen. Das ist unheimlich. Aber man muss sich schließlich damit befassen. Nur zu, machen Sie sich gleich daran!

Eine dritte Möglichkeit: Die Angst, die Sie fühlen, kann selbst erzeugt sein. Sie ist möglicherweise durch unangemessene Konzentration entstanden. Sie haben vielleicht ein unbewusstes Programm aufgestellt, «zu untersuchen, was auftaucht». Wenn eine erschreckende Fantasie auftaucht, macht sich so die Konzentration daran fest, und die Fantasie nährt sich von der Energie Ihrer Aufmerksamkeit und wächst. Das wirkliche Problem hier ist, dass die Achtsamkeit schwach ist. Wäre Achtsamkeit stark entwickelt, würde sie die Veränderung der Aufmerksamkeit bemerken, sobald sie sich vollzieht, und in der üblichen Weise mit der Situation umgehen. Ganz gleich, was die Quelle Ihrer Angst ist, Achtsamkeit ist das Heilmittel. Beobachten Sie die Angst genau so, wie sie ist. Halten Sie nicht daran fest. Beobachten Sie einfach, wie sie aufsteigt und wächst. Untersuchen Sie ihre Wirkung. Sehen Sie, was sie Sie fühlen lässt und wie sie Ihren Körper beeinflusst. Wenn Sie feststellen, dass Sie in der Gewalt von Horrorvorstellungen sind, beobachten Sie diese einfach mit Achtsamkeit. Betrachten Sie die Bilder als Bilder. Sehen Sie Erinnerungen als Erinnerungen. Beobachten Sie die Gefühlsreaktionen, die sie begleiten, und erkennen Sie sie als das, was sie sind. Stehen Sie neben dem Vorgang und lassen Sie sich nicht hineinziehen. Behandeln Sie die ganze Dynamik, als ob Sie ein interessierter Zuschauer wären. Am wichtigsten ist, dass Sie nicht die Situation bekämpfen. Versuchen Sie nicht, die Erinnerungen, die Gefühle oder die Fantasien zu unterdrücken. Gehen Sie einfach aus dem Weg und lassen Sie das ganze Schlamassel aufsprudeln und vorüberströmen. Es kann Sie nicht verletzen. Es ist bloß Erinnerung. Es ist nur Fantasie. Es ist nichts als Angst.

Wenn Sie die Angst ihren Lauf nehmen lassen in der Arena der bewussten Aufmerksamkeit, wird sie nicht ins Unterbewusstsein zurücksinken. Sie wird nicht zurückkommen, um Sie später zu verfolgen. Sie wird für immer verschwunden sein.

Problem 8 – Erregung

Unruhe ist oft ein Vertuschen einer tieferen Erfahrung, die sich im Unbewussten abspielt. Wir Menschen sind großartig im Unterdrücken von Dingen. Lieber versuchen wir einen unangenehmen Gedanken, den wir erleben, zu begraben, als uns mit ihm auseinanderzusetzen. Wir wollen nicht, dass wir uns mit der Angelegenheit befassen müssen. Unglücklicherweise sind wir gewöhnlich dabei nicht erfolgreich, wenigstens nicht vollkommen. Wir verstecken den Gedanken, aber die geistige Energie, die wir aufwenden, um ihn zu verheimlichen, bleibt da und brodelt. Das Ergebnis ist dieses Gefühl von Unbehagen, das wir Erregung oder Ruhelosigkeit nennen. Es gibt nichts, worauf Sie mit dem Finger zeigen könnten. Aber Sie fühlen sich nicht wohl. Sie können sich nicht entspannen. Wenn dieser unbehagliche Zustand bei der Meditation entsteht, beobachten Sie ihn einfach. Lassen Sie sich nicht von ihm beherrschen. Springen Sie nicht auf und laufen Sie nicht davon. Kämpfen Sie auch nicht dagegen an und versuchen Sie nicht, ihn zum Verschwinden zu bringen. Lassen Sie ihn einfach bestehen und beobachten Sie ihn genau. Dann wird das Unterdrückte schließlich auftauchen und Sie werden herausfinden, worum Sie besorgt waren.

Die unangenehme Erfahrung, die Sie zu vermeiden versucht haben, könnte beinahe alles sein: Schuld, Begierde oder andere Probleme. Es könnte unterschwelliger Schmerz, leichte Übelkeit oder aufkommende Krankheit sein. Was immer es ist, lassen Sie es hochkommen und betrachten Sie es achtsam. Wenn Sie einfach still sitzen und Ihre Unruhe beobachten, wird sie schließlich vorübergehen. Ruhelosigkeit auszuhalten, ist ein kleiner Durchbruch im Fortgang Ihrer Meditation. Es wird Sie eine Menge lehren. Sie werden feststellen, dass Unruhe eigentlich ein ziemlich oberflächlicher geistiger Zustand ist. Sie ist flüchtiger

Natur, kommt und geht. Sie hat überhaupt keine wirkliche Gewalt über Sie.

Problem 9 – Sich zu sehr abmühen

Allgemein stellt man fest, dass Menschen mit großer Meditationserfahrung sehr fröhliche Leute sind. Sie besitzen einen der wertvollsten aller menschlichen Schätze, Sinn für Humor. Es ist nicht die oberflächliche witzige Schlagfertigkeit des Gastgebers einer Talkshow. Es ist ein wirklicher Sinn für Humor. Sie können über ihre eigenen menschlichen Schwächen lachen. Sie können sich eins lachen über persönliche Katastrophen. Meditations-Anfänger sind oft viel zu ernsthaft auf ihr eigenes Wohl bedacht. Es ist wichtig, zu lernen, sich beim Sitzen zu lockern, bei der Meditation zu entspannen. Sie müssen lernen, objektiv zu beobachten, was auch immer geschieht. Das können Sie nicht, wenn Sie angespannt sind und sich abmühen und alles so außerordentlich ernst nehmen. Anfänger sind oft übermäßig auf Ergebnisse aus. Sie sind voll von ungeheuren und übertriebenen Erwartungen. Sie stürzen sich gleich hinein und erwarten unglaubliche Resultate im Nu. Sie drängen. Sie verkrampfen sich. Sie schwitzen und mühen sich ab, und es ist alles so furchtbar hart und ernst. Dieser Zustand der Anspannung ist das Gegenteil von Achtsamkeit. Natürlich erreichen sie wenig. Dann kommen sie zu der Ansicht, dass diese Meditation eigentlich gar nicht so sensationell ist. Sie hat ihnen nicht gegeben, was sie wollten. Sie werfen sie beiseite. Es sollte darauf hingewiesen werden, dass Sie Meditation nur durch Meditieren lernen. Was es mit Meditation auf sich hat und wohin sie führt, lernen Sie nur durch direkte Erfahrung der Sache selbst. Daher weiß der Anfänger nicht, wo er hingeht, weil er noch wenig Gespür dafür entwickelt hat, wohin seine Praxis führt.

Die Erwartung des Neulings ist naturgemäß unrealistisch und uninformiert. Wer neu zur Meditation kommt, erwartet immer alle möglichen falschen Dinge, und diese Erwartungen haben überhaupt keinen Wert für Sie. Sie stehen im Weg. Zu starkes Bemühen führt zu Starrheit und Unzufriedenheit, zu

Schuldgefühl und Selbstverdammung. Wenn Sie sich zu sehr anstrengen, wird Ihr Bemühen mechanisch, und das vereitelt die Achtsamkeit, noch bevor sie entsteht. Sie sind gut beraten, all das fallen zu lassen. Lassen Sie Ihre Erwartungen und Ihr Angestrengtsein fallen. Meditieren Sie einfach mit einem stetigen und gleichmäßigen Bemühen. Erfreuen Sie sich Ihrer Meditation, und überladen Sie sich nicht mit Schweiß und Kämpfen. Seien Sie einfach achtsam. Die Meditation selbst wird sich um die Zukunft kümmern.

Problem 10 – Entmutigung

Wenn man zu sehr drängt, ist das Ergebnis Frustration. Sie sind in einem Zustand der Anspannung. Sie kommen nirgendwohin. Sie erkennen, dass Sie nicht den erwarteten Fortschritt machen, und so werden Sie entmutigt. Sie fühlen sich als Versager. Es ist alles ein sehr natürlicher Kreislauf, aber ein gänzlich vermeidbarer. Die Ursache liegt in den unrealistischen Erwartungen. Dennoch, dieses Syndrom ist verbreitet genug, und trotz aller guten Ratschläge mögen Sie feststellen, dass es sich bei Ihnen einstellt. Es gibt eine Lösung. Wenn Sie merken, dass Sie entmutigt sind, beobachten Sie einfach den Zustand Ihres Geistes in aller Klarheit. Fügen Sie nichts hinzu. Beobachten Sie ihn nur. Ein Gefühl von Versagen ist nur eine weitere flüchtige emotionale Reaktion. Wenn Sie sich darauf einlassen, ernährt es sich von Ihrer Energie und wächst. Wenn Sie einfach danebenstehen und es beobachten, geht es vorüber.

Mit dem Fall, dass Sie durch Ihren vermeintlichen Misserfolg bei der Meditation entmutigt sind, ist besonders leicht umzugehen. Sie fühlen, dass Sie bei Ihrer Praxis versagt haben. Es ist Ihnen nicht gelungen, achtsam zu sein. Werden Sie sich einfach dieses Gefühls des Versagens bewusst. Sie haben Ihre Achtsamkeit bereits mit diesem einzigen Schritt wieder zurückgeholt. Der Grund für Ihr Gefühl des Versagens ist nichts als eine Erinnerung. Es gibt bei der Meditation nicht so etwas wie Misserfolg. Es gibt Rückschläge und Schwierigkeiten. Aber es gibt keinen Misserfolg, solange Sie nicht ganz aufgeben. Selbst wenn Sie zwanzig volle Jahre damit verbracht haben, nirgendwohin zu kommen, können Sie achtsam sein zu jeder Sekunde, wenn Sie es so wollen. Es ist Ihre Entscheidung. Bereuen ist nur eine weitere Art, unachtsam zu sein. Der Moment, in dem Sie erkennen, dass Sie unachtsam gewesen sind, diese Erkenntnis selbst ist ein Akt der Achtsamkeit. Setzen Sie so den Prozess fort. Lassen Sie sich nicht durch eine Gefühlsreaktion vom Weg abbringen.

PROBLEM 11 – WIDERSTÄNDE GEGEN MEDITATION

Es gibt Zeiten, in denen Ihnen nicht nach Meditieren zumute ist. Schon der Gedanke daran erscheint widerwärtig. Eine einzelne Meditationssitzung zu verpassen, ist kaum bedeutsam, aber sehr leicht wird es zur Gewohnheit. Es ist weiser, trotz des Widerstands weiterzumachen. Raffen sie sich auf, und sitzen Sie in jedem Fall. Beobachten Sie dieses Gefühl der Abneigung. In den meisten Fällen ist es ein vorübergehendes Gefühl, ein Strohfeuer, das direkt vor Ihren Augen verschwinden wird. Nach fünf Minuten Sitzen ist es vergangen. In anderen Fällen kommt es von einer verdrießlichen Stimmung an diesem Tag, und es dauert länger an. Dennoch, es geht vorüber. Und es ist besser, es in zwanzig oder dreißig Minuten Meditation loszuwerden, als es mit sich herumzutragen und den Rest Ihres Tages ruinieren zu lassen. Ein anderes Mal kann der Widerstand von einer Schwierigkeit herrühren, die Sie mit der Praxis selbst haben. Möglicherweise wissen Sie, was diese Schwierigkeit ist, vielleicht kennen Sie sie auch nicht. Wenn das Problem bekannt ist, behandeln Sie es mit einer der Techniken, die in diesem Buch dargestellt werden. Wenn das Problem verschwunden ist, wird der Widerstand aufgelöst sein. Wenn das Problem unbekannt ist, dann werden Sie hartnäckig ausharren müssen. Halten Sie einfach den Widerstand aus und beobachten Sie ihn achtsam. Er wird vorübergehen. Dann wird das zugrunde liegende Problem wahrscheinlich in seinem Gefolge aufstrudeln, und Sie können sich damit auseinandersetzen.

Wenn Widerstand gegen die Meditation ein allgemeines Merkmal Ihrer Praxis ist, dann sollten Sie einen feinen Fehler in

Ihrer grundlegenden Einstellung vermuten. Meditation ist kein Ritual, das in einer besonderen Haltung ausgeführt wird. Es ist keine schmerzhafte Übung oder eine Zeit aufgezwungener Langeweile. Und es ist keine unerbittliche, heilige Pflicht. Meditation ist Achtsamkeit. Sie ist eine neue Art des Sehens, und sie ist eine Form von Spiel. Meditation ist Ihr Freund. Kommen Sie dahin, sie so zu betrachten, und der Widerstand wird verschwinden wie Rauch im Sommerwind.

Wenn Sie all diese Möglichkeiten ausprobieren und der Widerstand bleibt, dann könnte das auf ein Problem hinweisen. Es kann gewisse metaphysische Schwierigkeiten geben, in die ein Meditierender gerät, die weit über den Rahmen dieses Buches hinausgehen. Es kommt bei Anfängern nicht häufig vor, dass sie darauf stoßen, aber es kann passieren. Geben Sie nicht auf. Lassen Sie sich helfen. Machen Sie qualifizierte Lehrer für Vipassana-Meditation ausfindig und bitten Sie sie, Ihnen zu helfen, die Situation zu klären. Solche Menschen sind genau zu diesem Zweck da.

Problem 12 – Teilnahmslosigkeit oder Stumpfheit

Wir haben bereits das Phänomen des versinkenden Geistes erörtert. Aber es gibt einen besonderen Weg zu diesem Zustand, auf den Sie achten sollten. Geistige Stumpfheit kann als ein unerwünschtes Nebenprodukt das Ergebnis vertiefter Konzentration sein. Wenn Ihre Entspannung sich vertieft, lockern sich die Muskeln und die Übermittlung der Nerven verändert sich. Dies erzeugt ein sehr ruhiges und leichtes Gefühl im Körper. Sie fühlen sich sehr gelassen und ein wenig vom Körper losgelöst. Dies ist ein sehr angenehmer Zustand, und zunächst ist Ihre Konzentration ganz gut, schön auf den Atem zentriert. Wenn dies jedoch andauert, verstärken sich die angenehmen Gefühle und lenken Ihre Aufmerksamkeit vom Atem ab. Sie beginnen, den Zustand wirklich zu genießen, und Ihre Achtsamkeit geht verloren. Ihre Aufmerksamkeit ist am Ende zerstreut und treibt lustlos durch verschwommene Wolken von Glück. Das Ergebnis ist ein sehr unachtsamer Zustand, eine Art ekstatischer Benommenheit. Das Heilmittel ist natürlich Achtsamkeit. Beobachten Sie diese Erscheinungen mit Achtsamkeit, und sie werden sich auflösen. Wenn herrliche Gefühle auftauchen, akzeptieren Sie sie. Es ist nicht nötig, sie zu meiden, aber gehen Sie nicht in ihnen auf. Es sind körperliche Gefühle, daher behandeln Sie sie als solche. Beobachten Sie Gefühle als Gefühle, Stumpfheit als Stumpfheit. Betrachten Sie, wie sie entstehen, und betrachten Sie, wie sie vorübergehen. Lassen Sie sich nicht darauf ein.

Sie werden Probleme haben bei der Meditation. Jeder hat sie. Sie können sie als schreckliche Quälgeister betrachten oder als Herausforderungen, die zu bewältigen sind. Wenn Sie sie als Bürde empfinden, wird Ihr Leiden nur verstärkt werden. Wenn Sie sie als Gelegenheiten betrachten, zu lernen und zu wachsen, sind die Aussichten für die Entwicklung Ihres Geistes unbegrenzt.

II
Mit Ablenkungen fertigwerden (I)

Irgendwann trifft jeder Meditierende auf Ablenkungen während der Praxis, und man braucht Methoden, um damit fertigzuwerden. Viele nützliche Strategien sind ausgedacht worden, die Sie schneller auf den Weg zurückbringen als der Versuch, sich mit reiner Willenskraft durchzudrängen. Konzentration und Achtsamkeit gehen Hand in Hand. Das eine ergänzt das andere. Wenn eines davon schwach ist, wird auch das andere schließlich davon beeinträchtigt sein. Schlechte Tage sind für gewöhnlich durch mangelnde Konzentration gekennzeichnet. Ihr Geist wandert einfach fortdauernd umher. Sie brauchen eine Methode, um Ihre Konzentration wiederherzustellen, selbst angesichts geistiger Widerstände. Glücklicherweise haben Sie diese Möglichkeit. Tatsächlich können Sie aus einer ansehnlichen Reihe traditioneller praktischer Verfahren auswählen.

Methode 1 – Zeit abschätzen

Die erste Technik ist bereits in einem früheren Kapitel behandelt worden. Eine Ablenkung hat Sie vom Atem fortgezogen, und plötzlich merken Sie, dass Sie gerade beim Tagträumen waren. Das Kunststück ist, voll und ganz aus dem auszusteigen, was immer Sie gefangen hielt, seine Gewalt über Sie total zu brechen, sodass Sie mit voller Aufmerksamkeit zum Atem zurückkehren können. Sie schaffen dies, indem Sie die Länge der Zeit einschätzen, während der Sie zerstreut waren. Dies ist keine präzise Rechnung. Sie brauchen keine genaue Zahlenangabe, einfach eine grobe Schätzung. Sie können es in Minuten abschätzen oder an geistigem Inhalt festmachen. Sagen Sie sich einfach: «Gut, ich war ungefähr zwei Minuten lang abgelenkt», oder: «Seit der Hund zu bellen anfing», oder: «Seit ich anfing, über Geld nachzudenken». Wenn Sie gerade erst beginnen, diese Technik anzuwenden, werden Sie dabei zu sich selbst sprechen.

Wenn diese Gewohnheit einmal gefestigt ist, können Sie das fallen lassen, und die Aktion geschieht wortlos und sehr schnell. Denken Sie daran: Die ganze Idee ist, aus der Zerstreuung herauszukommen und zum Atem zurückzukehren. Sie steigen aus dem Gedanken aus, indem Sie ihn gerade so lange zum Objekt Ihrer Untersuchung machen, dass Sie dabei zu einer ungefähren Einschätzung seiner Dauer kommen. Das Intervall selbst ist nicht bedeutend. Wenn Sie erst frei sind von der Ablenkung, lassen Sie das Ganze fallen und gehen zum Atem zurück. Bleiben Sie nicht bei der Schätzung hängen.

Methode 2 – Tiefe Atemzüge

Wenn Ihr Geist wild und ruhelos ist, können Sie die Achtsamkeit oft mit ein paar schnellen, tiefen Atemzügen wiedergewinnen. Ziehen Sie die Luft kräftig ein und lassen Sie sie auf die gleiche Weise wieder hinaus. Dies verstärkt die Empfindung in den Nasenlöchern und macht es leichter, sich zu konzentrieren. Machen Sie eine Willensanstrengung und forcieren Sie Ihre Aufmerksamkeit ein wenig. Konzentration kann zum Wachstum gezwungen werden, sodass Sie wahrscheinlich entdecken werden, wie Ihre volle Aufmerksamkeit sich wieder in Ruhe beim Atem niederlässt.

Methode 3 – Zählen

Die Atemzüge zu zählen, während sie vorbeiströmen, ist ein ganz traditionelles Verfahren. Einige Meditationsschulen lehren dies als ihre grundlegende Methode. Vipassana benutzt sie als eine Hilfstechnik, um Achtsamkeit wiederherzustellen und die Konzentration zu stärken. Wie in Kapitel 5 erörtert, können Sie Atemzüge auf mehrere verschiedene Weisen zählen. Denken Sie daran, Ihre Aufmerksamkeit beim Atem zu halten. Sie werden wahrscheinlich eine Veränderung bemerken, nachdem Sie gezählt haben. Der Atem verlangsamt sich oder er wird sehr leicht und fein. Dies ist ein physiologisches Zeichen dafür, dass die Konzentration sich wirklich eingestellt hat. An diesem Punkt ist die Atmung für gewöhnlich so leicht oder so schnell und sanft, dass Sie die Einatmung nicht klar von der Ausatmung unterscheiden können. Sie scheinen ineinander überzugehen. Sie können dann beide als einen einzigen Atemzug zählen. Setzen Sie Ihr Zählen fort, aber nur bis fünf, wobei Sie die Folge von ebenfalls fünf Atemzügen erfassen, dann fangen Sie wieder von vorn an. Wenn das Zählen lästig wird, gehen Sie zur nächsten Stufe weiter. Sie lassen die Zahlen weg und vergessen die Vorstellung von Ein- und Ausatmung. Lassen Sie sich einfach direkt auf die reine Atemempfindung ein. Die Einatmung verschmilzt mit der Ausatmung. Ein Atemzug geht in den nächsten über in einem niemals endenden Kreislauf von reinem, gleichmäßigem Fließen.

METHODE 4 – DIE EIN-AUS-METHODE

Dies ist eine Alternative zum Zählen, und man praktiziert sie auf recht ähnliche Weise. Richten Sie Ihre Aufmerksamkeit direkt auf den Atem und bezeichnen Sie jeden Atemzug im Geist mit den Worten «Einatmung ... Ausatmung» oder «Ein ... Aus». Setzen Sie diesen Prozess fort, bis Sie diese Konzepte nicht länger brauchen, und legen Sie sie dann beiseite.

METHODE 5 –
EINEN GEDANKEN DURCH EINEN ANDEREN AUFHEBEN

Einige Gedanken wollen einfach nicht weichen. Wir Menschen sind zwanghafte Wesen. Das ist eines unserer größten Probleme. Wir neigen dazu, uns auf Dinge wie sexuelle Fantasien, Sorgen und ehrgeizige Pläne festzufahren. Wir nähren solche Gedankenkomplexe jahrelang und üben sie reichlich ein, indem wir jeden freien Moment mit ihnen spielen. Wenn wir uns dann zum Meditieren hinsetzen, befehlen wir ihnen, wegzugehen und uns in Ruhe zu lassen. Es ist kaum überraschend, dass sie nicht gehorchen. Beharrliche Gedanken wie diese erfordern ein direktes Angehen, einen Frontalangriff.

Die buddhistische Psychologie hat ein klares Klassifikationssystem entwickelt. Statt Gedanken in Klassen wie «gut» und «schlecht» einzuteilen, betrachten buddhistische Denker sie lieber als «günstig» oder «ungünstig». Ein ungünstiger Gedanke ist einer, der mit Begierde, Hass oder Täuschung verbunden ist. Dies sind die Gedanken, die der Geist am leichtesten in Zwänge verfestigt. Sie sind ungünstig in dem Sinn, dass sie Sie vom Ziel der Befreiung wegführen. Günstige Gedanken dagegen sind solche, die mit Großzügigkeit, Mitgefühl und Weisheit verbunden sind. Sie sind günstig in dem Sinn, dass sie als spezifische Heilmittel für ungünstige Gedanken zu benutzen sind und Ihnen so in Richtung Befreiung behilflich sein können.

Sie können Befreiung nicht konditionieren. Es ist kein Zustand, der aus Gedanken aufgebaut ist. Sie können auch die persönlichen Eigenschaften nicht konditionieren, die die Befreiung hervorbringt. Gedanken des Wohlwollens können den Anschein von Wohlwollen erzeugen, aber es ist nicht die Güte selbst. Es wird unter Druck zusammenbrechen. Gedanken des Mitleids bringen nur oberflächliches Mitleid hervor. Daher werden diese günstigen Gedanken an sich Sie nicht aus der Falle befreien. Sie sind nur dann hilfreich, wenn man sie als Gegenmittel zum Gift ungünstiger Gedanken anwendet. Gedanken der Freigebigkeit können Begierde zeitweise aufheben. Sie kehren sie lange genug unter den Teppich, damit Achtsamkeit ungehindert ihre Aufgabe erfüllen kann. Wenn die Achtsamkeit dann zu den Wurzeln des Ego-Prozesses durchgedrungen ist, löst sich die Gier in nichts auf, und wahre Großzügigkeit entsteht.

Dieses Prinzip können Sie tagtäglich in Ihrer eigenen Meditation nutzen. Wenn eine bestimmte zwanghafte Vorstellung Sie belästigt, können Sie sie auflösen, indem Sie ihr Gegenteil erzeugen. Hier ist ein Beispiel: Wenn Sie Karl absolut hassen und sein missmutiges Gesicht Ihnen ständig in den Sinn kommt, versuchen Sie einen Strom von Freundlichkeit und Liebe an Karl zu richten. Sie werden wahrscheinlich das unmittelbare geistige Bild loswerden. Dann können Sie mit der Aufgabe der Meditation weitermachen.

Manchmal reicht diese Taktik allein nicht aus. Die zwanghafte Vorstellung ist einfach zu mächtig. In diesem Fall müssen Sie ihre Gewalt über Sie etwas schwächen, bevor Sie erfolgreich einen Ausgleich finden können. Hier ist der Punkt, wo das Schuldgefühl, eines der untauglichsten Gefühle des Menschen, endlich seinen Zweck erfüllt. Schauen Sie sich die gefühlsmäßige Reaktion genau an, die Sie loszuwerden versuchen. Denken Sie wirklich darüber nach. Achten Sie darauf, welche Gefühle sie in Ihnen auslöst. Betrachten Sie, wie sie sich auf Ihr Leben auswirkt, auf Ihr Wohlbefinden, Ihre Gesundheit und Ihre Beziehungen. Versuchen Sie zu sehen, wie diese Reaktion Sie anderen erscheinen lässt. Sehen Sie sich an, auf welche Weise sie Ihren Fortschritt in Richtung Befreiung verhindert. Die Pali-Texte drängen Sie, dies wirklich sehr gründlich zu tun. Sie raten Ihnen, das gleiche Gefühl von Ekel und Beschämung zu entwickeln, das Sie spüren würden, wenn Sie gezwungen wären, mit einer verwesenden Tierleiche um den Hals herumzulaufen. Wirklicher Abscheu ist es, hinter dem Sie her sind. Dieser Schritt wird wahrscheinlich das Problem ganz von selbst lösen. Falls nicht, dann balancieren Sie den verbleibenden Rest der fixen Idee wiederum dadurch aus, dass Sie seine gegenteilige Emotion erzeugen.

Gedanken der Begehrlichkeit erstrecken sich auf alles, was mit Habenwollen verbunden ist, von blanker Habgier nach materiellem Gewinn bis hin zu einem feinen Bedürfnis, als eine moralische Person geachtet zu werden. Gedanken des Hasses reichen auf der Skala von schwacher Ablehnung bis zu mörderischer Wut. Täuschung beinhaltet alles, von Tagträumen bis hin zu echten Halluzinationen. Großzügigkeit löst Begierde auf. Wohlwollen und Mitgefühl heben Hass auf. Sie können für jeden lästigen Gedanken ein spezifisches Gegenmittel finden, wenn Sie nur eine Weile darüber nachdenken.

METHODE 6 – ERINNERN SIE SICH AN IHR ZIEL

Es gibt Zeiten, in denen Ihnen Dinge scheinbar zufällig in den Sinn kommen. Worte, Redewendungen oder ganze Sätze schnellen ohne erkennbaren Grund aus dem Unterbewusstsein hoch. Gegenstände tauchen auf. Bilder blitzen auf und verschwinden. Dies ist eine beunruhigende Erfahrung. Ihr Geist erscheint wie eine Flagge, die im steifen Wind flattert. Er flutet vor und zurück wie Wellen im Ozean. In solchen Zeiten genügt es oft, sich einfach zu entsinnen, warum Sie hier sind. Sie können zu sich sagen: «Ich sitze nicht hier, bloß um meine Zeit mit diesen Gedanken zu vergeuden. Ich bin hier, um meinen Geist auf den Atem zu konzentrieren, der universell und allen Lebewesen gemeinsam ist.» Manchmal wird Ihr Geist sich beruhigen, noch bevor Sie mit dieser Aussage zu Ende gekommen sind. Andere Male müssen Sie sie mehrmals wiederholen, bis Sie sich wieder auf den Atem konzentrieren.

Diese Techniken können einzeln genutzt werden oder in Verbindung miteinander. Richtig eingesetzt bilden sie ein durchaus wirksames Arsenal für Ihren Kampf gegen den ruhelosen Geist.

12
Mit Ablenkungen fertigwerden (II)

Hier sitzen Sie nun und meditieren wunderschön. Ihr Körper ist völlig unbewegt und Ihr Geist ist ganz still. Sie gleiten einfach dahin und folgen dem Fließen des Atems, ein, aus, ein, aus ..., ruhig, gelassen und konzentriert. Alles ist vollkommen. Und dann kommt plötzlich etwas völlig anderes in Ihren Geist: «Ich will unbedingt eine Tüte Eis haben.» Das ist offensichtlich eine Ablenkung. Das ist nicht das, was man von Ihnen erwartet. Sie bemerken das und holen sich mühsam zum Atem zurück, zurück zum gleichmäßigen Fließen, ein, aus, ein ... Und dann: «Habe ich diese Gasrechnung je bezahlt?» Wieder eine Ablenkung. Sie bemerken auch diese, und Sie bringen sich zum Atem zurück. Ein, aus, ein, aus, ein ... «Dieser neue Science-Fiction-Film ist angelaufen. Vielleicht kann ich ihn Dienstag Abend sehen. Nein, nicht Dienstag, ich hab am Mittwoch zu viel zu tun. Donnerstag ist besser ...» Wieder eine Ablenkung. Sie ziehen sich da heraus und gehen zurück zum Atem, ohne dass Sie jemals ganz dort ankommen, weil vorher diese kleine Stimme in Ihrem Kopf sagt: «Mein Rücken bringt mich um.» Und so geht es immer weiter, eine Ablenkung nach der andern, scheinbar ohne Ende.

Was für eine Plage! Aber genau das ist es, worum es geht. Diese Zerstreuungen sind wirklich der springende Punkt. Der Schlüssel ist, mit diesen Dingen umgehen zu lernen; zu lernen, sie zu bemerken, ohne sich in ihnen zu verfangen. Das ist es, wozu wir hier sind. Dieses geistige Wandern ist sicherlich unangenehm. Aber es ist die normale Arbeitsweise unseres Geistes. Halten Sie ihn nicht für Ihren Feind. Es ist nur die einfache Realität. Und wenn Sie etwas verändern wollen, müssen Sie es als Erstes so sehen, wie es ist.

Wenn Sie sich zum ersten Mal hinsetzen, um sich auf den Atem zu konzentrieren, werden Sie davon beeindruckt sein, wie unglaublich geschäftig der Geist tatsächlich ist. Er springt und sträubt sich. Er schert aus und bockt. Er jagt sich selbst umher in ständigen Kreisen. Er schwätzt. Er denkt. Er fantasiert und produziert Tagträume. Regen Sie sich nicht darüber auf. Es ist ganz natürlich. Wenn Ihr Geist vom Meditationsobjekt fortwandert, beobachten Sie die Ablenkung einfach mit Achtsamkeit.

Wenn wir bei der Einsichtsmeditation von einer Ablenkung sprechen, meinen wir nicht jede Art von Beschäftigung, die die Aufmerksamkeit vom Atem wegzieht. Damit kommen wir zu einer neuen, wichtigen Regel für Ihre Meditation: Wenn irgendein geistiger Zustand auftaucht, der stark genug ist, um Sie von Ihrem Meditationsobjekt abzulenken, richten Sie Ihre Aufmerksamkeit kurz auf diese Ablenkung. Machen Sie die Zerstreuung zu einem zeitweiligen Meditationsobjekt. Bitte beachten Sie das Wort *zeitweilig*. Es ist ganz wichtig. Wir raten Ihnen nicht, in der Mitte des Flusses die Pferde zu wechseln. Wir erwarten nicht, dass Sie alle drei Sekunden ein ganz neues Meditationsobjekt annehmen. Der Atem wird immer Ihr vorrangiger Brennpunkt bleiben. Sie richten Ihre Aufmerksamkeit nur so lange auf die Ablenkung, dass Sie bestimmte Merkmale dieser Ablenkung zur Kenntnis nehmen können. Worin besteht sie? Wie stark ist sie? Und wie lange dauert sie?

Sobald Sie diese Fragen wortlos beantwortet haben, sind Sie mit Ihrer Untersuchung dieser Ablenkung fertig und kehren mit Ihrer Aufmerksamkeit zum Atem zurück. Beachten Sie hier wieder den für die Wirkung entscheidenden Begriff *wortlos*. Diese Fragen sind keine Einladung zu mehr geistigem Geschwätz. Das würde Sie in die falsche Richtung bringen, mehr Denken fördern. Wir wollen, dass Sie vom Denken wegkommen, zu einer direkten, nonverbalen und nichtbegrifflichen Erfahrung des Atems. Diese Fragen sind dazu bestimmt, Sie von der Zerstreuung zu befreien und Ihnen Einsicht in ihre Natur zu geben, und nicht, damit Sie noch tiefer in ihr stecken bleiben. Diese Fragen werden Sie auf das einstellen, was Sie ablenkt, und Ihnen helfen, es loszuwerden – alles in einem Schritt.

Hier liegt das Problem: Wenn eine Ablenkung oder irgendein Gemütszustand im Geist auftaucht, blüht dies zunächst im Unbewussten auf. Erst einen Moment später steigt es ins Bewusstsein auf. Diese Differenz von einem Bruchteil einer Sekunde ist ganz wichtig, weil es Zeit genug ist, dass ein Ergreifen auftreten kann. Dieses Ergreifen ereignet sich nahezu in einem Augenblick, und es findet zuerst im Unterbewussten statt. Wenn das Ergreifen zur Ebene des bewussten Erkennens gelangt, haben wir daher schon angefangen, uns darauf festzufahren. Es ist ganz natürlich für uns, einfach diesen Prozess fortzusetzen und uns immer stärker auf die Zerstreuung einzulassen, während wir sie weiterhin betrachten. Zu diesem Zeitpunkt denken wir den Gedanken ganz eindeutig, statt ihm einfach mit reiner Aufmerksamkeit zu begegnen. Die ganze Folge läuft blitzartig ab. Dies stellt uns vor ein Problem. Wenn wir uns der Ablenkung bewusst werden, haben wir sie in gewissem Sinn bereits am Hals. Unsere drei Fragen «Worin besteht sie? Wie stark ist sie? Und wie lange dauert sie?» sind ein raffiniertes Heilmittel für dieses besondere Leiden. Und um diese Fragen zu beantworten, müssen wir die Qualität der Ablenkung ermitteln. Um dies zu tun, müssen wir uns von ihr trennen, geistig einen Schritt zurücktreten, uns von ihr lösen und sie objektiv betrachten. Wir müssen aufhören, den Gedanken zu denken oder das Gefühl zu fühlen, um es als ein Untersuchungsobjekt zu betrachten. Genau dieser Prozess ist eine Übung in *Achtsamkeit*, in unvoreingenommener, distanzierter Bewusstheit. Die Macht der Zerstreuung ist damit gebrochen und Achtsamkeit hat wieder die Kontrolle übernommen. An diesem Punkt geht die Achtsamkeit sanft zu ihrem primären Bezugspunkt über, und so kehren wir zum Atem zurück.

Wenn Sie erst anfangen, diese Technik zu üben, werden Sie es wahrscheinlich mit Worten tun müssen. Sie werden Ihre Fragen in Worte fassen müssen und Antworten in Begriffen erhalten. Es wird jedoch nicht lange dauern, bis Sie auf die Formulierung von Worten ganz und gar verzichten können. Wenn die geistigen Gewohnheiten sich erst einmal eingespielt haben, nehmen Sie einfach die Ablenkung zur Kenntnis, beachten die Eigenschaften der Zerstreuung und kehren zum Atem zurück. Es ist ein Prozess, der völlig ohne Begriffe und sehr schnell abläuft. Die Ablenkung selbst kann alles Mögliche sein: ein Ton, eine Empfindung, ein Gefühl, eine Fantasie, überhaupt alles. Was es auch immer sein mag, versuchen Sie nicht, es zu unterdrücken. Versuchen Sie nicht, es aus Ihrem Geist zu verdrängen. Das ist nicht nötig. Beobachten Sie es nur achtsam mit reiner Aufmerksamkeit. Untersuchen Sie die Zerstreuung wortlos, und sie wird von selbst vorübergehen. Sie werden feststellen, dass Ihre Aufmerksamkeit ohne Mühe zum Atem zurückkehrt. Und hadern Sie nicht mit sich, weil Sie zerstreut waren. Ablenkungen sind natürlich. Sie kommen und gehen.

Ungeachtet dieses weisen Rats werden Sie feststellen, dass Sie sich trotzdem verdammen. Das ist auch natürlich. Betrachten Sie einfach den Prozess des Verurteilens als eine weitere Ablenkung und kehren Sie dann zum Atem zurück.

Beobachten Sie die Reihenfolge der Ereignisse: Atmen. Atmen. Ablenkende Gedanken tauchen auf. Frustration über den ablenkenden Gedanken kommt auf. Sie tadeln sich dafür, dass Sie abgelenkt sind. Sie nehmen die Selbstverurteilung zur Kenntnis. Sie kehren zum Atem zurück. Atmen. Atmen. Es ist wirklich ein sehr natürlicher, gleichmäßig fließender Zyklus, wenn Sie es richtig machen. Der Trick dabei ist natürlich Geduld. Wenn Sie lernen können, diese Ablenkungen zu beobachten, ohne sich darin zu verwickeln, ist alles sehr leicht. Sie gleiten einfach durch die Zerstreuung, und Ihre Aufmerksamkeit kehrt ganz leicht zum Atem zurück. Natürlich kann genau die gleiche Ablenkung einen Augenblick später wieder auftauchen. Wenn das geschieht, betrachten Sie es einfach achtsam. Wenn Sie es mit einem alten, gefestigten Gedankenmuster zu tun haben, kann sich dies eine ganze Weile, manchmal jahrelang, weiterhin so abspielen. Regen Sie sich nicht auf. Auch das ist natürlich. Beobachten Sie einfach die Ablenkung und kehren Sie zum Atem zurück. Kämpfen Sie nicht mit diesen ablenkenden Gedanken. Mühen und quälen Sie sich nicht ab. Es ist Zeitverschwendung. Jedes bisschen Energie, das Sie für diesen Widerstand aufwenden, geht in den Gedankenkomplex ein und macht ihn um so stärker. Versuchen Sie daher nicht, solche Gedanken aus Ihrem Geist herauszudrängen. Es ist ein Kampf, den Sie nie gewinnen können. Betrachten Sie einfach die Ablenkung mit

Achtsamkeit, und sie wird schließlich vorübergehen. Es ist sehr merkwürdig, aber je mehr reine Aufmerksamkeit Sie solchen Zerstreuungen zuwenden, desto schwächer werden sie. Beobachten Sie sie lange genug und oft genug mit reiner Aufmerksamkeit, und sie werden für immer verschwinden. Kämpfen Sie mit ihnen, und sie gewinnen an Kraft. Beobachten Sie sie mit Distanz, und sie schwinden dahin.

Achtsamkeit entwaffnet Zerstreuungen in gleicher Weise, wie ein Munitionsexperte eine Bombe entschärfen könnte. Schwache Ablenkungen werden durch einen einzigen Blick entwaffnet. Lassen Sie das Licht der Bewusstheit auf sie scheinen, und sie lösen sich sofort auf, um niemals wiederzukehren. Tief sitzende, gewohnheitsmäßige Gedankenmuster machen es erforderlich, dass beständige Achtsamkeit wiederholt so lange angewandt wird, wie es eben braucht, um ihre Gewalt zu brechen. Ablenkungen sind wirklich Papiertiger. Sie haben keine eigene Macht. Sie müssen ständig gefüttert werden, sonst sterben sie. Wenn Sie sich weigern, sie mit Ihrer eigenen Furcht, Wut und Gier zu füttern, werden sie immer schwächer.

Achtsamkeit ist der wichtigste Aspekt der Meditation. Es ist das Wesentliche, das Sie zu entwickeln versuchen. So ist es wirklich überhaupt nicht nötig, gegen Ablenkungen anzukämpfen. Der entscheidende Punkt ist, sich dessen bewusst zu sein, was passiert, nicht zu kontrollieren, was geschieht. Erinnern Sie sich: Konzentration ist ein Werkzeug. Es ist zweitrangig gegenüber reiner Aufmerksamkeit. Vom Gesichtspunkt der Achtsamkeit aus gibt es in Wirklichkeit so etwas wie Ablenkung nicht. Was immer im Geist auftaucht, wird einfach als eine weitere Gelegenheit betrachtet, Achtsamkeit zu entwickeln. Der Atem – erinnern Sie sich – ist ein willkürlicher Bezugspunkt, und wir nutzen ihn als unser primäres Objekt für die Aufmerksamkeit. Ablenkungen nutzen wir als sekundäre Gegenstände der Aufmerksamkeit. Sie sind gewiss ebenso sehr ein Teil der Wirklichkeit wie der Atem. Es ist eigentlich ziemlich einerlei, was Gegenstand der Achtsamkeit ist. Sie können achtsam sein im Hinblick auf den Atem, oder Sie können achtsam sein im Hinblick auf die Zerstreuung. Sie können sich der Tatsache bewusst sein, dass

Ihr Geist still und Ihre Konzentration stark ist, oder Sie können sich der Tatsache bewusst sein, dass Ihre Konzentration dahin ist und Ihr Geist sich in einem absoluten Chaos befindet. Es ist alles Achtsamkeit. Bewahren Sie einfach diese Achtsamkeit, und Konzentration wird schließlich folgen.

Der Zweck der Meditation ist nicht, sich für immer und ohne Unterbrechung auf den Atem zu konzentrieren. Dies an und für sich wäre ein nutzloses Ziel. Zweck der Meditation ist nicht, einen vollkommen ruhigen und gelassenen Geist zu erlangen. Obgleich ein herrlicher Zustand, führt er nicht von selbst zur Befreiung. Sinn der Meditation ist es, ununterbrochene Achtsamkeit zu erlangen. Achtsamkeit – und nur Achtsamkeit – bringt Erleuchtung hervor.

Ablenkungen kommen in allen Größen, Formen und Geschmacksrichtungen. Die buddhistische Philosophie hat sie in Kategorien eingeteilt. Eine davon ist die Kategorie der Hindernisse. Sie heißen Hindernisse, weil sie der Entwicklung beider Komponenten der Meditation, Achtsamkeit und Konzentration, im Weg stehen. Ein wenig Vorsicht ist bei diesem Begriff nötig: Das Wort «Hindernisse» hat eine negative Bedeutung, und in der Tat sind dies Geisteszustände, die wir ausrotten wollen. Das bedeutet jedoch nicht, dass sie zu unterdrücken, zu vermeiden oder zu verurteilen wären.

Lassen Sie uns die Gier als Beispiel nehmen. Wir wollen vermeiden, jeden Zustand von Begierde, der auftaucht, zu verlängern, weil eine Fortsetzung dieses Zustands zu Abhängigkeit und Leiden führt. Dies bedeutet nicht, dass wir versuchen, den Gedanken aus dem Geist hinauszuwerfen, wenn er auftaucht. Wir weigern uns einfach, ihn zum Bleiben zu ermutigen. Wir lassen ihn kommen und wir lassen ihn gehen. Wenn wir die Begierde zunächst mit reiner Aufmerksamkeit betrachten, fällen wir keine Werturteile. Wir nehmen einfach Abstand und beobachten, wie sie auftaucht. Wir sehen die ganze Dynamik der Gier von Anfang bis Ende einfach auf diese Weise. Weder unterstützen noch hindern wir sie, und wir mischen uns nicht im Geringsten in sie ein. Sie bleibt so lange, wie sie bleibt. Und wir erfahren so viel darüber, wie wir können, während sie da ist. Wir beobachten, was Gier anrichtet. Wir beobachten, wie sie uns zu schaffen macht und wie sie andere belastet. Wir nehmen zur Kenntnis, wie sie uns ständig unbefriedigt lässt, für immer in einem Zustand unerfüllter Sehnsucht hält. Bei dieser Erfahrung aus erster Hand erkennen wir gefühlsmäßig, dass Gier eine ungünstige Art ist, unser Leben zu verbringen. An dieser Erkenntnis ist nichts Theoretisches.

All diese Hindernisse behandeln wir auf die gleiche Weise. Wir werden sie hier eines nach dem andern betrachten.

Verlangen: Lassen Sie uns annehmen, Sie sind durch ein schönes Erlebnis in der Meditation abgelenkt worden. Es könnte eine angenehme Fantasie gewesen sein oder ein Gedanke, der Stolz erweckt. Es könnte ein Gefühl der Selbstachtung sein. Es könnte ein Gedanke der Liebe sein oder sogar die körperliche Glücksempfindung, die aus der Meditationserfahrung selbst kommt. Was es auch immer ist, es folgt der Zustand des Verlangens – der Wunsch, zu erhalten, woran Sie gedacht haben, oder der Wunsch, das Erlebnis zu verlängern, das Sie haben. Gleich welcher Natur das Verlangen ist, Sie sollten auf folgende Weise damit umgehen: Nehmen Sie die Idee oder die Empfindung beim Auftauchen wahr. Beachten Sie den geistigen Zustand der Begierde, der sie begleitet, als eine getrennte Sache. Stellen Sie das genaue Ausmaß oder den Grad dieses Verlangens fest. Dann nehmen Sie zur Kenntnis, wie lange es andauert und wann es schließlich verschwindet. Wenn Sie das getan haben, lenken Sie Ihre Aufmerksamkeit zur Atmung zurück.

Abneigung: Nehmen Sie an, Sie seien von einem negativen Erlebnis abgelenkt gewesen. Es könnte etwas sein, was Sie fürchten, oder quälende Besorgnis. Es könnte ein Schuldgefühl sein, Depression oder Schmerz. Was der eigentliche Kern des Gedankens oder der Empfindung auch sein mag, Sie merken, dass Sie ihn ablehnen und unterdrücken – versuchen, ihn zu vermeiden, ihm zu widerstehen oder ihn zu verleugnen. Die Art damit umzugehen ist im Wesentlichen die gleiche wie oben. Beobachten Sie das Aufkommen des Gedankens oder der Empfindung. Nehmen Sie den Zustand der Zurückweisung zur Kenntnis, der damit verbunden ist. Schätzen Sie das Ausmaß oder den Grad dieser Ablehnung. Stellen Sie fest, wie lange sie andauert und wann sie verschwindet. Dann kehren Sie mit Ihrer Aufmerksamkeit zum Atem zurück.

Lethargie: Lethargie kommt auf verschiedenen Ebenen und in unterschiedlicher Intensität vor, reicht von leichter Schläfrigkeit bis zu totaler Abgestumpftheit. Wir sprechen hier über einen geistigen Zustand, nicht über einen physischen. Schläfrigkeit oder körperliche Müdigkeit ist etwas ganz anderes und würde im buddhistischen Klassifikationssystem unter die Kategorie körperliches Gefühl fallen. Geistige Lethargie steht in enger Beziehung zur Abneigung, insofern sie einer der kleinen Schleichwege des Geistes ist, um jene Themen zu vermeiden, die er unangenehm findet. Lethargie ist eine Art Abschalten des geistigen Apparats, ein Abstumpfen von Wahrnehmung und Erkenntnis. Sie ist selbst auferlegter Stumpfsinn, der sich als Schlaf ausgibt. Dieser kann sehr zäh sein im Umgang, weil seine Anwesenheit der Anwendung von Achtsamkeit direkt entgegengesetzt ist. Lethargie ist beinahe das Gegenteil von Achtsamkeit. Dennoch ist Achtsamkeit das Heilmittel auch für dieses Hindernis, und die Behandlung ist die gleiche. Beachten Sie den Zustand der Schläfrigkeit, wenn sie auftaucht, und nehmen Sie ihr Ausmaß oder ihren Grad zur Kenntnis. Stellen Sie fest, wann der Zustand auftritt, wie lange er dauert und wann er zu Ende geht. Das einzig Besondere hier liegt darin, dass es wichtig ist, das Phänomen früh zu packen. Sie müssen es gleich bei seiner Entstehung erfassen und sofort großzügige Dosen reiner Aufmerksamkeit anwenden. Wenn Sie es erst aufkommen lassen, wird sein Wachstum wahrscheinlich die Macht Ihrer Achtsamkeit überschreiten. Wenn die Trägheit gewinnt, ist der versinkende Geist oder sogar Schlaf das Ergebnis.

Erregung: Zustände von Unruhe und Besorgnis sind Ausdruck geistiger Erregung. Ihr Geist flitzt fortdauernd umher, will sich nicht für eine Sache entscheiden. Vielleicht gehen Sie auch unentwegt immer wieder die gleichen Angelegenheiten durch.

Aber selbst hier ist ein unstetes Gefühl das Vorherrschende. Der Geist weigert sich, irgendwo zur Ruhe zu kommen. Er springt ständig umher. Das Mittel gegen diesen Zustand liegt in der gleichen grundlegenden Abfolge. Ruhelosigkeit verleiht dem Bewusstsein ein bestimmtes Gefühl. Sie könnten es einen Beigeschmack oder eine Struktur nennen. Wie auch immer Sie es bezeichnen, dieses unstete Gefühl ist als ein bestimmbares Merkmal vorhanden. Suchen Sie es. Wenn Sie es entdeckt haben, nehmen Sie zur Kenntnis, wie viel davon vorhanden ist. Stellen Sie fest, wann es entsteht. Beobachten Sie, wie lange es dauert, und achten Sie darauf, wann es verschwindet. Dann bringen Sie Ihre Aufmerksamkeit wieder zum Atem zurück.

Zweifel: Zweifel hat sein eigenes, klar erkennbares Gefühl im Bewusstsein. Die Pali-Texte beschreiben es sehr schön. Es ist das Gefühl eines Menschen, der sich durch eine Wüste schleppt und an eine unbeschilderte Kreuzung kommt. Welchen Weg soll er nehmen? Man kann es nicht sagen. So steht er bloß da und ist unschlüssig. In der Meditation nimmt dies üblicherweise die Form eines inneren Dialogs an, etwa wie dieser: «Was tu ich hier, einfach so herumzusitzen? Kommt bei alldem wirklich irgendetwas für mich heraus? Oh, ich bin sicher! Dies ist gut für mich. Im Buch steht es so. Nein, das ist verrückt. Das ist reine Zeitverschwendung. Nein, ich werde nicht aufgeben. Ich habe gesagt, ich werde es tun, also werde ich es tun. Oder bin ich eben bloß stur? Ich weiß nicht. Ich weiß einfach nicht.» Bleiben Sie nicht in dieser Falle stecken. Es ist nur ein weiteres Hindernis, noch ein kleiner Rauchschleier des Geistes, um Sie davon abzuhalten, sich wirklich dessen bewusst zu werden, was geschieht. Um mit Zweifeln umzugehen, werden Sie sich einfach dieses geistigen Zustands des Schwankens als eines Untersuchungsobjekts bewusst. Lassen Sie sich nicht darin einfangen. Nehmen Sie Abstand und schauen Sie darauf. Sehen Sie, wie stark es ist. Stellen Sie fest, wann es auftritt und wie lange es dauert. Dann beobachten Sie, wie es verschwindet, und gehen Sie zur Atmung zurück.

Dies ist das allgemeine Muster, das Sie bei jeder Ablenkung, die auftaucht, benutzen werden. Erinnern Sie sich, mit Ablenkung meinen wir jeden geistigen Zustand, der aufkommt, um Ihre Meditation zu behindern. Einige dieser Zustände sind sehr subtil. Es ist nützlich, einige der Möglichkeiten aufzuführen. Die negativen Zustände sind sehr leicht zu erkennen: Unsicherheit, Furcht, Wut, Depression, Ärger und Frustration.

Verlangen und Begehren sind ein bisschen schwieriger auszumachen, weil sie Dinge betreffen können, die wir normalerweise als tugendhaft oder edel betrachten. Sie können den Wunsch verspüren, sich zu vervollkommnen. Sie können ein Verlangen nach größerer Tugendhaftigkeit fühlen. Sie können sogar ein Anhaften am Glück der Meditationserfahrung selbst entwickeln. Es ist ein bisschen hart, sich von solchen altruistischen Gefühlen zu lösen. Letzten Endes ist das jedoch bloß noch mehr Begierde. Es ist ein Verlangen nach Befriedigung und eine geschickte Art, die gegenwärtige Wirklichkeit nicht zur Kenntnis zu nehmen.

Am giffligsten von allen sind jedoch jene wirklich positiven geistigen Zustände, die sich in Ihre Meditation einschleichen: Glück, Friede, innere Zufriedenheit, Sympathie und Mitgefühl für alle Lebewesen überall. Diese geistigen Zustände sind so süß und so von Wohlwollen erfüllt, dass Sie es kaum ertragen können, sich von ihnen loszumachen. Es gibt Ihnen das Gefühl, ein Verräter der Menschheit zu sein. Man braucht sich nicht so zu fühlen. Wir raten Ihnen nicht, diese Geisteszustände abzulehnen oder herzlose Roboter zu werden. Wir wollen nur, dass Sie sie als das sehen, was sie sind. Sie sind geistige Verfassungen. Sie kommen und sie gehen. Sie tauchen auf und sie verschwinden. Wenn Sie mit Ihrer Meditation fortfahren, werden diese Zustände öfter auftauchen. Das Kunststück ist, nicht an ihnen zu hängen. Sehen Sie nur jeden einzelnen Zustand, wie er auftaucht. Nehmen Sie zur Kenntnis, welcher Art er ist, wie stark er ist und wie lange er dauert. Dann beobachten Sie, wie er forttreibt. Es ist alles bloß ein weiterer Teil der vorbeiziehenden Show Ihres eigenen geistigen Universums.

Genau wie sich die Atmung in Stadien vollzieht, so geschieht es auch mit den geistigen Zuständen. Jeder Atem hat einen Anfang, eine Mitte und ein Ende. Jede geistige Verfassung hat eine Geburt, eine Wachstumsphase und einen Zerfall. Sie sollten sich bemühen, diese Stadien klar zu sehen. Dies ist jedoch nicht leicht. Wie wir bereits bemerkt haben, beginnt jeder Gedanke und jede Empfindung zuerst im unbewussten Bereich des Geistes und steigt erst später ins Bewusstsein auf. Im Allgemeinen werden wir uns solcher Dinge erst bewusst, nachdem sie auf die Ebene des Bewusstseins gelangt und dort einige Zeit verblieben sind. Tatsächlich werden wir uns der Ablenkungen für gewöhnlich erst dann bewusst, wenn sie ihre Gewalt über uns aufgegeben haben und bereits dabei sind, uns zu verlassen. An diesem Punkt sind wir von der plötzlichen Erkenntnis beeindruckt, dass wir irgendwo gewesen sind, Tagträume oder andere Fantasien hatten, oder was auch immer. Ganz offensichtlich geschieht dies viel zu spät in der Ereigniskette. Wir können diese Erscheinung «den Löwen am Schwanz fangen» nennen, und es ist eine ungeschickte Handlungsweise. Wie man einem gefährlichen Tier begegnet, so müssen wir uns geistigen Zuständen von vorn nähern. Mit Geduld werden wir lernen, sie zu erkennen, wie sie von zunehmend tieferen Ebenen unseres Bewusstseins aufsteigen.

Da geistige Zustände zuerst im Unterbewusstsein auftauchen, müssen Sie Ihr Bewusstsein bis hinunter in dieses unbewusste Gebiet ausweiten, um das Entstehen des Geisteszustands zu fassen zu bekommen. Das ist schwierig, weil Sie nicht sehen können, was da unten vor sich geht, jedenfalls nicht auf die gleiche Weise, wie Sie einen bewussten Gedanken sehen können. Aber Sie können lernen, einen vagen Sinn für Bewegung zu bekommen und mit einer Art geistigem Berührungssinn zu arbeiten. Dies kommt mit der Praxis, und diese Fähigkeit ist ein weiteres Ergebnis der tiefen Ruhe der Konzentration. Konzentration verlangsamt das Aufkommen dieser geistigen Zustände und gibt Ihnen Zeit zu spüren, wie jeder aus dem Unbewussten aufsteigt, noch bevor Sie es im Bewusstsein sehen. Konzentration hilft Ihnen, Ihre Bewusstheit auszudehnen bis hinunter in diese brodelnde Dunkelheit, wo Denken und Empfindung beginnen.

Wenn sich Ihre Konzentration vertieft, erlangen Sie die Fähigkeit, Gedanken und Empfindungen langsam aufsteigen zu sehen wie einzelne Blasen verschiedener Art, jede durch Zwischenräume getrennt. Sie steigen in Zeitlupe aus dem Unterbewusstsein hoch. Sie bleiben eine Weile im Bewusstsein, und dann treiben sie davon.

Die Anwendung von Bewusstheit auf Geisteszustände ist Präzisionsarbeit. Dies gilt besonders für Gefühle oder Empfindungen. Es ist sehr leicht, über die Empfindung hinauszugehen; das heißt, ihr über das hinaus oder jenseits von dem, was wirklich ist, noch etwas hinzuzufügen. Es ist gleichermaßen leicht, nicht an die Empfindung heranzureichen, einen Teil von ihr mitzubekommen, aber nicht die ganze. Das Ideal, das Sie anstreben, besteht darin, jeden geistigen Zustand voll zu erleben, genauso wie er ist, nichts hinzuzufügen und keinen Teil davon zu verpassen. Lassen Sie uns Schmerzen im Bein als ein Beispiel benutzen. Was wirklich da ist, ist eine reine fließende Empfindung. Sie verändert sich ständig, ist von einem Moment zum nächsten nie die gleiche. Sie bewegt sich von einer Stelle zur andern, und ihre Intensität schwillt an und geht zurück. Schmerz ist kein Ding. Er ist ein Geschehen. Wir sollten keine Vorstellungen daran heften oder damit assoziieren. Wir erfahren dieses Ereignis in reiner, ungehinderter Bewusstheit einfach als ein fließendes Energiemuster, und nichts weiter. Kein Denken und keine Zurückweisung, bloß Energie.

Wir müssen frühzeitig in unserer Meditationspraxis unsere zugrunde liegenden Annahmen bezüglich der Begriffsbildung überdenken. Die meisten von uns haben sich mit unserer Fähigkeit, geistige Phänomene oder Begriffe logisch zu handhaben, in der Schule und im Leben gute Noten verdient. Wir betrachten unsere Karriere, einen guten Teil unseres Erfolges im täglichen Leben, unsere geglückten Beziehungen weitgehend als das Ergebnis unseres erfolgreichen Umgangs mit Begriffen. Bei der Entwicklung von Achtsamkeit stellen wir jedoch zeitweise den Prozess der Begriffsbildung ein und konzentrieren uns auf die reine Natur der geistigen Phänomene. Während der Meditation streben wir danach, den Geist auf der vorbegrifflichen Ebene zu erfahren.

Aber der menschliche Geist fasst Ereignisse wie Schmerz in Begriffe. Sie merken, wie Sie daran denken als «der Schmerz». Das ist eine Vorstellung. Es ist ein Etikett, etwas, was der Empfindung selbst hinzugefügt wurde. Sie stellen fest, wie Sie ein geistiges Bild, ein Bild vom Schmerz, herstellen, ihn als eine Gestalt sehen. Sie mögen eine grafische Darstellung des Beines sehen, wobei der Schmerz in einer schönen Farbe eingezeichnet ist. Dies ist sehr kreativ und furchtbar unterhaltsam, aber nicht das, was wir wollen. Dies sind Vorstellungen, die der lebendigen Wirklichkeit angeheftet wurden. Höchstwahrscheinlich werden Sie merken, dass Sie denken: «Ich habe Schmerzen in meinem Bein.» «Ich» ist eine Vorstellung. Es ist etwas, was der reinen Erfahrung zusätzlich hinzugefügt wurde.

Wenn Sie ein «Ich» in den Prozess einführen, stellen Sie eine begriffliche Lücke her zwischen der Wirklichkeit und der Bewusstheit, die diese Wirklichkeit betrachtet. Gedanken wie «mich» oder «mein» haben keinen Platz in der direkten Bewusstheit. Sie sind Hinzufügungen von außen und dabei heimtückisch. Wenn Sie «mich» ins Bild bringen, identifizieren Sie sich mit dem Schmerz. Das fügt nur noch Gewicht hinzu. Wenn Sie das «Ich» aus dem Vorgang herauslassen, ist der Schmerz nicht schmerzhaft. Es ist nur ein reiner, flutender Energiestrom. Er kann sogar schön sein. Wenn Sie feststellen, dass das «Ich» sich in Ihre Erfahrung des Schmerzes oder faktisch in irgendeine andere Empfindung einschleicht, dann beobachten Sie das einfach mit Achtsamkeit. Richten Sie reine Aufmerksamkeit auf das Phänomen der persönlichen Identifizierung mit dem Schmerz.

Die allgemeine Idee ist jedoch beinahe zu einfach. Sie möchten jede Empfindung wirklich sehen, ob es Schmerz, Glück oder Langeweile ist. Sie wollen diese Sache voll und ganz in ihrer natürlichen und unverfälschten Form erfahren. Es gibt nur eine Möglichkeit, dies zu verwirklichen. Sie müssen genau den richtigen Zeitpunkt finden. Ihre Bewusstheit für jede Empfindung muss genau auf das Auftauchen dieser Empfindung abgestimmt sein. Wenn Sie sie nur ein wenig zu spät erwischen, verpassen Sie den Anfang. Sie bekommen nicht das Ganze. Wenn Sie an irgendeiner Empfindung über die Zeit hinaus festhalten, nachdem sie verschwunden ist, dann klammern Sie sich an eine Erinnerung. Die Sache selbst ist vorbei, und indem Sie diese Erinnerung festhalten, verpassen Sie das Auftauchen der nächsten Empfindung. Es ist eine sehr heikle Unternehmung. Sie müssen genau hier in der Gegenwart entlangkreuzen, Dinge aufnehmen und Dinge fallen lassen, ohne irgendwelche Verzögerungen. Es bedarf nur einer sehr leichten Berührung. Ihre Beziehung zur Empfindung sollte nie als eine vergangene oder zukünftige bestehen, sondern immer eine Beziehung des einfachen und unmittelbaren Jetzt sein.

Der menschliche Geist will Erscheinungen in Begriffe fassen, und er hat dafür eine Menge intelligenter Wege entwickelt. Jede einfache Empfindung wird einen Schwall von begrifflichem Denken auslösen, wenn Sie dem Geist freien Lauf lassen. Lassen Sie uns das Hören als Beispiel nehmen. Sie sitzen bei der Meditation und jemand im Nebenraum lässt Geschirr fallen. Das Geräusch trifft Ihr Ohr. Sofort sehen Sie ein Bild dieses anderen Zimmers. Sie sehen wahrscheinlich auch eine Person, die Geschirr fallen lässt. Wenn dies eine vertraute Umgebung ist, sagen wir, Ihr eigenes Zuhause, werden Sie wahrscheinlich einen dreidimensionalen Farbfilm darüber im Geist haben, wer etwas fallen ließ und was für ein Geschirrteil heruntergefallen ist. Diese ganze Szene bietet sich sofort dem Bewusstsein dar. Sie springt einfach so hell, klar und zwingend aus dem Unbewussten hervor, dass sie alles andere aus der Sicht drängt. Was geschieht mit der ursprünglichen Empfindung, der reinen Erfahrung des Hörens? Sie ging bei der Umwandlung verloren, wurde völlig überwältigt und vergessen. Wir versäumen die Wirklichkeit. Wir treten in eine Fantasiewelt ein.

Hier ist ein weiteres Beispiel: Sie sitzen gerade in der Meditation und ein Ton trifft auf Ihr Ohr. Es ist bloß ein unbestimmtes Geräusch, eine Art gedämpftes Krachen; es könnte alles Mögliche sein. Als Nächstes wird sich wahrscheinlich etwas dieser Art abspielen: «Was war das? Wer hat das gemacht? Wo kam es her? Wie weit war es entfernt? Ist es gefährlich?» Und so fahren Sie immerzu fort, bekommen keine Antworten außer der Projektion Ihrer Fantasie. Die Bildung von Vorstellungen und

Begriffen ist ein hinterhältig raffinierter Prozess. Er schleicht sich in Ihre Erfahrung ein und übernimmt einfach die Führung. Wenn Sie bei der Meditation einen Ton hören, richten Sie reine Aufmerksamkeit auf die Erfahrung des Hörens. Das und nur das. Was wirklich geschieht, ist so äußerst einfach, dass es uns insgesamt entgehen kann und entgeht. Wellen eines Tons treffen das Ohr in einem bestimmten einzigartigen Muster. Diese Wellen werden im Gehirn in elektrische Impulse übersetzt, und diese Impulse unterbreiten dem Bewusstsein das Muster eines Tons. Das ist alles. Keine Bilder. Keine geistigen Filme. Keine Vorstellungen. Keine inneren Dialoge über die Frage. Nur Geräusch. Die Wirklichkeit ist auf elegante Weise schlicht und einfach. Wenn Sie einen Ton hören, seien Sie achtsam im Hinblick auf den Vorgang des Hörens. Alles andere ist bloß hinzugefügtes Geschwätz. Lassen Sie es außer Acht. Diese gleiche Regel gilt für jede Empfindung, jedes Gefühl, jede Erfahrung, die Sie haben können. Schauen Sie sich Ihre eigene Erfahrung genau an. Graben Sie sich unten durch die Schichten der geistigen Nippsachen, und sehen Sie, was wirklich da ist. Sie werden erstaunt sein, wie einfach es ist und wie schön.

Manchmal können mehrere Empfindungen gleichzeitig auftauchen. Sie könnten einen ängstlichen Gedanken haben, Magendrücken, einen schmerzenden Rücken und ein Jucken an Ihrem linken Ohrläppchen, alles zur gleichen Zeit. Lassen Sie sich nicht in Verlegenheit bringen. Wechseln Sie nicht ständig von einem zum andern über und fragen Sie sich nicht dauernd, was Sie aussuchen sollen. Eine der Empfindungen wird am stärksten sein. Öffnen Sie sich einfach, und die beharrlichste dieser Erscheinungen wird sich hereindrängen und Ihre Aufmerksamkeit fordern. Schenken Sie ihr gerade so lange Aufmerksamkeit, dass Sie sehen, wie sie verschwindet. Dann kehren Sie zu Ihrer Atmung zurück. Wenn ein anderes Phänomen sich aufdrängt, lassen Sie es herein. Wenn es vorbei ist, kehren Sie zur Atmung zurück.

Man kann diesen Prozess jedoch auch zu weit treiben. Sitzen Sie nicht da, auf der Suche nach Dingen, denen Sie Achtsamkeit zuwenden können. Halten Sie Ihre Achtsamkeit beim Atem, bis etwas anderes eintritt und Ihre Aufmerksamkeit abzieht. Wenn Sie merken, dass das passiert, kämpfen Sie nicht dagegen an. Lassen Sie Ihre Aufmerksamkeit auf natürliche Weise zur Ablenkung hinübergleiten und halten Sie sie da, bis sich die Zerstreuung auflöst. Dann kehren Sie zur Atmung zurück. Suchen Sie nicht nach weiteren körperlichen oder geistigen Phänomenen. Gehen Sie einfach zur Atmung zurück. Lassen Sie die Phänomene auf sich zukommen. Es wird natürlich Zeiten geben, wo Sie abdriften. Selbst nach langer Praxis ertappen Sie sich plötzlich beim Aufwachen, merken, dass Sie für eine Weile vom Pfad abgekommen waren. Lassen Sie sich nicht entmutigen. Stellen Sie fest, dass Sie soundso lange vom Pfad abgekommen waren, und gehen Sie zum Atem zurück. Es gibt überhaupt keinen Anlass zu irgendeiner negativen Reaktion. Gerade der Akt des Erkennens, dass Sie den Weg verloren haben, ist tätige Bewusstheit. Es ist ganz von selbst eine Übung in reiner Achtsamkeit.

Achtsamkeit wächst mit der Übung von Achtsamkeit. Es ist wie das Üben eines Muskels. Jedes Mal, wenn Sie ihn bewegen, pumpen Sie ihn gerade ein kleines bisschen auf. Sie machen ihn ein klein wenig stärker. Die Tatsache selbst, dass Sie diese Empfindung des Aufwachens gespürt haben, bedeutet, dass Sie die Kraft Ihrer Achtsamkeit gerade verbessert haben. Das bedeutet, dass Sie gewinnen. Gehen Sie ohne Bedauern zum Atem zurück. Das Bedauern ist jedoch ein konditionierter Reflex, und er kann ohnehin auftauchen – eine weitere geistige Gewohnheit. Wenn Sie feststellen, dass Sie frustriert werden, sich entmutigt fühlen oder sich verurteilen, beobachten Sie dies einfach mit reiner Aufmerksamkeit. Es ist nur eine weitere Ablenkung. Geben Sie ihr ein wenig Aufmerksamkeit, sehen Sie zu, wie sie schwindet, und kehren Sie dann zum Atem zurück.

Die Regeln, die wir gerade besprochen haben, können und sollten wir auf all unsere geistigen Zustände sorgfältig anwenden. Sie werden dies für eine äußerst unbarmherzige Anordnung halten. Es ist die härteste Arbeit, die Sie je unternehmen werden. Sie werden merken, dass Sie diese Technik relativ bereitwillig auf bestimmte Teile Ihrer Erfahrung anwenden, und Sie werden feststellen, dass Sie sie bei den anderen Teilen absolut nicht benutzen wollen.

Meditation ist ein wenig wie geistige Säure. Langsam frisst sie weg, was wir mit ihr in Kontakt bringen. Wir Menschen sind sehr merkwürdige Wesen. Wir mögen den Geschmack gewisser Gifte, und stur essen wir sie weiterhin, während sie uns töten. Gedanken, an denen wir hängen, sind Gift. Sie werden sich ganz eifrig darauf bedacht finden, einige Gedanken mit den Wurzeln auszugraben, während Sie eifersüchtig über bestimmte andere wachen und sie hegen. Das gehört zur Natur des Menschen.

Vipassana-Meditation ist kein Spiel. Klare Bewusstheit ist mehr als ein vergnüglicher Zeitvertreib. Es ist ein Weg nach oben und hinaus aus dem Morast, in dem wir alle stecken, dem Sumpf unserer eigenen Begierden und Abneigungen. Es ist verhältnismäßig leicht, den unangenehmeren Aspekten Ihrer Existenz Bewusstheit zuzuwenden. Wenn Sie erst einmal gesehen haben, wie sich Angst und Depression unter dem heißen, intensiven Leuchtfeuer der Bewusstheit in nichts auflösen, werden Sie diesen Vorgang wiederholen wollen. Dies betrifft die unangenehmen Geisteszustände, die wehtun. Sie wollen diese Dinge loswerden, weil sie Sie belästigen. Es ist viel schwieriger, den gleichen Prozess auf geistige Zustände anzuwenden, die Ihnen wert und teuer sind, wie Vaterlandsliebe, elterliche Fürsorglichkeit oder wahre Liebe. Aber es ist genauso notwendig. Anhaften an Positivem hält Sie mit Sicherheit genauso im Schlamassel wie Verhaftungen im Negativen. Sie können weit genug über den Schlamm hinauskommen, um ein wenig leichter zu atmen, wenn Sie Vipassana-Meditation mit Eifer ausüben. Vipassana-Meditation ist der Weg zu Nibbana. Und nach den Berichten jener, die sich zu diesem erhabenen Ziel durchgeschlagen haben, ist es jeder erforderlichen Mühe wohl wert.

13
Achtsamkeit (*sati*)

Achtsamkeit ist die deutsche Übersetzung für das Paliwort *Sati*. *Sati* ist eine Tätigkeit. Was aber ist das genau? Es kann keine präzise Antwort geben, jedenfalls nicht mit Worten. Worte werden auf den symbolischen Ebenen des Geistes ausgedacht und sie beschreiben jene Realitäten, mit denen sich symbolisches Denken befasst. Achtsamkeit ist vor-symbolisch. Sie ist nicht an Logik gebunden. Dennoch kann Achtsamkeit – ziemlich leicht – erfahren werden, und man kann sie beschreiben, solange Sie im Sinn behalten, dass die Worte nur Finger sind, die auf den Mond zeigen. Sie sind nicht der Mond selbst. Die wirkliche Erfahrung liegt jenseits der Worte und hinter den Symbolen. Es wäre möglich, Achtsamkeit in völlig anderen Begriffen zu beschreiben als in denen, die hier benutzt werden, und jede Beschreibung könnte immer noch richtig sein.

Achtsamkeit ist ein subtiles Verfahren, das Sie gerade in diesem Moment benutzen. Die Tatsache, dass dieser Vorgang oberhalb und jenseits von Worten liegt, macht ihn nicht unwirklich – ganz im Gegenteil. Achtsamkeit ist die Wirklichkeit, die Worte entstehen lässt – die Worte, die resultieren, sind nur blasse Schatten der Realität. Daher ist es wichtig, zu verstehen, dass alles hier Folgende Analogie ist. Es wird nicht völlig verständlich sein. Es wird immer jenseits verbaler Logik bleiben. Aber Sie können es erfahren. Die Technik der so genannten Vipassana- oder Einsichts-Meditation, die vom Buddha ungefähr vor 2.500 Jahren eingeführt wurde, besteht in einer Reihe geistiger Aktivitäten, die speziell darauf ausgerichtet sind, einen Zustand ununterbrochener Achtsamkeit herzustellen.

Wenn Sie sich irgendeiner Sache erstmals bewusst werden, gibt es einen flüchtigen Moment reiner Bewusstheit, gerade bevor Sie beginnen, das Ding begrifflich zu fassen, bevor Sie es identifizieren. Das ist ein Stadium der Achtsamkeit. Gewöhnlich ist dieses Stadium sehr kurz. Es ist dieser blitzartige Bruchteil einer Sekunde, wenn Sie Ihre Augen gerade auf den Gegenstand richten, wenn Sie Ihren Geist gerade auf das Ding konzentrieren, genau bevor Sie es zum Objekt machen, es geistig festhalten und vom Rest der Existenz absondern. Dieser Moment tritt ein, gerade bevor Sie anfangen darüber nachzudenken, bevor Ihr Geist sagt: «Oh, es ist ein Hund.» Dieser fließende, auf weiche Kontraste eingestellte Moment reiner Bewusstheit, das ist Achtsamkeit. In diesem kurzen, blitzartigen geistigen Moment erfahren Sie ein Ding als ein Nicht-Ding. Sie erleben einen weich fließenden Moment reiner Erfahrung, der mit der übrigen Wirklichkeit verkettet, nicht davon abgetrennt ist. Achtsamkeit ist dem sehr ähnlich, was Sie mit Ihrem peripheren Sehvermögen sehen, im Unterschied zur Scharfeinstellung des normalen oder zentralen Sehens. Doch dieser Augenblick der weichen, nicht zentrierten Bewusstheit enthält eine sehr tiefe Art von Wissen, die verloren geht, sobald Sie Ihren Geist konzentrieren und das Objekt in ein Ding verwandeln. Im gewöhnlichen Wahrnehmungsprozess ist die Stufe der Achtsamkeit so flüchtig, dass sie nicht beobachtbar ist. Wir haben die Gewohnheit entwickelt, unsere Aufmerksamkeit für all die übrigen Stufen zu verschwenden, uns auf Wahrnehmung zu konzentrieren, die Wahrnehmung zu identifizieren, sie zu etikettieren und, vor allem, uns auf eine lange Kette symbolischen Denkens darüber einzulassen. Dieser ursprüngliche Augenblick von Achtsamkeit ist schnell vorbei. Sinn der Vipassana-Meditation ist es, uns darin zu üben, diesen Augenblick der Bewusstheit zu verlängern.

Wenn diese Achtsamkeit durch die Anwendung richtiger Techniken verlängert wird, werden Sie feststellen, dass diese Erfahrung weitreichend ist und Ihre gesamte Sicht des Universums verändert. Dieser Stand der Wahrnehmung muss jedoch durch Lernen erreicht werden, und man braucht regelmäßige Übung. Wenn Sie die Technik erst einmal erlernen, werden Sie merken, dass Achtsamkeit viele interessante Aspekte hat.

Die Kennzeichen von Achtsamkeit

Achtsamkeit ist spiegelhaftes Denken. Es reflektiert nur, was gegenwärtig geschieht, und in genau der Weise, wie es geschieht. Es ist keine Voreingenommenheit vorhanden.

Achtsamkeit ist nicht-wertende Beobachtung. Sie ist die Fähigkeit des Geistes, ohne Kritik zu beobachten. Mit dieser Fähigkeit sieht man Dinge ohne Verurteilung oder Wertung. Man ist von nichts überrascht. Man hat einfach ein ausgeglichenes Interesse an den Dingen, genau wie sie in ihrem natürlichen Zustand sind. Man trifft keine Entscheidung und fällt kein Urteil. Man beobachtet nur. Bitte beachten Sie: Wenn wir sagen: «Man trifft keine Entscheidungen und fällt kein Urteil», so meinen wir, dass der Meditierende die Erfahrungen ganz ähnlich wie ein Forscher beobachtet, der ein Objekt unter einem Mikroskop betrachtet – ohne vorgefasste Begriffe, nur mit dem Ziel, das Objekt so zu sehen, wie es ist. In derselben Weise nimmt der Meditierende die Vergänglichkeit, Unzulänglichkeit und Selbst-losigkeit wahr.

Es ist uns psychologisch unmöglich, objektiv zu beobachten, was in uns vorgeht, wenn wir nicht zugleich das Vorkommen unserer verschiedenen Geisteszustände akzeptieren. Dies gilt besonders für unangenehme Geisteszustände. Um unsere eigene Furcht zu beobachten, müssen wir die Tatsache anerkennen, dass wir uns fürchten. Wir können unsere eigene Depression nicht untersuchen, ohne sie voll zu akzeptieren. Das Gleiche gilt für Ärger und Aufregung, Frustration und all jene anderen unbequemen Gefühlszustände. Sie können etwas nicht wirklich erforschen, wenn Sie eifrig dabei sind, seine Existenz zurückzuweisen. Was wir auch immer erfahren mögen, Achtsamkeit akzeptiert es eben. Es ist einfach eines mehr in der Reihe der Ereignisse des Lebens, bloß ein weiteres Ding, dessen wir uns bewusst werden. Kein Stolz, keine Scham, nichts Persönliches steht auf dem Spiel – was da ist, ist da.

Achtsamkeit ist eine unparteiliche Wachsamkeit. Sie ergreift nicht Partei. Sie bleibt nicht an dem hängen, was wahrgenommen wird. Sie nimmt einfach wahr. Achtsamkeit ist nicht in die guten Geisteszustände vernarrt. Sie versucht nicht, die schlechten Geisteszustände zu umgehen. Sie kennt kein Haften am Angenehmen, kein Flüchten vor dem Unangenehmen. Achtsamkeit behandelt alle Erfahrungen als gleichwertig, alle Gedanken als gleichwertig, alle Gefühle als gleichwertig. Nichts wird unterdrückt. Nichts wird verdrängt. Achtsamkeit spielt nicht mit Vorlieben.

Achtsamkeit ist nicht-begriffliche Bewusstheit. Ein anderer deutscher Begriff für *Sati* ist «reine Aufmerksamkeit». Sie ist kein Denken. Sie ist nicht am Denken oder an Vorstellungen beteiligt. Sie bleibt nicht an Ideen oder Meinungen oder Erinnerungen hängen. Sie schaut einfach. Achtsamkeit erfasst Erfahrungen, aber vergleicht sie nicht. Sie etikettiert oder kategorisiert sie nicht. Sie beobachtet einfach alles, als ob es zum ersten Mal geschehen würde. Es ist keine Analyse, die auf Überlegung und Erinnerung beruht. Es ist eher das direkte und unmittelbare Erleben von allem, was geschieht, ohne das Medium des Denkens. Es kommt im Wahrnehmungsprozess vor dem Denken.

Achtsamkeit ist Bewusstheit der Gegenwart. Sie ereignet sich im Hier und Jetzt. Sie ist die Beobachtung dessen, was gerade jetzt, im gegenwärtigen Moment, geschieht. Sie bleibt für immer in der Gegenwart, wogt ständig auf dem Kamm der fortlaufenden Welle der vorüberziehenden Zeit. Wenn Sie gerade an Ihren Lehrer vom zweiten Schuljahr denken, ist das Erinnerung. Wenn Sie sich dann bewusst werden, dass Sie sich an Ihren Lehrer aus der zweiten Klasse erinnern, ist das Achtsamkeit. Wenn Sie dann den Vorgang in Begriffe fassen und zu sich sagen: «Oh, ich erinnere mich», so ist das Denken.

Achtsamkeit ist Wachsamkeit, die nicht ichbezogen ist. Sie tritt auf ohne Bezug zum Selbst. Mit Achtsamkeit sieht man alle Phänomene ohne Beziehung zu Vorstellungen wie «mich» oder «mein». Nehmen Sie zum Beispiel an, Sie haben Schmerzen in Ihrem linken Bein. Ein gewöhnliches Bewusstsein würde sagen: «Ich habe Schmerzen.» Mit Achtsamkeit würde man einfach die Empfindung als eine Empfindung zur Kenntnis nehmen. Man würde nicht dieses zusätzliche Konzept «Ich» anheften. Achtsamkeit sorgt dafür, dass man nichts zur Wahrnehmung hinzufügt und nichts davon abzieht. Man vergrößert nichts. Man betont nichts. Man beobachtet nur genau, was da ist – ohne Verzerrung.

Achtsamkeit ist Bewusstheit von Veränderung. Sie ist das Beobachten des vorüberziehenden Erfahrungsstroms. Sie ist das Betrachten der Dinge, wie sie sich verändern. Sie ist das Wahrnehmen von Geburt, Wachstum und Reifung aller Phänomene. Sie ist das Zusehen, wie Erscheinungen verfallen und absterben. Achtsamkeit betrachtet die Dinge fortlaufend von Augenblick zu Augenblick. Sie ist das Beobachten aller Phänomene – physischer, geistiger oder emotionaler Art –, all dessen, was immer sich gegenwärtig im Geist abspielt. Man lehnt sich einfach zurück und schaut sich die Darbietung an. Achtsamkeit ist die Beobachtung der jeder vorüberziehenden Erscheinung zugrunde liegenden Natur. Sie ist ein Betrachten, wie das Ding entsteht und vorübergeht. Sie ist ein Erkennen, welche Gefühle dieses Ding in uns auslöst und wie wir darauf reagieren. Sie ist ein Beobachten, wie es andere beeinflusst. Mit Achtsamkeit ist man ein unvoreingenommener Beobachter, dessen einzige Aufgabe darin besteht, die ständig vorbeiziehende Show des Universums in uns im Auge zu behalten. *Bitte nehmen Sie diesen Punkt zur Kenntnis:* Mit Achtsamkeit betrachtet man das Universum im Innern. Der Meditierende, der Achtsamkeit entwickelt, befasst sich nicht mit dem äußeren Universum. Es ist vorhanden, aber bei der Meditation ist die eigene Erfahrung das Untersuchungsfeld, die eigenen Gedanken, Gefühle und Wahrnehmungen. Bei der Meditation ist man sein eigenes Labor. Das Universum im Innern hat einen enormen Reichtum an Informationen, enthält die Widerspiegelung der äußeren Welt und viel mehr. Eine Untersuchung dieses Materials führt zu totaler Freiheit.

Achtsamkeit ist teilnehmende Beobachtung. Der Meditierende ist sowohl Teilnehmer als auch Beobachter zu ein und derselben Zeit. Wenn man seine Gefühle oder körperlichen Empfindungen betrachtet, fühlt man sie auch genau in diesem Moment. Achtsamkeit ist keine intellektuelle Bewusstheit. Sie ist einfach Bewusstheit. Die Metapher des spiegelhaften Denkens trifft hier nicht mehr zu. Achtsamkeit ist objektiv, aber sie ist nicht kalt oder gefühllos. Sie ist die wachsame Erfahrung des Lebens, eine aufmerksame Teilnahme am laufenden Prozess des Lebens.

Achtsamkeit ist außerordentlich schwer mit Worten zu bestimmen – nicht weil sie so komplex ist, sondern weil sie zu einfach und offen ist. Das gleiche Problem tritt in jedem Gebiet menschlicher Erfahrung auf. Der grundlegendste Begriff ist immer am schwierigsten festzulegen. Schauen Sie ins Wörterbuch, und Sie werden ein deutliches Beispiel sehen. Lange Wörter haben im Allgemeinen genaue Definitionen, aber für kurze, grundlegende Wörter wie «das» und «ist» können die Definitionen eine Seite lang sein. Und in der Physik sind die Funktionen, die am schwierigsten zu beschreiben sind, die grundlegendsten – jene, die sich mit den fundamentalen Realitäten der Quantenmechanik befassen. Achtsamkeit ist eine vor-symbolische Funktion. Sie können den ganzen Tag lang mit Wortsymbolen spielen, und Sie werden Achtsamkeit nie vollkommen begrifflich festlegen können. Wir können nie ganz ausdrücken, was sie ist. Wir können jedoch sagen, was sie tut.

Drei fundamentale Tätigkeiten

Es gibt drei fundamentale Tätigkeiten von Achtsamkeit. Wir können diese drei Tätigkeiten als funktionale Definitionen des Begriffs verwenden: (a) Achtsamkeit erinnert uns an das, was wir tun sollen; (b) sie sieht die Dinge, wie sie wirklich sind; und (c) sie sieht die wahre Natur aller Phänomene. Lassen Sie uns diese Definitionen ausführlicher untersuchen.

a) *Achtsamkeit erinnert Sie an das, was Sie tun sollen.* Bei der Meditation richten Sie Ihre Aufmerksamkeit auf einen Gegenstand. Wenn Ihr Geist von diesem Brennpunkt abwandert, ist es Achtsamkeit, die Sie daran erinnert, dass Ihr Geist wandert, und was Sie tun sollen. Es ist Achtsamkeit, die Ihren Geist zum Meditationsobjekt zurückbringt. All dies geschieht unmittelbar und ohne inneren Dialog. Achtsamkeit ist nicht Denken. Regelmäßige Meditationspraxis macht diese Funktion zur geistigen Gewohnheit, die sich dann auf Ihr übriges Leben überträgt. Ein ernsthaft Meditierender wendet reine Aufmerksamkeit allen Ereignissen zu, die ganze Zeit, tagein, tagaus, ob er förmlich meditiert oder nicht. Dies ist ein sehr hohes Ideal, auf das diejenigen, die meditieren, vielleicht über Jahre oder sogar Jahrzehnte hinarbeiten. Unsere Gewohnheit, im Denken stecken zu bleiben, ist Jahre alt, und diese Gewohnheit wird sich auf hartnäckigste Weise halten. Der einzige Ausweg ist, bei der Entwicklung von stetiger Achtsamkeit gleichermaßen beharrlich zu sein. Wenn Achtsamkeit vorhanden ist, werden Sie merken, wenn Sie in Ihren Denkmustern stecken bleiben. Es ist gerade dieses Bemerken, das es Ihnen ermöglicht, aus dem Denkprozess auszusteigen und sich davon zu befreien. Achtsamkeit bringt dann Ihre Aufmerksamkeit auf Ihr eigentliches Zentrum zurück. Wenn Sie in diesem Augenblick gerade meditieren, dann wird Ihr Brennpunkt das formelle Meditationsobjekt sein. Wenn Sie nicht in formeller Meditation sind, wird es einfach die reine Anwendung von bloßer Aufmerksamkeit selbst sein, nur ein reines Bemerken dessen, was auftaucht, ohne sich daran zu beteiligen: «Ah, dies taucht auf ... und nun dies, und nun dies ... und nun dies.»

Achtsamkeit ist zu ein und derselben Zeit sowohl reine Aufmerksamkeit selbst als auch die Instanz, die uns daran erinnert, reine Aufmerksamkeit anzuwenden, wenn wir damit aufgehört haben. Reine Aufmerksamkeit ist Zur-Kenntnis-Nehmen. Durch das Bemerken, dass sie nicht vorhanden war, stellt sie sich einfach selbst wieder her. Sobald Sie feststellen, dass Sie nicht aufmerksam waren, sind Sie gemäß Definition aufmerksam, und schon sind Sie wieder zurück bei der Anwendung von reiner Aufmerksamkeit.

Achtsamkeit erzeugt ihr eigenes deutliches Gefühl im Bewusstsein. Sie hat eine charakteristische Note – ein leichtes, klares, kraftvolles Aroma. Im Vergleich dazu ist bewusstes Denken schwerfällig, plump und wählerisch. Aber hier gilt wiederum: Dies sind nur Worte. Ihre eigene Praxis wird Ihnen den Unterschied zeigen. Dann werden Sie wahrscheinlich Ihre eigenen Worte finden, und die hier benutzten Worte werden überflüssig werden. Denken Sie daran: Die Praxis ist das Entscheidende.

b) *Achtsamkeit sieht die Dinge, wie sie wirklich sind.* Sie fügt nichts zur Wahrnehmung hinzu und sie zieht nichts davon ab. Sie verzerrt nichts. Sie ist nüchterne Aufmerksamkeit und schaut einfach auf alles, was auftaucht. Bewusstes Denken überkleistert unsere Erfahrung, überlädt uns mit Begriffen und Ideen, zieht uns in einen wilden Strudel von Plänen und Sorgen, Befürchtungen und Fantasien. Wenn Sie achtsam sind, spielen Sie nicht dieses Spiel. Sie nehmen nur genau zur Kenntnis, was im Geist auftaucht, dann bemerken Sie das Nächste: «Ah, dies ... und dies ... und nun dies.» Es ist wirklich sehr einfach.

c) *Achtsamkeit sieht die wahre Natur aller Erscheinungen.* Achtsamkeit und nur Achtsamkeit kann die drei wesentlichen Merkmale wahrnehmen, die nach buddhistischer Lehre die tiefsten Wahrheiten der Existenz sind. Auf Pali heißen diese drei *Anicca* (Unbeständigkeit), *Dukkha* (Unzulänglichkeit) und *Anatta* (Selbst-losigkeit: die Abwesenheit einer dauerhaften, unveränderlichen Wesenheit, die wir Seele oder Selbst nennen). Diese Wahrheiten werden in der buddhistischen Lehre nicht als Dogmen unterbreitet, die blinden Glauben fordern. Buddhisten spüren, dass diese Wahrheiten universell sind und für jeden offensichtlich, der auf richtige Art nachforschen will. Achtsamkeit ist diese Untersuchungsmethode. Achtsamkeit allein hat die Macht, die tiefste Ebene der Realität zu enthüllen, die der menschlichen Beobachtung zugänglich ist. Auf dieser Ebene der Betrachtung sieht man Folgendes: (a) Alle verursachten Dinge sind von ihrer Natur her unbeständig; (b) jedes weltliche Ding ist auf die Dauer unbefriedigend; und (c) es gibt in Wirklichkeit keine Wesenheiten, die unveränderlich oder dauerhaft sind, nur Prozesse.

Achtsamkeit arbeitet wie ein Elektronenmikroskop. Das heißt, sie arbeitet auf einer so feinen Ebene, dass man tatsächlich diese Wirklichkeiten direkt wahrnehmen kann, die für den bewussten Denkvorgang bestenfalls theoretische Konstrukte sind. Achtsamkeit sieht wirklich den unbeständigen Charakter jeder Wahrnehmung. Sie sieht die vergängliche, flüchtige Natur alles Wahrgenommenen. Sie sieht auch die allen verursachten Dingen innewohnende unbefriedigende Natur. Sie sieht, dass es keinen

Sinn hat, nach irgendeiner dieser vorbeiziehenden Darbietungen zu greifen. Glück und Frieden sind auf diese Weise nicht zu finden. Und schließlich sieht Achtsamkeit die allen Erscheinungen eigene Selbst-losigkeit. Sie sieht, wie wir willkürlich ein bestimmtes Bündel von Wahrnehmungen ausgewählt, sie vom Rest des wogenden Erfahrungsflusses abgeschnitten und uns dann Vorstellungen von ihnen gebildet haben als getrennte, bleibende Wesen. Achtsamkeit sieht diese Dinge tatsächlich. Sie denkt nicht darüber nach, sie sieht sie unmittelbar.

Wenn die Achtsamkeit voll entwickelt ist, sieht sie diese drei Merkmale der Existenz direkt, unmittelbar, ohne das dazwischenliegende Medium bewussten Denkens. In Wirklichkeit sind selbst die Attribute, die wir gerade behandelt haben, von Natur aus eins. Sie existieren nicht wirklich als getrennte Merkmale. Sie sind allein das Ergebnis unseres Bemühens, diesen grundlegend einfachen Prozess, den wir Achtsamkeit nennen, in den schwerfälligen und unzulänglichen Denksymbolen der bewussten Ebene auszudrücken. Achtsamkeit ist ein Prozess, aber er vollzieht sich nicht in Stufen. Es ist ein ganzheitlicher Vorgang, der als eine Einheit auftritt: Sie bemerken Ihren eigenen Mangel an Achtsamkeit; und diese Feststellung selbst ist ein Ergebnis von Achtsamkeit; und Achtsamkeit ist reine Aufmerksamkeit; und reine Aufmerksamkeit ist das Wahrnehmen der Dinge, genau wie sie sind, ohne Verzerrung; und die Art, wie sie sind, ist unbeständig (*Anicca*), unbefriedigend (*Dukkha*) und ohne Selbst (*Anatta*). Dies alles findet im Zeitraum von ein paar Bewusstseins-Momenten statt. Dies bedeutet jedoch nicht, dass Sie als Ergebnis Ihres ersten Augenblicks der Achtsamkeit sofort Befreiung (Freisein von allen menschlichen Schwächen) erlangen werden. Zu lernen, dieses Material in Ihr bewusstes Leben zu integrieren, ist ein ganz anderer Prozess. Und zu lernen, diesen Zustand der Achtsamkeit zu verlängern, ist wieder ein anderer. Es sind jedoch freudige Prozesse, und sie sind wirklich der Mühe wert.

ACHTSAMKEIT (SATI)
UND EINSICHTS-(VIPASSANA-)MEDITATION

Achtsamkeit ist der Kern der Vipassana-Meditation und der Schlüssel zu dem ganzen Prozess. Sie ist sowohl das Ziel dieser Meditation als auch das Mittel zu diesem Zweck. Sie erreichen Achtsamkeit, indem Sie immer achtsamer sind. Ein anderes Pali-Wort, das ins Deutsche als «Achtsamkeit» übersetzt wird, ist *Appamada*, was die Abwesenheit von Nachlässigkeit oder von Verrücktheit bedeutet. Einer, der dem, was im eigenen Geist vor sich geht, ständig Aufmerksamkeit zuwendet, erreicht den Zustand äußerster geistiger Gesundheit.

Der Pali-Begriff *Sati* hat auch die Bedeutung von Erinnern. Gemeint ist nicht Erinnerung im Sinn von Ideen und Bildern aus der Vergangenheit, sondern eher ein klares, direktes, wortloses Wissen, was ist und was nicht ist, was richtig und was falsch ist, was wir gerade tun und wie wir dabei vorgehen sollten. Achtsamkeit erinnert den Meditierenden daran, seine Aufmerksamkeit dem richtigen Gegenstand zur richtigen Zeit zuzuwenden und genau die Menge an Energie einzusetzen, die nötig ist, um diese Arbeit zu tun. Wenn diese Energie richtig zugeführt wird, bleibt der Meditierende ständig in einem Zustand von Ruhe und Wachheit. Solange diese Bedingung aufrechterhalten wird, können jene geistigen Zustände, die wir «Hindernisse» oder «psychische Störenfriede» nennen, nicht auftreten – es ist keine Gier, kein Hass, kein sinnliches Begehren oder Trägheit vorhanden. Aber wir alle sind menschlich, und wir alle irren. Die meisten von uns irren sich wiederholt. Trotz ehrlichen Bemühens lässt der Meditierende hin und wieder seine Achtsamkeit entgleiten, und er stellt fest, dass er durch ein bedauerliches, aber normales menschliches Versagen in die Klemme geraten ist. Achtsamkeit ist es, die diese Veränderung bemerkt. Und es ist Achtsamkeit, die ihn daran erinnert, die Energie aufzubringen, die nötig ist, um sich selbst herauszuziehen. Diese Ausrutscher passieren immer wieder, aber ihre Häufigkeit nimmt mit der Praxis ab. Wenn Achtsamkeit einmal diese geistigen Verunreinigungen zur Seite geschoben hat, können heilsame Geisteszustände an ihre Stelle treten. Hass macht Platz für liebende Güte, Begehren wird durch Wunschlosigkeit ersetzt. Es ist wiederum Achtsamkeit, die diese Veränderung bemerkt und die denjenigen, der Vipassana-Meditation übt, daran erinnert, jenes zusätzliche Bisschen an geistiger Schärfe zu erhalten, das gebraucht wird, um diese erstrebenswerten Geisteszustände zu bewahren. Achtsamkeit macht das Wachstum von Weisheit und Mitgefühl möglich. Ohne Achtsamkeit können sie sich nicht zu voller Reife entfalten.

Tief verborgen gibt es einen geistigen Mechanismus, der akzeptiert, was der Geist als schöne und angenehme Erfahrungen wahrnimmt, und jene Erfahrungen ablehnt, die er als hässlich und schmerzhaft wahrnimmt. Dieser Mechanismus verursacht jene Geisteszustände, die wir durch unsere Übung gerade zu vermeiden lernen – Zustände wie Gier, Sinneslust, Hass, Abneigung und Eifersucht. Wir ziehen es vor, diese Hindernisse zu vermeiden, nicht weil sie im normalen Sinn des Wortes böse, sondern weil sie zwanghaft sind; weil sie den Geist beherrschen und die Aufmerksamkeit vollständig einnehmen; weil sie sich fortwährend in engen kleinen Gedankenkreisen drehen; und weil sie uns von der lebendigen Wirklichkeit abriegeln.

Diese Hindernisse können nicht entstehen, wenn Achtsamkeit gegenwärtig ist. Achtsamkeit ist Aufmerksamkeit für die gegenwärtige Wirklichkeit und daher dem Zustand der Benommenheit direkt entgegengesetzt, der Hindernisse kennzeichnet. Für Meditierende gilt: Nur wenn wir unsere Achtsamkeit fallen lassen, übernehmen die tief verborgenen Mechanismen unseres Geistes die Kontrolle in Form von Ergreifen, Sichfestklammern und Zurückweisen. Dann taucht Widerstand auf und verdunkelt unsere Bewusstheit. Wir bemerken nicht, dass die Veränderung stattfindet – wir sind zu sehr beschäftigt mit einem Gedanken der Rache oder Gier, was immer es sein mag. Während eine ungeübte Person in diesem Zustand unbegrenzt weiter verharren wird, wird ein geübter Meditierender bald erkennen, was geschieht. Es ist Achtsamkeit, die die Veränderung bemerkt. Es ist Achtsamkeit, die an das erfahrene Training erinnert und unsere Aufmerksamkeit bündelt, sodass sich die Verwirrung auflöst. Und es ist Achtsamkeit, die dann versucht, sich unbegrenzt so zu erhalten, dass der Widerstand nicht wieder entstehen kann. So ist Achtsamkeit das spezifische Gegenmittel gegen Hindernisse. Sie ist sowohl das Heilmittel als auch die vorbeugende Maßnahme.

Voll entwickelte Achtsamkeit ist ein Zustand vollkommenen Nicht-Anhaftens und die vollständige Abwesenheit eines Sichanklammerns an irgendetwas in der Welt. Wenn wir diesen Zustand aufrechterhalten können, ist kein anderes Mittel oder anderer Kunstgriff notwendig, um uns von Hindernissen frei zu halten, um Befreiung von unseren menschlichen Schwächen zu erlangen. Achtsamkeit ist Bewusstheit, die nicht an der Oberfläche bleibt. Sie sieht die Dinge tiefgründiger, unter der Ebene der Vorstellungen und Meinungen. Diese Art von tiefer Beobachtung führt zu völliger Gewissheit, einer vollständigen Abwesenheit von Verwirrung. Sie äußert sich in erster Linie als eine stetige und beharrliche Aufmerksamkeit, die nie nachlässt und sich nie abwendet.

Diese reine und unbefleckte erforschende Bewusstheit hält die geistigen Hindernisse nicht nur in Schach, sondern sie legt ihre Mechanismen bloß und zerstört sie. Achtsamkeit neutralisiert Verunreinigungen im Geist. Das Ergebnis ist ein Geist, der unbefleckt und unverwundbar bleibt, vollkommen unberührt von den Höhen und Tiefen des Lebens.

14
Achtsamkeit und Konzentration

Vipassana-Meditation ist so etwas wie ein geistiger Balanceakt. Sie sind dabei, zwei unterschiedliche Qualitäten des Geistes zu entwickeln – Achtsamkeit und Konzentration. Idealerweise arbeiten diese beiden wie ein Team zusammen. Sie bilden sozusagen ein Gespann. Deshalb ist es wichtig, sie nebeneinander und in ausgeglichener Weise zu entwickeln. Wenn einer der Faktoren auf Kosten eines anderen gestärkt wird, geht das Gleichgewicht des Geistes verloren, und Meditation wird unmöglich.

Konzentration und Achtsamkeit sind klar unterschiedene Funktionen. Sie haben beide ihre Rolle bei der Meditation zu spielen, und die Beziehung zwischen ihnen ist klar und fein. Konzentration wird oft «Einspitzigkeit» des Geistes genannt. Sie besteht darin, den Geist zu zwingen, bei einem feststehenden Punkt zu bleiben. Bitte beachten Sie das Wort zwingen. Konzentration ist sehr weitgehend eine erzwungene Form von Aktivität. Sie kann mit Gewalt entwickelt werden, durch reine unermüdliche Willenskraft. Und einmal entwickelt, behält sie etwas von dem Beigeschmack des Erzwungenen. Achtsamkeit dagegen ist eine behutsame Funktion, die zu verfeinerter Empfindsamkeit führt. Diese beiden sind Partner beim Meditieren. Achtsamkeit ist die Empfindsame. Sie bemerkt Dinge. Konzentration stellt die Kraft zur Verfügung. Sie hält die Aufmerksamkeit an einem Punkt fest. Idealerweise ist Achtsamkeit an dieser Beziehung beteiligt. Achtsamkeit wählt den Gegenstand der Aufmerksamkeit aus und merkt, wenn die Aufmerksamkeit verloren gegangen ist. Konzentration erledigt die eigentliche Arbeit, die Aufmerksamkeit ununterbrochen am ausgewählten Gegenstand zu halten. Wenn einer dieser Partner schwach ist, kommt Ihre Meditation vom richtigen Kurs ab.

Konzentration könnte als die Fähigkeit des Geistes definiert werden, die sich zielbewusst ohne Unterbrechung auf ein Objekt richtet. Es muss betont werden, dass echte Konzentration eine heilsame Einspitzigkeit des Geistes ist. Das heißt, der Zustand ist frei von Gier, Hass und Täuschung. Nicht heilsame Einspitzigkeit ist auch möglich, aber sie wird nicht zur Befreiung führen. Sie können sehr zielstrebig sein in einem Zustand des Begehrens. Aber das bringt Sie nirgendwohin. Ununterbrochenes Konzentrieren auf etwas, was Sie hassen, hilft Ihnen überhaupt nicht. In Wirklichkeit ist solche nicht heilsame Konzentration ziemlich kurzlebig, selbst wenn man sie erreicht hat – besonders wenn man sie benutzt, um anderen zu schaden. Wahre Konzentration an sich ist frei von solchen Verschmutzern. Sie ist ein Zustand, in dem der Geist gesammelt ist und so Kraft und Intensität erlangt. Wir könnten die Analogie einer Linse verwenden. Parallele Wellen von Sonnenlicht, die auf ein Stück Papier fallen, werden nicht mehr bewirken, als die Oberfläche zu erwärmen. Aber die gleiche Menge Licht fällt auf einen einzelnen Punkt, wenn sie durch eine Linse gebündelt wird, und das Papier geht in Flammen auf. Konzentration ist die Linse. Sie erzeugt die glühende Intensität, die nötig ist, um in die tieferen Bereiche des Geistes zu sehen. Achtsamkeit wählt das Objekt aus, auf das sich die Linse richten wird, und schaut durch die Linse, um zu sehen, was dort ist.

Konzentration sollte man als ein Werkzeug betrachten. Wie jedes Werkzeug kann man es zum Guten oder Schlechten benutzen. Ein scharfes Messer kann man benutzen, um eine schöne Schnitzerei herzustellen oder um jemanden zu verletzen. Es liegt ganz in der Entscheidung desjenigen, der das Messer benutzt. Mit der Konzentration ist es ähnlich. Richtig genutzt kann sie Ihnen zur Befreiung verhelfen. Aber man kann sie auch im Dienst des Egos verwenden. Sie kann im Rahmen von Leistung und Wettbewerb wirken. Sie können Konzentration benutzen, um andere zu beherrschen. Sie können sie gebrauchen, um selbstsüchtig zu sein. Das eigentliche Problem ist, dass Konzentration allein keine Betrachtung Ihrer selbst ermöglicht. Sie wird kein Licht auf die grundlegenden Probleme der Selbstsucht und die Natur des Leidens werfen. Man kann sie nutzen, um in tiefe psychische Zustände hinunterzugraben. Aber selbst dann kann man die Mächte der Ichbezogenheit nicht verstehen. Nur Achtsamkeit kann das schaffen. Wenn keine Achtsamkeit vorhanden ist, um in die Linse zu schauen und zu sehen, was zum Vorschein gekommen ist, dann ist alles umsonst. Nur Achtsamkeit versteht. Nur Achtsamkeit führt zu Weisheit. Konzentration hat noch weitere Grenzen.

Wirklich tiefe Konzentration kann sich nur unter gewissen spezifischen Bedingungen einstellen. Buddhisten geben sich eine Menge Mühe, um Meditationshallen und Klöster zu bauen. Ihr Hauptzweck ist, eine physische Umgebung zu schaffen, die frei ist von Ablenkungen und in der man diese Fähigkeit lernen kann. Kein Lärm, keine Unterbrechungen. Genauso wichtig jedoch ist die Erzeugung einer emotionalen Umgebung ohne Ablenkungen. Die Entwicklung von Konzentration wird vom Vorhandensein gewisser geistiger Zustände blockiert, die wir die fünf Hindernisse nennen. Sie bestehen in Gier nach sinnlichem Vergnügen, Hass, geistiger Trägheit, Unruhe und geistigem Schwanken. Wir haben diese geistigen Zustände in Kapitel 12 ausführlicher untersucht.

Ein Kloster ist eine kontrollierte Umgebung, in der diese Art von emotionalem Aufruhr auf einem Minimum gehalten wird. Dort ist es nicht erlaubt, mit Angehörigen des anderen Geschlechts zusammenzuleben. Deshalb gibt es weniger Gelegenheit für das Aufkommen sexueller Lust. Besitz ist nicht erlaubt. Daher gibt es keine Streitigkeiten um Eigentum und weniger Anlass zu Gier und Begehren. Eine weitere Hürde für Konzentration sollte ebenfalls erwähnt werden: In wirklich tiefer Konzentration versinken Sie so sehr in das Konzentrationsobjekt, dass Sie Lappalien ringsum vergessen, wie zum Beispiel Ihren Körper, Ihre Identität und alles um Sie herum. Hier ist wieder das Kloster eine nützliche Annehmlichkeit. Es ist gut zu wissen, dass da jemand ist, um für Sie zu sorgen, indem er über all die profanen Angelegenheiten der Ernährung und körperlichen Sicherheit wacht. Ohne diese Gewissheit zögert man, so tief in die Konzentration hineinzugehen, wie es möglich wäre.

Achtsamkeit andererseits ist frei von all diesen Nachteilen. Achtsamkeit ist nicht von solchen besonderen – physischen oder sonstigen – Umständen abhängig. Sie ist ein Faktor, der ausschließlich zur Kenntnis nimmt. So ist sie frei, zu bemerken, was immer erscheint – Begierde, Hass oder Lärm. Achtsamkeit ist von keiner Bedingung eingeschränkt. Sie ist bis zu einem bestimmten Grad in jedem Augenblick vorhanden, in jedem Umstand, der auftaucht. Achtsamkeit hat auch kein festgelegtes Konzentrationsobjekt. Sie beobachtet Veränderung. Daher hat sie eine unbegrenzte Zahl von Gegenständen der Aufmerksamkeit. Sie schaut einfach auf alles, was durch den Geist zieht, und sie kategorisiert nicht. Ablenkungen und Unterbrechungen beachtet sie mit dem gleichen Maß an Aufmerksamkeit wie die formalen Meditationsobjekte. In einem Zustand reiner Achtsamkeit fließt Ihre Aufmerksamkeit einfach mit den Veränderungen, wie sie sich im Geist vollziehen. «Wandel, Wandel, Wandel. Jetzt dies, nun das, und nun das.»

Achtsamkeit lässt sich nicht mit Gewalt entwickeln. Aktive Willenskraft nach dem Motto «Zähne zusammenbeißen» wird überhaupt nichts Gutes bewirken. Sie wird sogar Fortschritte verhindern. Achtsamkeit kann man nicht durch Kampf entwickeln. Sie wächst durch Erkennen, durch Loslassen, indem man einfach im Augenblick weilt und es sich bei allem, was man erlebt, gut gehen lässt. Dies bedeutet nicht, dass Achtsamkeit ganz von selbst kommt. Weit gefehlt: Man braucht Energie. Man muss sich anstrengen. Aber diese Anstrengung ist etwas anderes als Gewalt. Achtsamkeit entwickelt sich durch behutsame Anstrengung. Der Meditierende entwickelt Achtsamkeit, indem er sich selbst ständig auf sanfte Weise daran erinnert, seine Bewusstheit von allem, was gerade jetzt geschieht, zu erhalten. Ausdauer und Leichtigkeit sind das Geheimnis. Achtsamkeit wird entwickelt, indem man sich fortwährend ganz behutsam, ganz sanft zu einem Zustand von Bewusstheit zurückholt.

Achtsamkeit kann man auch nicht in selbstsüchtiger Weise gebrauchen. Sie ist Aufmerksamkeit ohne Ego. Es gibt kein «Ich» in einem Zustand reiner Achtsamkeit. Daher gibt es kein Selbst, um selbstsüchtig zu sein. Im Gegenteil: Es ist Achtsamkeit, die Ihnen einen wirklichen Blick auf sich selbst bietet. Sie ermöglicht es Ihnen, den entscheidenden geistigen Abstand von

Ihren eigenen Wünschen und Abneigungen zu nehmen, sodass Sie dann schauen und sagen können: «Aha, so bin ich in Wirklichkeit.»

In einem Zustand von Achtsamkeit sehen Sie sich genau so, wie Sie sind. Sie sehen Ihr eigenes selbstsüchtiges Verhalten. Sie sehen Ihr eigenes Leiden. Und Sie sehen, wie Sie dieses Leiden hervorbringen. Sie sehen, wie Sie andere verletzen. Sie dringen mitten durch die Schicht von Lügen hindurch, die Sie sich normalerweise selbst erzählen, und sehen, was wirklich da ist. Achtsamkeit führt zu Weisheit.

Achtsamkeit versucht nicht, irgendetwas zu erreichen. Sie besteht einfach im Schauen. Daher sind Verlangen und Abneigung nicht beteiligt. Wettstreit und Kampf um Leistung haben keinen Platz in diesem Prozess. Achtsamkeit strebt nichts an. Sie sieht einfach, was bereits da ist.

Achtsamkeit ist eine breitere und weiterreichende Funktion als Konzentration. Sie ist eine alles umfassende Funktion. Konzentration schließt aus. Sie ruht auf einem Gegenstand und ignoriert alles Übrige. Achtsamkeit schließt ein. Sie nimmt Abstand vom Brennpunkt der Aufmerksamkeit und beobachtet mit einem breiten Blickfeld, bereit, jede Veränderung, die sich vollzieht, zu beachten.

Wenn Sie Ihren Geist auf einen Stein konzentriert haben, wird Konzentration nur den Stein sehen. Achtsamkeit nimmt Abstand von diesem Prozess, wird des Steins gewahr, der Konzentration, die sich auf den Stein richtet, der Intensität dieses Brennpunktes, und erkennt sofort die Veränderung der Aufmerksamkeit, wenn die Konzentration nachlässt. Es ist die Achtsamkeit, die bemerkt, dass Zerstreuung aufgetreten ist, und es ist Achtsamkeit, die die Aufmerksamkeit auf den Stein zurücklenkt. Achtsamkeit ist schwerer zu entwickeln als Konzentration, weil sie eine tiefer reichende Funktion ist. Konzentration ist nur das Bündeln des Geistes, eher wie ein Laserstrahl. Sie hat die Kraft, tief in den Geist einzudringen und zu beleuchten, was da ist. Aber sie versteht nicht, was sie sieht. Achtsamkeit kann die Mechanismen der Selbstsucht untersuchen und verstehen, was sie sieht. Achtsamkeit kann das Geheimnis des Leidens und die Mechanismen des Unbehagens durchdringen. Achtsamkeit kann Sie befreien.

Es gibt jedoch eine weitere Zwickmühle. Achtsamkeit reagiert nicht auf das, was sie sieht. Sie sieht nur und versteht. Achtsamkeit ist das Wesen von Geduld. Daher müssen Sie alles, was Sie sehen, einfach annehmen, anerkennen und leidenschaftslos beobachten. Dies ist nicht leicht, aber es ist äußerst notwendig. Wir sind unwissend. Wir sind selbstsüchtig und gierig und prahlerisch. Wir sind begehrlich und lügen. Dies sind Tatsachen. Achtsamkeit bedeutet, diese Tatsachen zu sehen und Geduld mit uns zu haben, uns anzunehmen, wie wir sind. Das geht uns gegen den Strich. Wir wollen es nicht akzeptieren. Wir wollen es verleugnen oder ändern oder rechtfertigen. Aber Akzeptieren ist das Wesen von Achtsamkeit. Wenn unsere Achtsamkeit wachsen soll, müssen wir akzeptieren, was die Achtsamkeit vorfindet. Es kann Langeweile sein, Ärgernis oder Angst. Es kann um Schwäche gehen, Unzulänglichkeit oder Fehler. Was immer es ist, so sind wir. Das ist Realität.

Achtsamkeit akzeptiert einfach, was da ist. Wenn Ihre Achtsamkeit zunehmen soll, ist geduldiges Annehmen der einzige Weg. Achtsamkeit wächst nur auf eine Weise: durch ständiges Anwenden von Achtsamkeit, einfach durch das Bestreben, achtsam zu sein, und das heißt, geduldig zu sein. Dieser Prozess lässt sich weder erzwingen noch beschleunigen. Er vollzieht sich in seinem eigenen Tempo.

Konzentration und Achtsamkeit arbeiten bei der Meditation Hand in Hand. Achtsamkeit lenkt die Kraft der Konzentration. Achtsamkeit ist der Leiter des Unternehmens. Konzentration liefert die Energie, durch die Achtsamkeit in die tiefste Ebene des Geistes eindringen kann. Ihre Zusammenarbeit führt zu Einsicht und Verständnis. Diese gilt es, gemeinsam in einem ausgewogenen Verhältnis zu entwickeln. Achtsamkeit wird nur ein klein wenig mehr betont, weil sie Mittelpunkt der Meditation ist. Die tiefsten Stufen von Konzentration sind nicht wirklich notwendig für die Aufgabe der Befreiung. Dennoch ist ein Gleichgewicht von Bedeutung. Zu viel Bewusstheit ohne Ruhe als Ausgleich wird zu einem wilden, übersensibilisierten Zustand führen, ähnlich wie beim Missbrauch von LSD. Zu viel Konzentration ohne ein ausgleichendes Maß an Bewusstheit wird das Syndrom des «steinernen Buddha» zur Folge haben. Der Meditierende wird so ruhig, dass er wie ein Felsblock dasitzt. Beides sollte man vermeiden.

Die anfänglichen Stadien der geistigen Entwicklung sind besonders heikel. Zu viel Betonung auf Achtsamkeit an dieser Stelle wird tatsächlich die Entwicklung von Konzentration verzögern. Wenn Sie mit Meditation beginnen, werden Sie als eines der ersten Dinge bemerken, wie unglaublich aktiv der Geist wirklich ist. Die Theravada-Tradition bezeichnet dieses Phänomen als «Affen-Geist». Die tibetische Tradition vergleicht es mit einem Wasserfall von Gedanken. Wenn Sie an dieser Stelle den Schwerpunkt auf die Bewusstseinsfunktion legen, wird es so viel geben, dessen man sich bewusst sein könnte, dass Konzentration unmöglich sein wird. Lassen Sie sich nicht entmutigen. Das geht allen so. Und es gibt eine einfache Lösung. Bemühen Sie sich am Anfang überwiegend um Einspitzigkeit. Fahren Sie einfach damit fort, die Aufmerksamkeit immer wieder vom Abschweifen zurückzurufen. Bleiben Sie hartnäckig. Ausführliche Instruktionen, wie man dies macht, sind in Kapitel 7 und 8 zu finden. Ein paar Monate später werden Sie Konzentrationskraft entwickelt haben. Dann können Sie anfangen, Ihre Energie in Achtsamkeit zu stecken. Gehen Sie jedoch mit der Konzentration nicht so weit, dass Sie feststellen, dass Sie in Teilnahmslosigkeit hineingeraten.

Achtsamkeit ist dennoch die bedeutendere der beiden Komponenten. Sie sollte aufgebaut werden, sobald Sie dies beruhigt tun können. Achtsamkeit stellt die notwendige Grundlage bereit für die nachfolgende Entwicklung tieferer Konzentration. Die meisten Fehler auf diesem Gebiet des Gleichgewichts werden sich mit der Zeit von selbst korrigieren. Die rechte Konzentration entwickelt sich natürlicherweise im Gefolge von starker Achtsamkeit. Je mehr Sie den Faktor des aufmerksamen Zur-Kenntnis-Nehmens entwickeln, desto schneller werden Sie die Ablenkung feststellen, und desto schneller werden Sie sich davon zurückziehen und zum formalen Objekt der Aufmerksamkeit zurückkehren. Das natürliche Ergebnis ist verstärkte Konzentration. Und indem sich Konzentration entwickelt, unterstützt sie die Entwicklung von Achtsamkeit. Je mehr Konzentrationskraft Sie haben, desto geringer ist die Wahrscheinlichkeit, dass Sie eine lange Kette von Analysen bezüglich der Ablenkung in die Wege leiten. Sie nehmen einfach die Ablenkung zur Kenntnis und bringen Ihre Aufmerksamkeit dahin zurück, wo sie sein sollte.

So tendieren die beiden Faktoren dazu, sich wechselseitig auszubalancieren und das Wachstum des anderen ganz natürlich zu unterstützen. Die einzige Regel in etwa, die Sie an dieser Stelle zu befolgen haben, besteht darin, sich am Anfang um Konzentration zu bemühen, bis die Erscheinung, dass der Geist wie ein Affe umherspringt, sich ein wenig gelegt hat. Danach setzen Sie den Schwerpunkt auf Achtsamkeit. Wenn Sie merken, dass Sie außer Fassung geraten, betonen Sie die Konzentration. Stellen Sie fest, dass Sie in Teilnahmslosigkeit versinken, verlagern Sie den Schwerpunkt auf Achtsamkeit. Insgesamt liegt die Betonung auf Achtsamkeit.

Achtsamkeit leitet Ihre Entwicklung in der Meditation an, weil Achtsamkeit die Fähigkeit hat, sich ihrer selbst bewusst zu sein. Es ist Achtsamkeit, die Ihnen einen Blick auf Ihre Praxis gewährt. Achtsamkeit wird Sie wissen lassen, wie Sie Ihre Sache machen. Aber kümmern Sie sich nicht zu viel darum. Dies ist kein Wettstreit. Sie befinden sich nicht in Konkurrenz mit irgendjemandem und es gibt keinen Zeitplan.

Am schwierigsten zu begreifen ist die Tatsache, dass Achtsamkeit nicht von einem Gefühls- oder Geisteszustand abhängig ist. Wir haben gewisse Vorstellungen von Meditation. Meditation ist etwas, was in stillen Höhlen von ruhigen Menschen ausgeübt wird, die sich langsam bewegen. Dies sind Übungsbedingungen. Sie sind eingerichtet, um Konzentration zu fördern und die Kunst der Achtsamkeit zu erlernen. Wenn Sie diese Fähigkeit jedoch erst einmal erworben haben, können und sollten Sie auf die Einschränkungen der Übungssituation verzichten. Sie brauchen sich nicht im Schneckentempo zu bewegen, um achtsam zu sein. Sie brauchen noch nicht einmal ruhig zu sein. Sie können achtsam sein, während Sie intensiv dabei sind, Probleme der Infinitesimalrechnung zu lösen. Sie können inmitten eines Fußballgedränges achtsam sein. Sie können selbst mitten in rasendem Ungestüm achtsam sein. Geistige und körperliche Aktivitäten sind kein Hemmnis für Achtsamkeit. Wenn Sie merken, dass Ihr Geist extrem aktiv ist, dann beobachten Sie einfach die Art und das Ausmaß dieser Aktivität. Sie ist bloß ein Teil der vorüberziehenden Show im Innern.

15
Meditation im Alltag

Jeder Musiker spielt Tonleitern. Wenn Sie anfangen, Klavierspielen zu üben, ist dies das Erste, was Sie lernen, und Sie werden nie aufhören, Tonleitern zu spielen. Die besten Konzertpianisten der Welt spielen immer noch Tonleitern. Es ist eine grundlegende Fertigkeit, die man nicht verkümmern lassen darf.

Jeder Tennisspieler übt Grundschläge. Es ist das Erste, was man lernt, und man hört nie auf, es zu trainieren. Jedes Turnierspiel beginnt mit Schlagübungen. Grundfertigkeiten müssen immer geschärft bleiben.

Sitzmeditation ist die Arena, in der der Meditierende seine eigenen grundlegenden Fertigkeiten übt. Das Spiel, das er spielt, ist die Erfahrung seines eigenen Lebens, und das Instrument, auf dem er spielt, ist sein eigener Sinnesapparat. Selbst der erfahrenste Meditierende fährt fort, Sitzmeditation zu praktizieren, weil sie die grundlegenden geistigen Fähigkeiten einstimmt und schärft, die er für sein besonderes Spiel braucht. Wir dürfen jedoch nie vergessen, dass Sitzmeditation selbst nicht das Spiel ist. Sie ist das Training. Das Spiel, in dem jene Grundfertigkeiten gebraucht werden, ist der ganze Rest der eigenen auf Erfahrung beruhenden Existenz. Meditation, die nicht auf das tägliche Leben angewendet wird, ist steril und begrenzt.

Der Zweck der Vipassana-Meditation ist nichts Geringeres als die radikale und anhaltende Transformation Ihrer ganzen Sinneserfahrung und Erkenntnis. Es soll Ihre ganze Weise, das Leben zu erfahren, grundlegend verändern. Jene Perioden der Sitzmeditation sind Zeiten, die eigens eingeplant sind, um neue geistige Gewohnheiten auszubilden. Sie lernen, Sinneseindrücke auf neue Weise aufzunehmen und zu verstehen. Sie entwickeln neue Methoden, mit bewusstem Denken umzugehen, und neue Weisen, der unaufhörlichen Flut Ihrer eigenen Gefühle Aufmerksamkeit zu schenken. Diese neuen geistigen Verhaltensweisen muss man auf das übrige Leben übertragen. Sonst bleibt die Meditation trocken und unfruchtbar, ein theoretischer Teil Ihrer Existenz, der mit dem ganzen Rest nicht in Beziehung steht. Etwas Anstrengung, um diese beiden Teile zu verbinden, ist notwendig. Bis zu einem gewissen Grad wird der Transfer von selbst stattfinden, aber dieser Vorgang wird langsam und unzuverlässig sein. Sehr wahrscheinlich werden Sie am Ende das Gefühl haben, dass Sie nirgendwohin gelangen, und das Ganze sein lassen, weil es nicht lohnend erscheint.

Eines der denkwürdigsten Ereignisse in Ihrer Meditationsentwicklung ist der Augenblick, wo Sie zum ersten Mal erkennen, dass Sie inmitten einer ganz gewöhnlichen Tätigkeit meditieren. Sie fahren gerade auf der Autobahn oder tragen den Abfall hinaus, und es stellt sich ganz von selbst ein. Dieses ungeplante Hervortreten der Fertigkeiten, die Sie so sorgfältig gefördert haben, ist eine echte Freude. Es gewährt Ihnen einen winzigen Ausblick auf die Zukunft. Sie bekommen unverhofft eine Ahnung davon, was die Praxis wirklich bedeutet. Sie sind beeindruckt von der Möglichkeit, dass diese Transformation des Bewusstseins tatsächlich ein bleibendes Merkmal Ihrer Erfahrung werden könnte. Sie erkennen, dass Sie wirklich den Rest Ihrer Tage verbringen könnten, indem Sie neben den lähmenden lautstarken Forderungen Ihrer eigenen Zwänge stehen, nicht länger von Ihren eigenen Bedürfnissen und Begierden verzweifelt gejagt. Sie bekommen einen winzigen Vorgeschmack davon, wie es ist, einfach zur Seite zu treten und zuzuschauen, wie alles vorüberfließt. Es ist ein unwiderstehlicher Augenblick.

Diese Vision bleibt jedoch wahrscheinlich unerfüllt, wenn Sie nicht aktiv den Übertragungsprozess zu fördern suchen. Der wichtigste Moment bei der Meditation ist der Augenblick, wo Sie das Kissen verlassen. Wenn Ihre Übungszeit zu Ende ist, können Sie aufspringen und das Ganze fallen lassen, oder Sie können jene Fähigkeiten mit hineinnehmen in alles, was Sie sonst tun.

Es ist entscheidend, dass Sie verstehen, was Meditation ist. Sie besteht weder in einer besonderen Haltung noch einfach in einer Serie geistiger Übungen. Meditation bedeutet, Achtsamkeit zu entwickeln und diese entwickelte Achtsamkeit anzuwenden. Sie müssen nicht sitzen, um zu meditieren. Sie können meditieren, während Sie das Geschirr abwaschen. Sie können beim Duschen meditieren, beim Rollschuhlaufen oder Briefeschreiben. Meditation ist Bewusstheit, und man muss sie bei wirklich jeglichem Tun im eigenen Leben anwenden. Das ist nicht leicht.

Wir entwickeln Bewusstheit speziell durch das Sitzen an einem ruhigen Ort, weil es so am leichtesten ist. Meditation in Bewegung ist schwieriger. Meditation inmitten schneller, geräuschvoller Aktivität ist noch schwieriger. Und Meditation inmitten äußerst selbstsüchtiger Betätigungen wie einer Romanze oder einer Auseinandersetzung ist die größte Herausforderung. Der Anfänger wird auch bei weniger stressigen Tätigkeiten alle Hände voll zu tun haben.

Doch das Ziel der Praxis bleibt: die eigene Konzentration und Bewusstheit so zu stärken, dass sie selbst unter den Belastungen des Lebens in der gegenwärtigen Gesellschaft unerschütterlich bleiben. Das Leben bietet viele Herausforderungen, und der ernsthaft Meditierende ist nie gelangweilt.

Das Übertragen der Meditation auf die Ereignisse Ihres täglichen Lebens ist kein einfacher Vorgang. Versuchen Sie es, und Sie werden es sehen. Der Übergang zwischen dem Ende Ihrer Meditationssitzung und dem Beginn des «wirklichen Lebens» ist ein weiter Sprung. Für die meisten von uns ist er zu weit. Wir stellen fest, dass unsere Ruhe und Konzentration innerhalb von Minuten verschwinden, am Ende sind wir anscheinend nicht besser dran als zuvor. Um diese tiefe Kluft zu überbrücken, haben Buddhisten über die Jahrhunderte eine stattliche Reihe von Übungen ersonnen, die darauf hinzielen, den Übergang zu ebnen. Sie nehmen diesen Sprung und zergliedern ihn in kleine Schritte. Jeder Schritt kann dann für sich ausgeführt werden.

Gehmeditation

Unser tägliches Leben ist voller Tätigkeit und Bewegung. Stundenlang ununterbrochen völlig bewegungslos zu sitzen ist nahezu das Gegenteil der normalen Erfahrung. Jene Zustände der Klarheit und Ruhe, die wir in absoluter Ruhe fördern, tendieren zur Auflösung, sobald wir uns bewegen. Wir brauchen eine Übung zum Übergang, die uns die Fähigkeit beibringen wird, in Bewegung ruhig und bewusst zu bleiben. Gehmeditation hilft uns, diesen Übergang von der statischen Ruhe zum Alltagsleben zu schaffen. Sie ist Meditation in Bewegung, und man verwendet sie oft als Alternative zum Sitzen. Gehen ist besonders gut für die Zeiten, in denen Sie extrem unruhig sind. Eine Stunde Gehmeditation wird Ihnen oft über jene rastlose Energie hinweghelfen und dennoch ein beträchtliches Maß an Klarheit hervorbringen. Sie können dann die Sitzmeditation mit größerem Gewinn fortsetzen.

Nach üblicher buddhistischer Praxis wird empfohlen, dass Sie Ihre tägliche Übung im Sitzen durch häufige Retreats ergänzen. Ein Retreat ist eine mehr oder weniger lange Zeit, die ausschließlich der Meditation gewidmet ist. Ein- oder zweitägige Retreats sind für Laien üblich. Erfahrene Meditierende in einer klösterlichen Situation haben die Möglichkeit, monatelang nichts anderes zu tun. Solche Praxis ist strikt, und sie stellt beträchtliche Anforderungen an Körper und Geist. Wenn Sie nicht schon seit mehreren Jahren dabei sind, ist die Dauer der Zeit begrenzt, in der Sie sitzen und davon profitieren können. Zehn geschlagene Stunden in Sitzhaltung werden bei den meisten Anfängern einen Zustand qualvoller Schmerzen hervorrufen, der bei Weitem ihre Konzentrationskräfte übersteigt. Ein gewinnbringendes Retreat muss daher mit Positionswechseln und mit etwas Bewegung durchgeführt werden. Das gewöhnliche Schema sieht vor, zwischen Blöcke von Sitzmeditation Blöcke von Gehmeditation einzufügen. Üblich ist eine Stunde jeweils für einen Block mit kurzen Pausen dazwischen.

Zur Gehmeditation brauchen Sie einen privaten Ort mit ausreichend Platz für mindestens fünf bis zehn Schritte in gerader Linie. Sie werden sehr langsam vor und zurück gehen, und in den Augen von Menschen im Westen werden Sie merkwürdig und vom Alltagsleben abgelöst erscheinen. Dies ist nicht die Art von Übung, die Sie im Vorgarten ausführen wollen, wo Sie unnötige Aufmerksamkeit erregen. Wählen Sie einen abgeschiedenen Ort.

Die Anweisungen in physischer Hinsicht sind einfach. Suchen Sie sich ein Gelände ohne Hindernisse aus und beginnen Sie an einem Ende. Stehen Sie eine Minute lang in aufmerksamer Haltung. Sie können Ihre Arme halten, wie es angenehm ist, vorne, hinter dem Rücken oder an den Seiten. Während Sie dann einatmen, heben Sie die Ferse des einen Fußes. Während Sie ausatmen, lassen Sie den Fuß auf den Zehen ruhen. Während Sie wieder einatmen, heben Sie diesen Fuß, bewegen ihn vorwärts, und während Sie ausatmen, bringen Sie den Fuß nach unten und berühren den Boden. Wiederholen Sie dies mit dem anderen Fuß. Gehen Sie sehr langsam zum anderen Ende, bleiben Sie für eine Minute stehen, dann drehen Sie sich sehr langsam um und stehen eine weitere Minute, bevor Sie zurückgehen. Dann wiederholen Sie den Vorgang. Halten Sie Ihren Kopf hoch und Ihren Nacken entspannt. Halten Sie Ihre Augen offen, um das Gleichgewicht zu bewahren, aber schauen Sie auf nichts Bestimmtes. Gehen Sie natürlich. Halten Sie das langsamste Tempo ein, das angenehm ist, und achten Sie nicht auf Ihre Umgebung. Achten Sie auf Spannungen, die sich im Körper aufbauen, und lösen Sie sie auf, sobald Sie sie entdecken. Machen Sie keinen besonderen Versuch, anmutig zu sein. Versuchen Sie nicht, hübsch auszusehen. Dies ist keine athletische Übung oder ein Tanz. Es ist eine Übung in Bewusstheit. Ihr Ziel ist, vollkommene Wachsamkeit zu erlangen, erhöhte Empfindsamkeit und die ganze, ungehinderte Erfahrung der Gehbewegung. Richten Sie Ihre ganze Aufmerksamkeit auf die Empfindungen, die von den Füßen und Beinen kommen. Versuchen Sie, über jeden Fuß so viele Informationen wie möglich zu registrieren, während er sich bewegt. Vertiefen Sie sich in die reine Empfindung des Gehens und achten Sie auf jede feine Nuance der Bewegung. Spüren Sie jeden einzelnen Muskel bei der Bewegung. Erfahren Sie jede winzige Veränderung bei der Berührungsempfindung, wenn die Füße gegen den Boden drücken und sich dann wieder heben.

Merken Sie, wie diese scheinbar glatten Bewegungen aus einer komplexen Serie von winzigen ruckartigen Teilbewegungen zusammengesetzt sind. Versuchen Sie, nichts zu verpassen. Um

Ihre Empfindsamkeit zu erhöhen, können Sie die Bewegung in verschiedene Bestandteile aufgliedern. Jeder Fuß durchläuft eine Hebung, eine Schwingung nach vorn und dann ein Senken nach unten. Jeder dieser Abschnitte hat einen Anfang, eine Mitte und ein Ende. Um sich selbst in diese Bewegungsfolge einzustimmen, können Sie damit beginnen, jedes Stadium im Geist deutlich zur Kenntnis zu nehmen.

Vermerken Sie im Geist «Heben, Vorwärtsschwingen, Senken, Berühren des Bodens, Auftreten» und so weiter. Dies ist ein geeignetes Übungsverfahren, um Sie mit der Folge von Bewegungen vertraut zu machen, und um sicherzustellen, dass Sie keine verpassen. Während Sie sich der Myriade subtiler Ereignisse bewusst werden, die vor sich gehen, werden Sie keine Zeit für Worte haben. Sie werden merken, dass Sie in eine fließende, ununterbrochene Bewusstheit von Bewegung eingetaucht sind. Die Füße werden Ihr ganzes Universum werden. Wenn Ihr Geist wandert, nehmen Sie die Ablenkung in der üblichen Art zur Kenntnis, dann bringen Sie Ihre Aufmerksamkeit zum Gehen zurück. Schauen Sie nicht auf Ihre Füße, während Sie all dies tun, und gehen Sie nicht vor und zurück mit einem geistigen Bild Ihrer Füße und Beine vor Augen. Denken Sie nicht, spüren Sie nur. Sie brauchen die Vorstellung von Füßen nicht, und Sie brauchen keine Bilder. Registrieren Sie einfach die Empfindungen, wie sie fließen. Am Anfang werden Sie wahrscheinlich einige Schwierigkeiten mit der Balance haben. Sie benutzen die Beinmuskeln auf eine neue Art, und eine Zeit der Gewöhnung ist natürlich. Wenn Frustration aufkommt, nehmen Sie das einfach zur Kenntnis, und lassen Sie sie los.

Gehmeditation als Vipassana-Methode ist dazu bestimmt, Ihr Bewusstsein mit einfachen Empfindungen zu überfluten, so gründlich, dass alles andere beiseitegeschoben wird. In ihr ist kein Platz für Denken und kein Raum für Emotion. In ihr ist keine Zeit zum Ergreifen und keine, um die Tätigkeit in eine Serie von Begriffen einzufrieren. In ihr ist kein Gefühl eines Selbst notwendig. In ihr zieht nur die Berührungs- und Bewegungsempfindung vorüber, eine endlose und sich immer verändernde Flut reiner Erfahrung. Statt der Realität zu entkommen, lernen wir hier, in sie zu flüchten. Alle Einsichten, die wir erlangen, sind unmittelbar auf den Rest unseres Lebens anwendbar, das mit Ideen angefüllt ist.

Körperhaltungen

Das Ziel unserer Praxis ist es, uns aller Facetten unserer Erfahrung in einem ununterbrochenen Fluss von Moment zu Moment bewusst zu werden. Unser Tun und unser Erleben sind zum großen Teil völlig unbewusst in dem Sinn, dass wir es mit wenig oder keiner Aufmerksamkeit tun. Unser Geist ist bei etwas ganz anderem. Die meiste unserer Zeit verbringen wir, indem wir mit automatischer Steuerung laufen, im Nebel von Tagträumen und Sorgen verloren.

Einer der am häufigsten ignorierten Aspekte unserer Existenz ist unser Körper. Der farbige Zeichentrickfilm in unserem Kopf ist so verführerisch, dass wir dazu neigen, unsere ganze Aufmerksamkeit vom Bewegungs- und Berührungssinn abzuziehen. Diese Informationen strömen in jeder Sekunde durch die Nerven und in das Gehirn, aber wir haben sie zum größten Teil vom Bewusstsein abgeschottet. Sie strömen in die unteren Ebenen des Geistes ein und kommen nicht weiter. Die Buddhisten haben eine Übung entwickelt, um die Schleusen zu öffnen und dieses Material zum Bewusstsein durchzulassen. Es ist eine weitere Art, das Unbewusste bewusst werden zu lassen.

Ihr Körper macht im Lauf eines einzigen Tages alle Arten von Verrenkungen durch. Sie sitzen und Sie stehen. Sie gehen und legen sich hin. Sie beugen sich, laufen, kriechen und lümmeln sich hin. Meditationslehrer legen Ihnen nahe, sich dieses ständig fortwährenden Tanzes bewusst zu werden. Wenn Sie durch Ihren Tag gehen, sollten Sie alle paar Minuten ein paar Sekunden damit verbringen Ihre Haltung zu überprüfen. Doch tun Sie dies nicht auf eine wertende Weise. Dies ist keine Übung, um Ihre Haltung zu korrigieren oder Ihr Aussehen zu verbessern. Lassen Sie Ihre Aufmerksamkeit durch den Körper hinuntergleiten und spüren Sie, wie Sie ihn halten. Vermerken Sie wortlos im Geist: «Gehen», «Sitzen», «Liegen» oder «Stehen». Es klingt alles auf absurde Weise einfach, aber unterschätzen Sie dieses Verfahren nicht. Dies ist eine wirkungsvolle Übung. Wenn Sie sie gründlich machen, wenn Sie diese geistige Gewohnheit wirklich tief einprägen, kann sie Ihre Erfahrung revolutionieren. Sie erschließt Ihnen eine ganz neue Dimension der Empfindung, und Sie fühlen sich wie ein blinder Mann, dessen Sehvermögen wiederhergestellt wurde.

Aktivität in Zeitlupe

Jede Handlung, die Sie ausführen, ist aus verschiedenen Teilen zusammengesetzt. Die einfache Handlung des Schnürsenkelbindens besteht aus einer komplexen Reihe feiner Bewegungen. Die meisten dieser Details bleiben unbeobachtet. Um Achtsamkeit zur allgemeinen Gewohnheit zu machen, können Sie einfache Tätigkeiten in sehr langsamem Tempo ausführen – wobei Sie sich Mühe geben, jeder Nuance der Handlung volle Aufmerksamkeit zu schenken.

An einem Tisch zu sitzen und Tee zu trinken, ist ein Beispiel. Hier gibt es viel zu erfahren. Betrachten Sie Ihre Haltung, wie Sie sitzen, und spüren Sie den Griff der Tasse zwischen Ihren Fingern. Riechen Sie das Aroma des Tees, nehmen Sie das Hinstellen der Tasse zur Kenntnis, den Tee, Ihren Arm und den Tisch. Beachten Sie, wie die Absicht, den Arm zu heben, in Ihrem Geist entsteht, fühlen Sie den Arm beim Hochheben, spüren Sie die Tasse an Ihrer Lippe und wie Flüssigkeit in Ihren Mund fließt. Schmecken Sie den Tee; dann beobachten Sie, wie die Absicht aufkommt, den Arm zu senken. Der ganze Prozess ist faszinierend und schön, wenn Sie ihm volle Beachtung schenken und dabei jeder Empfindung und dem Fluss des Denkens und Fühlens unvoreingenommene Aufmerksamkeit widmen.

Diese gleiche Taktik können Sie bei vielen Ihrer täglichen Tätigkeiten anwenden. Das absichtliche Verlangsamen Ihrer Gedanken, Worte und Bewegungen erlaubt Ihnen, viel tiefer in sie einzudringen, als Sie es sonst könnten. Was Sie dort finden, ist äußerst erstaunlich. Am Anfang ist es sehr schwer, dieses bewusst langsame Tempo während der normalsten Tätigkeiten beizubehalten, aber die Fähigkeit wächst mit der Zeit. Tiefgründige Erkenntnisse erscheinen während der Sitzmeditation, aber ebenso tiefe Offenbarungen sind möglich, wenn wir wirklich unsere eigenen inneren Funktionsweisen inmitten von tagtäglichen Aktivitäten untersuchen. Dies ist das Laboratorium, wo wir wirklich die Mechanismen unserer eigenen Gefühle und die Wirkungsweisen unserer Leidenschaften zu sehen beginnen. Hier können wir wahrhaftig die Zuverlässigkeit unseres Denkens beurteilen und einen Blick werfen auf den Unterschied zwischen unseren wahren Motiven und diesem Panzer von Heuchelei, den wir tragen, um uns selbst und andere zu täuschen.

Wir werden eine ganze Menge dieser Informationen überraschend finden, vieles davon beunruhigend, aber alles nützlich. Reine Aufmerksamkeit bringt Ordnung in das Durcheinander, das sich in jenen unordentlichen verborgenen Eckchen des Geistes ansammelt. Wenn Sie klares Verständnis inmitten der gewöhnlichen Aktivitäten des Lebens gewinnen, erlangen Sie die Fähigkeit, vernünftig und friedlich zu bleiben, während Sie das durchdringende Licht der Achtsamkeit in jene irrationalen geistigen Winkel werfen. Sie fangen an zu sehen, in welchem Maß Sie für Ihr eigenes geistiges Leiden verantwortlich sind. Sie erkennen Ihre eigenen Nöte, Ängste und Spannungen als selbst erzeugt. Sie sehen die Art, wie Sie Ihr eigenes Leiden, Ihre Schwäche und Beschränkungen verursachen. Und je gründlicher Sie diese geistigen Prozesse verstehen, desto weniger Macht haben sie über Sie.

Koordination mit dem Atem

Bei der Meditation im Sitzen ist der Atem unser hauptsächlicher Brennpunkt. Völlige Konzentration auf den sich immerzu wandelnden Atem bringt uns direkt zum gegenwärtigen Moment. Das gleiche Prinzip kann mitten in der Bewegung genutzt werden. Sie können die Aktivität, die Sie ausüben, mit Ihrem Atem koordinieren. Dies verleiht Ihren Bewegungen einen fließenden Rhythmus und glättet viele der abrupten Übergänge. Es wird leichter, sich auf die Tätigkeit zu konzentrieren, und die Achtsamkeit verstärkt sich. Ihre Bewusstheit bleibt so leichter in der Gegenwart. Idealerweise sollte man Achtsamkeit rund um die Uhr praktizieren. Dies ist ein äußerst praxisnaher Vorschlag.

Ein Zustand der Achtsamkeit ist ein Zustand geistiger Bereitschaft. Der Geist ist nicht mit Beschäftigungen belastet oder in Sorgen gebunden. Sie können sich um alles, was erscheint, unmittelbar kümmern. Wenn Sie wirklich achtsam sind, hat Ihr Nervensystem eine Frische und Unverwüstlichkeit, die Einsicht fördert. Ein Problem taucht auf und Sie befassen sich einfach damit, schnell, effizient und mit einem Minimum an Aufhebens. Sie stehen nicht da und sind am Rotieren, und Sie laufen nicht davon in eine ruhige Ecke, sodass Sie sich hinsetzen und darüber meditieren können. Sie erledigen es einfach. Und bei jenen seltenen Umständen, wenn keine Lösung möglich erscheint, beunruhigen Sie sich darüber nicht. Sie gehen einfach weiter zur nächsten Sache, die Ihre Aufmerksamkeit erfordert. Ihre Intuition wird eine sehr praktische Fähigkeit.

Gestohlene Augenblicke

Die Vorstellung der vergeudeten Zeit existiert für einen ernsthaft Meditierenden nicht. Kleine Leerräume während Ihres Tages können zum Gewinn werden. Jeder übrig bleibende Moment kann zur Meditation verwendet werden. Wenn Sie angstvoll im Wartezimmer des Zahnarztes sitzen, meditieren Sie über Ihre Angst. Ärgern Sie sich, während Sie in der Bank Schlange stehen, meditieren Sie über Ihren Ärger. Wenn Sie gelangweilt an der Bushaltestelle Däumchen drehen, meditieren Sie über Langeweile. Versuchen Sie, den Tag über wachsam und bewusst zu bleiben. Seien Sie achtsam im Hinblick darauf, was gerade jetzt stattfindet, selbst wenn es stumpfsinnige Plackerei ist. Nutzen Sie Momente, in denen Sie allein sind. Nutzen Sie Tätigkeiten, die überwiegend mechanisch sind. Nutzen Sie jede freie Sekunde, um achtsam zu sein. Nutzen Sie möglichst alle Momente.

Sich auf alle Aktivitäten konzentrieren

Sie sollten versuchen, Achtsamkeit im Hinblick auf jede Aktivität und Wahrnehmung während des Tages zu bewahren, wobei Sie mit der ersten Wahrnehmung beginnen, wenn Sie aufwachen, und mit dem letzten Gedanken aufhören, bevor Sie einschlafen. Dies bedeutet, ein unglaublich hohes Ziel zu verfolgen. Erwarten Sie nicht, dass Sie diese Arbeit bald bewältigen können. Gehen Sie es langsam an und lassen Sie Ihre Fähigkeiten mit der Zeit wachsen. Sie können Ihre Aufgabe am besten anpacken, wenn Sie Ihren Tag in große Abschnitte teilen. Widmen Sie eine gewisse Zeitspanne der Achtsamkeit im Hinblick auf die Körperhaltung, dann dehnen Sie diese Achtsamkeit auf andere einfache Aktivitäten aus: auf das Essen, das Sichwaschen, das Ankleiden usw. Irgendwann während des Tages können Sie etwa eine Viertelstunde einplanen, um bestimmte Arten von geistigen Zuständen zu beobachten: angenehme, unangenehme und neutrale Gefühle zum Beispiel, die Hindernisse oder Gedanken. Wie Sie im Einzelnen vorgehen, ist Ihre Sache. Die Absicht ist, sich darin zu üben, die verschiedenen Gesichtspunkte zu erkennen und Ihren Zustand der Achtsamkeit den ganzen Tag über so weit wie möglich zu erhalten.

Versuchen Sie zu einem Tagesablauf zu kommen, bei dem der Unterschied zwischen Sitzmeditation und dem Rest Ihrer Erfahrung so klein wie möglich ist. Lassen Sie das eine so natürlich wie möglich in das andere hinübergleiten. Ihr Körper ist fast nie in Ruhe. Es gibt immer Bewegung zu beobachten. Zumindest ist Atembewegung da. Ihr Geist hört nie auf zu schwatzen, es sei denn in den allertiefsten Konzentrationszuständen. Es kommt immer irgendetwas zur Beobachtung hoch. Wenn Sie Ihre Meditation ernsthaft anwenden, werden Sie nie um irgendetwas verlegen sein, was Ihrer Aufmerksamkeit wert ist.

Machen Sie Ihre Übung auf Ihre tägliche Lebenssituation anwendbar. Das ist Ihr Laboratorium. Die Lebenssituation liefert die Erprobungen und Herausforderungen, die Sie brauchen, um Ihre Praxis tief und echt zu machen. Sie ist das Feuer, das Ihre Praxis von Täuschung und Irrtum reinigt, der Säuretest, der Ihnen zeigt, wann Sie vorankommen und wann Sie sich selbst nur etwas vormachen. Wenn Ihre Meditation Ihnen nicht hilft, mit Konflikten und Schwierigkeiten im Alltag fertigzuwerden, dann ist sie oberflächlich. Wenn Ihre alltäglichen Gefühlsreaktionen nicht klarer werden und leichter zu handhaben, dann verschwenden Sie Ihre Zeit. Und Sie wissen nie, wie Sie vorankommen, bevor Sie sich tatsächlich diesem Test unterziehen.

Die Anwendung von Achtsamkeit soll eine universelle Praxis sein. Sie üben sie nicht nur manchmal und lassen es für die restliche Zeit sein. Sie bleiben die ganze Zeit dabei. Meditation, die nur erfolgreich ist, wenn Sie sich in einen schalldichten Elfenbeinturm zurückziehen, ist noch unentwickelt. Einsichtsmeditation ist die Übung, von Moment zu Moment achtsam zu sein. Der Meditierende lernt, dem Entstehen, dem Wachsen und Vergehen aller geistigen Phänomene reine Aufmerksamkeit zu schenken. Er wendet sich von keinem von ihnen ab und er lässt keines entkommen: Gedanken und Gefühle, Aktivitäten und Wünsche, die ganze Parade. Er beobachtet das alles kontinuierlich. Es spielt keine Rolle, ob es herrlich oder schrecklich, schön oder schändlich ist. Er sieht, wie es ist und wie es sich verändert. Kein Aspekt der Erfahrung wird ausgeschlossen oder vermieden. Es ist ein sehr gründliches Verfahren.

Wenn Sie Ihre täglichen Aktivitäten verrichten und merken, dass Sie gelangweilt sind, dann machen Sie Ihre Langeweile zum Gegenstand der Meditation. Finden Sie heraus, wie sie sich anfühlt, wie sie wirkt und woraus sie besteht. Wenn Sie sich ärgern, meditieren Sie über den Ärger. Erforschen Sie die Mechanismen des Ärgers. Laufen Sie nicht davor weg. Wenn Sie merken, dass eine tiefe Depression Sie ergriffen hat, meditieren Sie über diese Depression. Untersuchen Sie die Depression in einer unvoreingenommenen und forschenden Weise. Laufen Sie nicht blindlings weg. Erkunden Sie den Irrgarten und zeichnen Sie seine Wege auf. Auf diese Weise werden Sie besser in der Lage sein, mit der nächsten Depression fertigzuwerden, die Sie heimsucht.

Ihren Weg durch das Auf und Ab des täglichen Lebens zu meditieren, darum geht es bei Vipassana. Diese Art von Praxis ist extrem streng und anspruchsvoll, aber sie erzeugt eine unvergleichliche geistige Beweglichkeit. Ein Meditierender hält seinen Geist in jeder Sekunde offen. Er ist ständig dabei, das Leben zu erforschen, seine eigene Erfahrung zu prüfen, das Leben auf eine unvoreingenommene und wissbegierige Art zu betrachten. So ist er stets offen für die Wahrheit in jeder Form, aus jeder Quelle und zu jeder Zeit. Dies ist der Geisteszustand, den man für die Befreiung braucht.

Es heißt, man könne in jedem Augenblick Erleuchtung erlangen, wenn man den Geist in einem Zustand achtsamer Bereitschaft hält. Die geringste, gewöhnlichste Wahrnehmung kann der Auslöser sein: ein Blick auf den Mond, der Ruf eines Vogels, das Rauschen des Windes in den Bäumen. Was Sie wahrnehmen, ist nicht so wichtig wie die Art, in der Sie dieser Wahrnehmung Beachtung schenken. Jener Zustand von offener Bereitschaft ist entscheidend. Es könnte gerade jetzt mit Ihnen geschehen, wenn Sie bereit dafür sind. Die Empfindung bei der Berührung des Buches in Ihren Fingern könnte der Schlüsselreiz sein. Der Klang dieser Worte in Ihrem Kopf könnte genügen. Sie könnten gerade jetzt Erleuchtung erlangen, wenn Sie bereit dazu sind.

16
Was Sie erreichen können

Sie können bestimmte Ergebnisse von Ihrer Meditation erwarten, anfänglich praktische Dinge; die späteren Stadien sind im tiefsten Sinn transzendierend. Sie gehen vom Einfachen zum Subtilen. Wir wollen einige von ihnen hier darlegen. Ihre eigene Praxis kann Ihnen die Wahrheit zeigen. Ihre eigene Erfahrung allein zählt.

Jene Dinge, die wir Hindernisse oder Befleckungen nennen, sind mehr als nur unangenehme geistige Gewohnheiten. Sie sind die wesentlichen Äußerungen des Ego-Prozesses selbst. Das Ich-Gefühl selbst ist im Grunde genommen ein Gefühl der Trennung – eine Wahrnehmung von Distanz zwischen dem, was wir «Ich», und dem, was wir «anderes» nennen. Diese Wahrnehmung wird nur aufrechterhalten, wenn man sie ständig übt, und die Hindernisse stellen diese Übung dar.

Gier und Sinneslust sind Versuche, «etwas von jenem» für mich zu bekommen; Hass und Abneigung sind Versuche, größere Distanz zwischen «mich und jenes» zu setzen. Alle Verunreinigungen sind von der Wahrnehmung einer Schranke zwischen dem Selbst und anderem abhängig, und sie alle fördern diese Wahrnehmung, wann immer man sie walten lässt. Achtsamkeit nimmt die Dinge tief und mit großer Klarheit wahr. Sie bringt unsere Aufmerksamkeit zur Wurzel der Befleckungen und legt ihre Mechanismen bloß. Sie sieht ihre Früchte und ihre Wirkungen auf uns. Sie lässt sich nicht täuschen. Wenn Sie einmal klar gesehen haben, was Gier wirklich ist und was sie Ihnen und anderen wirklich antut, hören Sie ganz naturgemäß auf, sich darauf einzulassen. Wenn ein Kind seine Hand an einem heißen Ofen verbrennt, brauchen Sie ihm nicht zu sagen, dass es sie zurückziehen soll; es tut das instinktiv, ohne bewusstes Denken und ohne Entscheidung. Eine Reflexhandlung ist genau zu diesem Zweck im Nervensystem eingerichtet, und sie vollzieht sich schneller als das Denken. Wenn das Kind die Hitzeempfindung wahrnimmt und zu schreien beginnt, hat es die Hand schon von der Schmerzquelle zurückgezogen. Achtsamkeit wirkt nahezu auf die gleiche Weise: Sie ist wortlos, spontan und äußerst effizient. Reine Achtsamkeit verhindert das Wachstum der Hindernisse; fortwährende Achtsamkeit vernichtet sie. Hat man echte Achtsamkeit aufgebaut, werden daher die Wände des Egos selbst eingerissen, das Verlangen vermindert sich, Abwehr und Starrheit lassen nach, Sie werden offener, akzeptierender und flexibler. Sie lernen, Ihre liebende Güte auszuteilen.

Traditionell widerstrebt es Buddhisten, über die Natur des Menschen zu reden. Aber jene, die überhaupt beschreibende Feststellungen machen wollen, sagen gewöhnlich, dass unser eigentliches Wesen oder unsere Buddhanatur rein ist, heilig und von Natur aus gut. Menschen erscheinen nur deshalb anders, weil ihre Erfahrung dieses Wesens behindert wurde; sie ist zurückgehalten worden wie Wasser hinter dem Damm. Die Hindernisse sind die Bausteine, aus denen der Damm gebaut ist. Wenn Achtsamkeit die Bausteine auflöst, wird der Damm durchlöchert, und Mitleid und Mitfreude strömen hervor. Wenn sich meditative Achtsamkeit entwickelt, verändert sich Ihre ganze Lebenserfahrung. Ihre Erfahrung, lebendig zu sein, und sogar die Empfindung von Bewusstheit wird klar und deutlich und bleibt nicht länger einfach ein unbemerkter Hintergrund für das, was Sie beschäftigt. Es wird zu einer ständigen Wahrnehmung.

Jeder vorüberziehende Augenblick wird als solcher deutlich; die Augenblicke vermischen sich nicht mehr zu einem unbemerkten, verschwommenen Fleck. Nichts wird übertüncht oder für selbstverständlich erachtet, keine Erfahrung als bloß «gewöhnlich» gekennzeichnet. Alles sieht leuchtend aus und hat ein eigenes Gesicht. Sie unterlassen es, Ihre Erfahrungen in geistige Kategorien einzuteilen. Beschreibungen und Interpretationen legen Sie beiseite, und jeder zeitliche Moment darf für sich selbst sprechen. Sie hören wirklich, was er zu sagen hat, und Sie hören zu, als ob es zum allerersten Mal zu hören wäre. Wenn Ihre Meditation wirklich kraftvoll wird, wird sie auch stetig. Sie beobachten fortwährend sowohl den Atem als auch jedes geistige Phänomen mit reiner Aufmerksamkeit. Sie fühlen sich zunehmend stabil, immer mehr verankert in der blanken und einfachen Erfahrung der Existenz von Moment zu Moment.

Wenn Ihr Geist erst einmal frei ist von Denken, wird er deutlich wachsam und ruht in einer äußerst einfachen Bewusstheit. Diese Bewusstheit kann man nicht angemessen beschreiben. Worte reichen nicht aus. Man kann sie nur erfahren. Der Atem hört auf, einfach nur Atem zu sein; er ist nicht länger auf die feststehende und vertraute Vorstellung begrenzt, an der Sie einmal festgehalten haben. Sie sehen ihn nicht länger als eine bloße Folge von Einatmungen und Ausatmungen; er ist nicht länger eine unbedeutende monotone Erfahrung. Atem wird ein lebendiger, sich wandelnder Prozess, etwas Lebendiges und Faszinierendes. Er ist nicht länger etwas, was in der Zeit stattfindet, sondern wird wahrgenommen als der gegenwärtige Moment selbst. Man sieht, dass Zeit eine Vorstellung ist, nicht eine erfahrene Realität.

Dies ist eine vereinfachte, elementare Bewusstheit, die von allen äußeren Einzelheiten befreit ist. Sie ist in einem lebendigen Fluss der Gegenwart gegründet, und sie ist von einem ausgeprägten Wirklichkeitssinn gekennzeichnet. Sie wissen mit Absolutheit, dass dies wirklich ist, wirklicher als alles, was Sie je erfahren haben. Wenn Sie einmal diese Wahrnehmung mit absoluter Gewissheit erlangt haben, haben Sie einen neuen Standpunkt, ein neues Kriterium, an dem Sie all Ihre Erfahrung messen können. Mit dieser Wahrnehmung sehen Sie jene Momente mit Klarheit, in denen Sie einzig an den bloßen Phänomenen teilhaben, und jene Momente, wo Sie Phänomene mit geistigen Haltungen vermengen. Sie beobachten, wie Sie die Realität mit geistigen Kommentaren verdrehen, mit veralteten Bildern und persönlichen Meinungen. Sie wissen, was Sie tun, wenn Sie es tun. Sie werden zunehmend sensibel dafür, wie Sie die wahre Realität verpassen, und Sie werden von der einfachen, objektiven Perspektive angezogen, die nichts hinzufügt und nichts abzieht von dem, was ist. Sie werden ein Mensch mit hohem Wahrnehmungsvermögen. Von diesem Standpunkt aus sieht man alles mit Klarheit. Die unzähligen Tätigkeiten von Körper und Geist treten in deutlichen Einzelheiten hervor. Sie beobachten achtsam das unaufhörliche Kommen und Gehen des Atems.

Sie beobachten einen endlosen Strom von Körperempfindungen und -bewegungen; Sie tasten die schnelle Folge von Gedanken und Gefühlen ab, und Sie spüren den Rhythmus, der vom beständigen Lauf der Zeit widerhallt. Und inmitten all dieser endlosen Bewegung gibt es keinen Beobachter, nur ein Beobachten.

In diesem Zustand der Wahrnehmung bleibt nichts zwei aufeinander folgende Augenblicke lang dasselbe. Man sieht, dass sich alles in ständiger Umwandlung befindet. Alle Dinge werden geboren, wachsen und sterben. Es gibt keine Ausnahmen. Sie werden wach für die unendlichen Veränderungen Ihres eigenen Lebens. Sie schauen sich um und sehen alles im Fluss – alles, ohne Ausnahme. Alles entsteht und zerfällt, intensiviert und vermindert sich, wird geboren und scheidet dahin. Alles Leben, jedes bisschen, vom unendlich Kleinen bis zum Indischen Ozean, ist ständig in Bewegung. Sie nehmen das Universum als einen großen fließenden Strom von Erfahrung wahr. Ihre meistgehegten Besitztümer gleiten davon, und ebenso Ihr ganzes Leben. Doch diese Unbeständigkeit ist kein Grund zur Trauer. Sie stehen hier wie angewurzelt, schauen mit großen Augen auf diese unaufhörliche Aktivität, und Ihre Reaktion ist wunderbare Freude. Es bewegt sich alles, tanzt und ist voller Leben.

Wenn Sie fortfahren, diese Veränderungen zu beobachten, und sehen, wie sich alles zusammenfügt, werden Sie sich der engen Verbundenheit aller geistigen, sensorischen und affektiven Phänomene bewusst. Sie merken, wie ein Gedanke zu einem anderen führt, Sie sehen, wie Zerstörung emotionale Reaktionen verursacht und Gefühle zu mehr Gedanken Anlass geben. Handlungen, Gedanken, Gefühle, Begierden – Sie sehen sie alle eng miteinander verbunden in einem feinen Gefüge von Ursache und Wirkung. Sie sehen, wie angenehme Erlebnisse entstehen und vergehen, und Sie begreifen, dass sie nie von Dauer sind; Sie beobachten, wie Schmerz ungebeten kommt, und Sie merken, wie Sie sich ängstlich abmühen, ihn loszuwerden. Sie sehen, wie Sie scheitern. Das alles passiert immer wieder, während Sie in Ruhe einen Schritt zurücktreten und einfach zusehen, wie alles vor sich geht.

Aus diesem lebendigen Labor selbst kommt ein unwiderlegbarer Schluss mit innerer Logik. Sie sehen, dass Ihr Leben von Enttäuschung und Frustration gekennzeichnet ist, und Sie sehen klar die Ursache. Diese Reaktionen entstehen durch Ihre eigene Unfähigkeit, zu bekommen, was Sie wollen, Ihre Angst, zu verlieren, was Sie schon erlangt haben, und Ihre Gewohnheit, nie mit dem zufrieden zu sein, was Sie haben. Dies sind keine theoretischen Vorstellungen mehr – Sie haben diese Dinge selbst gesehen und wissen, dass sie Realität sind. Sie nehmen Ihre eigene Angst wahr, Ihre eigene grundlegende Unsicherheit angesichts von Leben und Tod. Es ist eine tief gehende Spannung, die bis hinunter an die Wurzeln der Gedanken reicht und das ganze Leben zum Kampf macht. Sie beobachten, wie Sie besorgt herumtasten, angstvoll nach festem, verlässlichem Grund greifen. Sie sehen, wie Sie endlos nach etwas, irgendetwas greifen, um mitten in all diesem Flugsand Halt zu finden, und Sie sehen, dass es nichts zum Festhalten gibt, nichts, was sich nicht verändern würde.

Sie sehen den Schmerz von Verlust und Trauer, Sie beobachten, wie Sie gezwungen sind, sich Tag für Tag in Ihrem eigenen normalen Leben an schmerzliche Entwicklungen anzupassen. Sie erleben die Spannungen und Konflikte, die dem Prozess des Alltagslebens selbst innewohnen, und Sie sehen, wie oberflächlich die meisten Ihrer Angelegenheiten wirklich sind. Sie beobachten das Fortschreiten von Schmerz, Krankheit, Alter und Tod. Sie lernen darüber zu staunen, dass all diese schrecklichen Dinge überhaupt nicht furchtbar sind. Sie sind einfach Realität.

Durch dieses intensive Studieren der negativen Aspekte Ihrer Existenz werden Sie tief vertraut mit *Dukkha*, der unbefriedigenden Natur aller Existenz. Sie beginnen, *Dukkha* auf allen Ebenen unseres menschlichen Lebens wahrzunehmen, vom Offensichtlichen bis hinunter zum Subtilsten. Sie sehen, wie Leiden unvermeidlich im Gefolge von Festhalten auftritt; sobald Sie nach irgendetwas greifen, folgt Schmerz unausweichlich. Wenn Sie erst einmal völlig vertraut sind mit der ganzen Dynamik des Begehrens, werden Sie empfindsam dafür. Sie sehen, wo es entsteht, wann es entsteht und wie es Sie beeinflusst. Sie beobachten immer wieder, wie es wirkt, sich durch jeden Sinneskanal äußert, den Geist kontrolliert und das Bewusstsein zu seinem Sklaven macht.

Bei jeder angenehmen Erfahrung entdecken Sie mittendrin Ihr eigenes Sehnen und Anhaften. Mitten in unangenehmen Erfahrungen merken Sie, wie ein mächtiger Widerstand Einfluss gewinnt. Sie blockieren diese Phänomene nicht, Sie beobachten sie einfach; Sie betrachten sie als den eigentlichen Stoff menschlichen Denkens. Sie suchen nach dem Ding, das Sie «Ich» nennen, aber Sie finden nur einen Körper und stellen fest, wie Sie das Gefühl Ihres Selbst mit diesem Sack von Haut und Knochen identifiziert haben. Sie suchen weiter und finden alle Arten von geistigen Phänomenen, wie Emotionen, Gedankenmuster und Meinungen, und sehen, wie Sie Ihr Selbstgefühl mit jedem von ihnen identifizieren. Sie sehen, wie Sie Besitzansprüche stellen, diese kümmerlichen Dinge beschützen und verteidigen, und Sie sehen, wie verrückt das ist. Wild durchstöbern Sie diese verschiedenen Elemente und suchen beständig nach sich selbst: Materie, körperliche Empfindungen und Gefühle – das alles wirbelt fortwährend herum, während Sie es durchwühlen, in jeden Winkel starren, endlos dem «Ich» nachjagen.

Sie finden nichts. Bei dieser ganzen Sammlung von geistigem Hausrat in diesem endlosen Strom von sich immer wandelnder Erfahrung können Sie nur unzählige unpersönliche Prozesse finden, die durch vorangegangene Prozesse verursacht und bedingt wurden. Ein statisches Selbst können Sie nicht finden; alles ist Prozess. Sie finden Gedanken, aber keinen Denker, Sie finden Gefühle und Sehnsüchte, aber keinen, der sie hegt. Das Haus selbst ist leer. Es ist niemand zu Hause.

Ihre ganze Sicht des Selbst ändert sich an diesem Punkt. Sie fangen an sich zu betrachten, wie wenn Sie eine Zeitungsfotografie wären. Mit bloßem Auge gesehen ist die Fotografie, die Sie sehen, ein bestimmtes Bild. Durch ein Vergrößerungsglas betrachtet zerfällt es völlig in eine komplizierte Anordnung von Punkten. Das Gefühl eines Selbst oder «Ich» oder das Gefühl, irgendetwas zu sein, verliert unter dem durchdringenden Blick der Achtsamkeit ebenso seine Festigkeit und löst sich auf. Es kommt ein Punkt bei der Einsichtsmeditation, wo die drei Merkmale der Existenz – Unbeständigkeit, Unzulänglichkeit und Selbst-losigkeit – mit einer solchen Macht hereinbrechen, dass sie alle Vorstellungen zunichtemachen. Sie erfahren lebhaft die Unbeständigkeit des Lebens, die leidhafte Natur der menschlichen Existenz und die Wahrheit der Selbst-losigkeit. Sie erleben diese Merkmale so bildhaft, dass Sie sich plötzlich der äußersten Sinnlosigkeit von Verlangen, Ergreifen und Widerstand bewusst werden. In der Klarheit und Reinheit dieses einschneidenden Augenblicks ist unser Bewusstsein verwandelt. Das Wesen des Selbst löst sich auf. Übrig bleibt allein eine Unendlichkeit von miteinander verbundenen unpersönlichen Phänomenen, die bedingt sind und sich immerzu verändern. Das Verlangen ist ausgelöscht und eine große Bürde ist aufgehoben. Es bleibt nur ein müheloses Fließen ohne eine Spur von Widerstand oder Spannung. Nur Friede bleibt, und das sublime Nibbana, das Ungeschaffene, ist verwirklicht.

Über den Autor

Der Ehrwürdige Henepola Gunaratana wurde im Alter von zwölf Jahren als buddhistischer Mönch in Malandeniya, Sri Lanka, ordiniert. 1947, mit zwanzig Jahren, empfing er die höhere Ordination in Kandy. Er erhielt seine Ausbildung am Vidyalankara College und am Buddhist Missionary College in Colombo. Anschließend reiste er nach Indien, wo er fünf Jahre lang Missionsarbeit für die Mahabodhi-Gesellschaft leistete, indem er den *harijana* (den «Unberührbaren») in Sanchi, Delhi und Bombay diente. Danach verbrachte er zehn Jahre als Missionar in Malaysia, wo er bei der Sasana Abhivurdhiwardhana Society, der Buddhist Missionary Society und der Buddhist Youth Federation von Malaysia als religiöser Berater wirkte. Er war Lehrer an der Kishon-Dial-Schule und der Temple Road-Mädchenschule, sowie Leiter des Buddhistischen Instituts von Kuala Lumpur.

Auf Einladung der Sasana Sevaka Society ging er 1968 in die USA, um der Buddhist Vihara Society in Washington D.C. als Generalsekretär zu dienen. 1980 wurde er zum Präsidenten dieser Gesellschaft ernannt. Während dieser Jahre im Vihara hielt er Seminare zur buddhistischen Lehre, leitete Meditations-Retreats und lehrte an vielen Orten in den USA, in Kanada, Europa, Australien und Neuseeland.

Er verfolgte auch seine wissenschaftlichen Interessen, indem er einen Doktorgrad in Philosophie an der American University erwarb. Er hielt Buddhismus-Seminare an der American University, der Georgetown University und der University of Maryland. Seine Bücher und Artikel wurden in Malaysia, Indien, Sri Lanka, den USA und Deutschland veröffentlicht.

Ab 1973 war Bhante Gunaratana religiöser Berater für Buddhismus an der American University. Er ist jetzt Präsident der Bhavana Society im Shenandoah-Tal in West Virginia.

Vom selben Autor im gleichen Verlag:

Von der Achtsamkeit zur Sammlung

Eine Einführung in die tieferen Stadien der Meditation

ISBN 978-3-932337-78-9

Dieses Buch ist die lange erwartete Fortsetzung der *Praxis der Achtsamkeit*. Es begleitet den Leser nun in die zweite Hälfte der buddhistischen Meditationspraxis, Samatha, den Bereich der tiefen Konzentration oder Sammlung. Während der vergangenen zwei Jahrtausende wurden diese zwei Wege aus einem guten Grund als parallele Wege festgelegt und verfeinert: Sie beide funktionieren, und sie funktionieren am besten zusammen. Sie sind miteinander verflochten und stützen sich gegenseitig. Der Buddha hat in Wirklichkeit Samatha und Vipassana nicht als zwei von einander getrennte Systeme gelehrt, sondern er hat uns einen Meditationspfad, eine Sammlung an Hilfsmitteln, hinterlassen, mit denen man sich vom Leiden befreien kann.

Wieder ist das vorliegende Buch kein philosophisches, theoretisches, sondern ein Handbuch der Praxis. Es soll Meditierenden als ein klar verständliches Handbuch dienen, das so gut wie möglich den Pfad der konzentrativen Meditation in einer Schritt-für-Schritt-Methode darlegt, und dies wiederum in einer Sprache, die wir in der heutigen Zeit und in der heutigen Welt sprechen und verstehen.

Es führt uns hinein die Welt jenseits der Achtsamkeit, hin zur Sammlung im Bereich der Jhanas.

Verlag Werner Kristkeitz
Löbingsgasse 17 • 69121 Heidelberg • www.kristkeitz.de

Vom selben Autor im gleichen Verlag:

Acht Schritte zum Glück
Mit Achtsamkeit auf dem Pfad des Buddha

ISBN 978-3-932337-79-6

Auf die gleiche direkte und klare Weise, die bereits *Die Praxis der Achtsamkeit* bei den Lesern so beliebt gemacht hat, legt uns Bhante Gunaratana in diesem Buch jeden einzelnen Schritt der tiefgründigsten Lehre des Buddha zur Überwindung des Leidens ausführlich dar: den Edlen Achtfachen Pfad. Voller Wohlwollen, Liebe und Verständnis gibt er uns detailliert Rat und Anleitung zum rechten, achtsamen Umgang mit Wut, Gier und Anhaftung, zum rechten Lebenserwerb, zum Entwickeln liebevoller Freundlichkeit und zum Überwinden der vielen geistigen Hindernisse auf dem Weg zu wahrem Glück.

Was – wie – warum?
Fragen an Bhante G.
zu Buddhismus, Meditation und Achtsamkeit

ISBN 978-3-948378-08-0

«*Was – wie – warum?*» fasst ein halbes Jahrhundert weiser und mitfühlender Antworten von Bhante G. auf häufige Fragen zu den Kernlehren des Buddha über Meditation und spirituelle Praxis in einem Band zusammen. Mit seiner freundlichen und klaren Anleitung werden Sie klare und kraftvolle Einsichten und praktische Hilfe erlangen, um ungesunde Muster und Gewohnheiten zu beenden, sodass Sie Ihre Erfahrung der Welt transformieren können — von Ihrem eigenen Geist bis hin zu Ihren Beziehungen, Ihrer Arbeit und darüber hinaus.

Im gleichen Verlag:

Fritz Schäfer
Der Buddha sprach nicht nur
für Mönche und Nonnen
Die ganze Lehre erstmals nur nach
seinen Reden für Nicht-Asketen
3. Aufl., ISBN 978-3-921508-80-0

Das Standardweerk schlechthin
für buddhistische Laien

Ajahn Buddhadasa Bhikkhu
Buddha-Dhamma für kluge Leute
ISBN 978-3-932337-32-1

Hans Wolfgang Schumann
Buddhabildnisse
Ihre Symbolik und Geschichte
2. Aufl. ISBN 978-3-932337-03-1

Hans Wolfgang Schumann
Siebzig Schlüsselbegriffe des
Pāli-Buddhismus
ISBN 978-3-932337-04-8

Im gleichen Verlag:

Kakuzo Okakura
Die Ideale des Ostens
ISBN 978-3-932337-10-9

Hans-Günter Wagner
**Doch ewig währt,
was aus Liebe geschieht**
Buddhistische Legenden
ISBN 978-3-932337-39-0

Sekkei Harada
Zen: Erwachen
zum wahren Selbst
ISBN 978-3-932337-08-6

Rabindranath Tagore
Sadhana
Der Weg zur Vollendung
ISBN 978-3-932337-15-4

Dhammarato Bhikkhu
Der Kern der Lehre
Die bedeutsamsten
Reden Buddhas
in zeitgemäßer Sprache
ISBN 978-3-932337-44-4

*und weitere Titel
von Tagore ...*

Verlag Werner Kristkeitz
Löbingsgasse 17 • 69121 Heidelberg • www.kristkeitz.de